KB012340

이념과
체제를 넘는
북한 변화의
미래

북한 현대화 모델

───

장대성 지음

한울
아카데미

이 도서의 국립중앙도서관 출판시도서목록(CIP)은 서지정보유통지원시스템 홈페이지(http://seo-ji.nl.go.kr)와 국가자료공동목록시스템(http://www.nl.go.kr/kolisnet)에서 이용하실 수 있습니다(CIP 제어번호: CIP2014006291).

애증의 북한 형제들에게 이 글을 바친다

차례

저자 서문

자유를 찾아 대한민국에 온 지 어느덧 10년이 넘었다. 운명이 장난이라고나 할까. 미지의 외부 세계에 대한 호기심 반, 생존을 위한 몸부림 반으로 비롯된 탈북, 그리고 중국에서 3년 남짓한 세월을 보내고서야 두고 온 가족 걱정에 선뜻 넘보지 못했던 내 겨레 반쪽이 사는 땅, 자유와 풍요의 대한민국으로 찾아올 용기를 낼 수 있었다. 히말라야에서 기원하는 메콩 강 급류에 뗏목을 띄워 6일간의 래프팅으로 태국까지 갔다. 말 그대로 목숨을 건 도전으로 머나먼 길을 돌고서야 자유와 약속의 땅을 밟을 수 있었다.

한국 사회에 적응하기가 그리 쉬운 것은 아니었다. 아무튼 지금은 열심히 살고 있으며, 최선을 다했다고는 할 수 없는 삶이지만 대학을 마치고 운까지 따라주어 안정된 직장에서 이 사회의 중산층으로 그 나름 행복에 겨운 순간들을 즐기는 맛이 쏠쏠하다. 등산에 매료되고 나서부터 여기저기 구석구석 인간의 다채로운 삶과 자연의 아름다움이 어우러진 마을과 동네길, 계곡과 봉우리에서 감상에 젖기도 했다. 해외의 이름난 도시들, 이름 모를 오지들에서 물질적이든 정신적이든 저마다의 풍요를 누려가는 다양한 삶늘이 수는 매력과 위내한 자연의 경이로움에 다시 겸손해지고 삶의 소중함을 새삼 느껴보기도 했다.

하지만 이런 행복에 감사하고 내 삶이 더없이 소중하게 다가올수록 한편으로 부지불식간에 파고드는 미안한 마음에 얼굴이 어두워지곤 한다. 나는 운이 좋아서 어쩌다 남으로 와서 북의 그들보다 많이 배웠다. 많이 가지기도 했다. 자유, 이건 비교가 되지 않는다. 미식을 탐하고 힐링을 논한다. 하지만 북한의 그들은……. 시시때때로 들려오는 북한의 비참상과 야만상에 분노하고 눈시울을 적셔보지만 미안한 마음은 더더욱 쌓여만 간다. 북한을 떠나온 사람들 대부분의 심정이기도 할 것이다. 물론 한국 사람들이라고 다르지 않다. 북한 사람들이 안쓰럽고 때로는 그들에게 괜히 미안해지기도 한다. 북한 사람들에게 무언가 해주고 싶고 뭐라도 해주어야 한다는 거의 강박감 같은 양심의 압력에 한국 사람들은 갖은 상상을 동원하고 갑론을박해가며 애써 보지만, 북한은 겉으로는 럭비공마냥 어디로 튈지 모르는 변덕을 부리며 근본에서는 요지부동일 뿐, 뜻대로 되는 일 없이 흘러가는 세월에 조바심만 앞서는 것이 현실이기도 하다.

북한은 어찌하여 이다지도 야속하게 우리의 진정을 몰라주고 마음의 문을 열지 않는 것일까. 북한이 변화를 선택하지 못하는 것이 체제 붕괴의 우려 때문이라고 하는데 정말 파멸은 피할 수 없는 걸까. 북한은 형님인 한국이 인내하고 용인하고 포용해야 하는 대상인가, 아니면 나쁜 이웃으로 철저히 단죄하고 힘으로 눌러 패퇴시켜야만 하는 존재인가. 북한 정권만 나쁘고 불쌍한 그 주민들은 따로 보살피라고 도덕적 양심은 호소하는데, 정권과 주민을 분리하여 상대한다는 것이 가능한 일인지, 실용적인 접근법인지를 놓고 의견이 분분하다. 그리고 한국 사람들이 직접 북한 정권을 붕괴시킬 용기를 낼 절실함도 부족해 보인다. 아니면 북한 주민을 계몽하여 정권에 맞서게 할 뾰족한 수는 있는가.

지금까지 한국의 대북 관점이나 정책은 근본을 파고드는 목표 설정에 따른 뚜렷한 방향이나 기준이 없이, 상황이나 민심의 변동에 따라서 북한 정권을 상대로 적과 협력 대상 사이를 오가기를 반복했다. 북한 주민을 대하는 데도 대북 방송이나 인권 문제 등에서와 같이 현실적인 당면 이익에 양보하는 무원칙을 범해, 결국은 명분도 실리도 모두 제대로 챙기지 못했다고 할 수 있다. 물론 대한민국 국민의 생명과 피를 대가로 한 교훈으로 대북 문제의 본질에 좀 더 다가서기는 했지만, 소중한 생명과 낭비된 시간과 헛되이 써버린 재원은 되돌릴 수 없기에 큰 아쉬움이 남는다.

이제라도 한국이나 북한 모두 생각을 정리하여 북한 문제의 본질을 명료하게 하고 근본적인 해결책에 합의하는 것이 중요하다는 생각에 감히 글을 쓸 용기를 냈다. 물론 지금까지 이 분야에서 많은 선구자들과 뜻있는 분들, 유능한 연구자들과 국책연구기관들에 의해 갖가지 색깔의 의미 있는 견해와 주장, 방안과 정책이 많이 나왔다. 이제 한발 더 나아가 한반도의 남과 북 모두가 공감하는 북한 변화의 목적과 목표를 설정하고 현실성 있는 실천 방안을 이끌어내야 한다.

한국의 보수 진영은 북한 변화의 최종 목적지가 세계 보편의 선진 가치인 자유 민주주의와 시장경제를 구현하는 것일 뿐, 다른 선택이란 있을 수 없다는 신념 아래 북한에 최대한 빨리 그런 체제를 이식하고자 한다. 반면 진보 진영은 '내재적 접근'을 지향하며 북한 정권에 대한 어느 정도의 이해와 용인이 남과 북 모두의 평화적 공존과 공영에 도움이 된다는 믿음으로 북한 정권을 타협과 협력의 대상으로 본다.

그러면 보수 진영의 바람은 실현 가능할까. 가능이라는 답을 내려면 다른 선택이 없을 것이다. 한국이 주도하여 외부로부터 강력한 힘으로 북한 체제를 붕괴시키든가, 아니면 북한 내부의 인민혁명을 도모하여 북한 정권을 전복시켜야 한다. 하지만 이것은 분단 이후 반세기가 넘는 동안의 바람에도 언제나 가능한 선택 사항이 아니었다. 그 이유를 일일이 나열할 것도 없겠다. 북한의 입장에서도 당연히 이 길은 받아들일 수 없다. 서로 적대되는 이데올로기는 차치하고라도 북한의 기득권 집단이 자신들의 파멸을 예비하는 것 같은 '불순한' 도전에 거부를 넘어 적대적으로 나오는 것은 당연지사이다.

진보 진영의 생각은 어떠한가. 목적과 목표가 결여된 원칙 없는 타협과 양보만으로, 인내하며 기다리는 것만으로, 북한의 개과천선을 기대할 수 있을까. 지금까지 북한에 이용당한 전례만으로도 충분하지 않은가. 북한의 통치 집단으로서는 생존의 위협도 없고 편안하고 그저 살 만한 세상인데 불편과 위험을 감수해가며 변화를 시도해야 할 필요가 없을 것이다. 게다가 떡 줄 사람은 꿈도 안 꾸는데 한국은 알아서 돈과 재물을 바쳐가며 짝사랑에 목을 매고 있으니 그 마법 같은 권력의 달콤함이야 오죽할까. 함께 갈 목적지와 거쳐야 할 여정이 합의되지 않은 상태에서, 그것도 북한이라는 특수한 상대와 어떤 일을 도모하기에는 모든 것이 너무 불투명했고 주어진 시간도 짧았다.

그래서 뭐 어쩌란 말인가. 죽도 아니고 밥도 아니고, 어정쩡한 중간을 말할 것 같으면 집어치우라는 말도 나올 것이다.

이제 차분히 어지러운 생각들을 정리해보자. 북한의 문제가 무엇인지는 대체로 다 알려져 있으니 추후 좀 더 깊이 들어가 보기로 하고, 북한에서 보고 싶은 미래의 모습도 세상의 보편적 잣대를 들이대면 어려운 상상이 아니다. 우리에게 시급한 해답을 요하는 것은 아마도 북한이 변화를 통해 추구하는 목적과 이루고자 하는 목표, 그리고 그 실현의 방법론일 것이다. 즉, 북한 변화의 목적과 목표를 분명히 하고 그 목표로 가는 노정을 그려보는 것이리라.

인간 사회가 인간을 배제할 수 없음이 당연하듯이, 사회가 존재하는 의미와 추구하는 모든 것은 결국 인간에서 출발하여 인간을 지향하게 마련이다. 북한이라고 다르지 않다. 즉, 북한 변화의 목적도 결국은 국민을 편하게 하는 것 이상이 될 수 없다. 비록 온전하지도 않고 남들보다 처지긴 하지만, 어제보다 오늘이 좋아졌고 오늘보다 내일이 더 나아질 희망이 보인다면 사람들은 그런 삶을 긍정하게 된다. 욕망을 주체하지 못해 만족을 모르는 이도 있을 것이고, 이상과 현실의 격차에 대한 불만을 다스리지 못해 분노하거나 낙담하는 이도 있을 것이며, 개인적인 약점으로 의기소침해하는 이도 있을 것이지만, 인간은 선천적이든 후천적이든 주어진 조건이나 환경에 전적으로 좌우되는 수동적인 존재가 아니다. 본능적이든 이성적이든 주체 의식을 가진 능동적 욕망의 존재이기에, 인간의 사유와 행위가 환경의 영향에서 자유롭지는 않지만 인간다움을 지키려는 본능도 결코 배제할 수 없다. 그 때문에 환경이 그 욕망을 압살할 정도로 가혹하지 않고 삶의 굴곡을 통해 응분의 소양을 키울 수 있는 토양을 적절히 제공할 수만 있다면, 인간은 스스로 저마다의 인생을 만들어갈 것이다.

북한에서 주민들이 편함을 느끼는 환경은 사회의 발전 수준에 따라 달라지겠지만, 우선 의식주와 생명 보존이라는 가장 원초적인 것에서 출발할 수밖에 없다. 굶주림에서 벗어나 어느 정도 배가 부르고 등이 따뜻하게 잘 수 있어야, 생명을 위협하는 상시적인 정신적 폭압과 물리적 폭력에서 자유로워지고 나서야, 인간은 비로소 육체적·정신적 건강을 생각할 수 있을 것이며 생존 욕구를 넘어서 자아를 의식하고 삶의 질을 추구하는 단계로 나아갈 수 있을 것이다.

인간의 본성과 인류사 보편의 궤적에 따르더라도 북한에서 최우선 과제는 바로 경제문제를 해결하는 것이다. 인간은 돈에 매우 민감하다. 인간에게 돈은 욕망의 대상이다. 돈만 있으면 되지 않을 일이 없다는 믿음이 상당히 많은 이들의 신앙이 되어 있고, 그래서 돈에 대한 지나친 숭상과 맹신이 인간성을 파괴한다는 우려도 높다. 그러나 인간이 보여주는 이 같은 돈에 대한 애착이나 집착이 인간에게 가장 확실하고 적극적인 동기 부여의 원천이 되는 현실은 인정해야 한다. 그 때문에 인간은 돈을 버는 수단과 방법에 관해서도 돈에 대해서만큼이나 민감하게 반응하고 적극적으로 임한다. 따라서 경제는 사람들의 사고와 행동을 좌우하고 변화시키기에 가장 확실하고 효과적인 장이라 할 수 있다. 그래서 북한과 같이 사람들의 의식에 대전환이 필요한 곳에서 경제는 무엇보다 우선순위에 놓일 수밖에 없는 것이다.

역사와 오늘의 현실이 입증해주는 것처럼 북한에서 경제를 살리고 발전시키는 최선의 길은 시장 시스템을 도입하는 것뿐이다. 시장경제는 세계 경제 선진국들의 보편적인 체제이다. 세계는 시장으로 엮여 있고 시장은 수요와 공급의 유기적인 조화를 이루어내는 분업체계로 작동한다. 시장은 투입 대비 산출이 최대가 되도록 최적의 경제환경을 찾아 국경과 지역을 넘나들고 시간과 공간까지도 초월하고 있다.

선진사회의 척도는 모든 일에서 얼마나 효율이 있느냐와 그 효율을 지속시키는 기반을 지탱하는 사회와 공동체 구성원 모두를 아우르는 배려가 얼마나 잘 구현되어 있는가에 달렸다고 볼 수 있다. 그리고 효율과 복지는 개방된 환경에서 자유로운 경쟁과 교류를 통해서만 가능하다. 반대로 말하면 고립으로는 결코 효율을 이루어낼 수가 없다. 아니, 그보다 지금은 고립되어서는 결코 생존을 지속하기 어려운 세상이다.

북한에서 시장경제를 작동시키면 자연히 인력 이동의 자유가 따를 것이고, 경제적 소득과 처분의 자유가 허용될 것이며, 시장 주체들은 본능적으로 다양한 이윤 창출의 기회를 찾아 각양각색의 인재와 능력을 요구하고 시장의 품속에서 그것들을 키워낼 것이다. 시장의 부 창출 능력은 의심할 여지가 없는바 의식주 문제는 자연히 풀리고, 경제적인 측면에 한해서라도 사람들은 자유를 누릴 수 있게 된다. 시장경제에서는 법적 재산권의 보호가 전제되어야 하기에 법치주의의 발전을 견인하게 되며, 법치의 발전은 시민사회의 성장과 정치환경의 선진화로 이어지게 된다.

하지만 안타깝게도 북한 정권은 시장경제의 다른 이름이기도 한 자본주의 경제에 대한 강한 부정적 선입견을 떨쳐 버리지 못하고 있다. 자본주의를 받아들이면 체제가 붕괴할 수 있다고 보는 것이다. 중국이 공산당 일당집권 체제하에서 자본주의를 도입하여 세계 2대 경제대국으로 부상한 성공을 지켜보면서도, 개방으로 ─ 자본주의 경제를 받아들이자면 개방이 전제되어야 한다 ─ 한국과 세계 시장경제 국가들의 눈부신 발전상을 직접 목격한 북한 사람들의 체제 이반 심리가 가속화될 것이라는 추론에 근거하여 더욱 몸을 웅크린다. 좀 더 근본적인 이유라면, 수령에 대한 거의 신앙 같은 충성심을 강제하거나 유도해낼 수 있어야만 유지될 수 있는 수령체제의 민심 기반이 시장에서 부유해진 개인들에 의해 무너져 내리게 될 것이라는 두려움이라 할 수 있다.

결국 북한이 시장경제를 선택할 수 있느냐 없느냐는 북한에게 현대화를 향한 진정한 변화의 첫걸음이 될 것이다. 따라서 이 글의 상당 부분도 어떻게 북한이 시장경제를 받아들여 체제에 대한 급격한 충격 없이 시장경제를 연착륙시킬 수 있을 것인지에 할애될 것이다. 즉, 시장경제와 일당체제는 공존 가능하며 인간의 욕구 실현의 여러 단계 중 하나에 부합될 수 있다는 것을 말하고 싶은 것이다. 그리고 한국의 존재가 북한의 시장경제와 정치체제의 안정적 선진화에 위협이 되기보다는 강력한 조력자가 될 수 있음을 북한 사람들에게 설명해보려는 것이기도 하다. 북한 정권이 과거와 담대하게 화해하고 세계가 국경이나 인종, 가치관을 초월하여 다차원적인 네트워크를 이루는 개방화 추세에 맞게 스스로 생존에 적합하도록 변신하는 유연성을 키운다면 얼마든지 개방으로 인한 체제 붕괴의 두려움에서 벗어날 수 있다고 본다.

북한과 같은 그토록 철두철미한 통제와 사상 주입에도 인간은 결코 완전하게 길들여지지 않으며, 생존을 위해 어쩔 수 없이 순종하는 척하더라도 타인이나 집단에 자기를 무한정 내어놓지는 않는다. 인간은 자기에게 도움이 되지 않는 일을 무작정 달갑게 할 수 있는 존재가 아닌 것이다. 개인으로서의 인간 본성에 어긋나는 그 어떤 시도도 절대로 성공할 수 없다는 것을 오늘날 북한 사회의 최악의 비효율적 상황이 여실히 보여주고 있지 않은가. 그래서 북한으로 하여금 무지막지한 집단주의의 미련을 떨치게 하고, 인간을 원하는 대로 개조할 수 있다는 오만을 버리게 하며, 인간 개개인의 욕망과 능력을 길 개발하고 발양시키는, 좀 더 자유로운 사회로 순조롭게 이행할 수 있는 길이 있다는 것을 인간 본성과 인류사회 환경 사이의 상호작용에 대한 역사적 고찰을 통해 보여주고 싶다.

이 글을 쓸 결심을 군히고 실행에 옮기게 한 결정적인 계기가 있었다. 바로 서강대학교 최진석 교수의 EBS 인문학 특강이다.

일류가 되려는 자는 경계의 모호함과 불확실함에 서기를 주저하지 말아야 한다. 불안과 모호함은 분명히 해야 하는 것이 아니라 견디고 받아들여야 하는 것이다. 우리가 그 두려움을 이기지 못하여 어느 한쪽을 선택하게 되는 날이 곧 통찰력과 창의성이 죽는 날이다. 너를 가두는 우리에서 탈출하라. 우리는 나를 가두는 우리일 뿐이다. 우리에서 나로 돌아가라. 우리를 지배하고 있는 가치관이나 이념이라는 기준은 억지로 만들어진 개념적 구조일 뿐이다. 그 기준이 행사되는 한 사회는 혹은 너는 구분될 것이다. 구분된 다음에는 한쪽을 배제할 것이다. 배제한 다음에는 한쪽을 억압할 것이다. 기준을 갖는 한 당신은 한쪽에 설 수밖에 없다. 한쪽에 서는 순간 당신의 자발성, 자율성은 유린된다. 이 기준과 신념과 이념을 이탈해서 오직 너의 자발성으로 돌아가서 자발성 속에서 삶을 향유하라.

뇌리에 강하게 박히는 메시지였다. 그래서 모험을 무릅써 보기로 했다.

사실 이 책에서 주장하는 북한 현대화 모델은 그 정체성이 모호해 보일 것이다. 북한의 수령체제를 어느 정도 용인하는 조건 아래 그 통치 집단의 생각을 바꾸고 정치력을 도움으로써 시장경제와 일당정치를 조화시킨, 계획과 시장을 결합한, 이념을 초월하는 현대화를 그리고 있기 때문이다. 자유 민주주의를 보편의 가치로 하는 사람들, 독재를 치가 떨리게 증오하는 사람들, 과거 북한 정권에 의해 크나큰 희생과 상처를 강요당했고 자나 깨나 복수할 날을 기다리는 사람들, 그래서 북한의 독재 정권이 망하는 날이 오는 것은 당연하고 필연적이라고 믿고 있는 사람들에게 큰 실례가 될 것이라는 점을 잘 안다. 또한 아직도 권위주의와 중앙집권과 계획의 효율과 불가피성 내지는 필요성을 믿는 사람들, 독재적 지위를 숭상하고 즐기는 사람들, 독재에 기생하는 사람들에게도 결코 듣기 편한 아이디어가 아닐 것이다.

그리고 중국의 개방개혁 방식과도 많은 거리가 있다. 한편으로는 질서가 있는 점진적인 변화를 추구하면서도 또 다른 편으로는 시대를 뛰어넘는 수평적 분산으로 고차원으로의 경제 도약과 민주주의의 성장을 도모하려 한다. 그 때문에 현재의 일반적인 가치관이나 이념적 기준으로는 쉽게 수용될 수 없는 도발적인 상상일 수 있다. 하지만 북한의 현실을 직시하고 북한으로 하여금 인간이 추구하는 보편적 미래를 향해 걸음마를 떼게 하는 데 역점을 두었을 때, 최진석 교수의 메시지는 기존의 가이드라인을 개의치 말라며 나의 등을 떠민다.

헤어나기 힘든 딜레마에 빠져 소심해진 북한에 자극과 용기를 주고 자신감을 심어줄 수 있는 방법은 무엇인가. 욕망을 극도로 억누르고, 유연성이라고는 찾아볼 수 없으며, 도무지 믿을 수 없고, 인간의 존엄과 권리를 무참히 짓밟으면서도 양심의 가책을 느끼지 못하는 그들을 무지와 부도덕의 늪에서 건져낼 수 있는 길은 어디에 있는가. 그러한 방법과 길은 과거에는 존재한 적이 없고, 과거의 틀로는 찾을 수도 없을 것이다.

'그러니 너는 우리를 버리고 나와 너의 길을 찾으라. 너의 길을 찾으라. 너의 길을……' 이런 메아리가 메시아의 복음이 되어 내 귓전을 울린다. 그래서 용기를 냈다. 다행히도 독서를 무척이나 좋아해서 선구적인 탐구와 세계 최고 지성들의 심오하고 혜안이 빛나는 저작들을 많이 탐독해두었기에 태어나서 처음이지만 감히 책을 내보겠다고 도전할 수 있었다.

비록 작문 실력이 미천하여 많이 힘들지만 글을 쓰는 시간만큼은 몹시 행복하다. 피곤을 무릅쓰고 좋아하는 등산도 뒤로 미루면서 몰입하는 이 시간이 그렇게 즐거울 수가 없다. 삼시 사기의 의지고 지기의 생가을 글로 펼친 수 있는 자유가 내게 있다는 자긍심, 자유 민주주의 체제에 대한 감사함이 내 가슴을 더 뜨겁게 한다. 그리고 북한 형제들을 위해 그들에게 바칠 글을 쓴다는 사명감이 또한 나를 크게 고무한다.

많이 부족한 글이지만 이 글의 취지와 사명 의식에 조금이라도 공감이 간다면 아량 넘치는 충고로 응원해주기를 독자 여러분께 간곡히 당부 드린다.

들어가며
북한의 딜레마

2012년은 북한에게 큰 변화의 해였다. 2세대 권력자의 갑작스러운 사망으로 충분한 준비 없이 3세대로의 세습이 이루어졌다. 1년 남짓한 사이에 새로 승계된 권력체제는 신속한 인적 쇄신을 거쳐 어느 정도 안정되어가는 모습이다. 3세대 권력 출범 초기에 북한은 파탄 난 경제를 살리기 위해 일련의 제도 개선을 시도하고 외부를 향해서는 경제개발 경험 전수와 지원을 요청하고 나서는 듯했으나 어느 순간 돌변하여 3차 핵실험을 단행하고 전쟁불사를 운운하며 극단적인 대남, 대미 협박으로 돌아서기도 했다. 그러나 과거에 북한에게 번번이 당하면서 체득한 학습 효과 때문인지 한국과 미국 등 한반도 주변 당사국들은 북한의 근본적인 변화 가능성에 포커스를 둔 원칙적인 대응 전략을 구사하기에 이르렀고 한국의 박근혜 정부와 중국의 시진핑(習近平) 체제가 출범하면서 북핵 불용을 골자로 하는 한-미-중 대북정책 공조가 점점 무르익어 가는 모습이다. 개성공단도 폐쇄의 벼랑 끝까지 몰렸다가 근본적인 재발방지대책 선행을 요구하는 한국의 원칙적인 대응에 북한이 어느 정도 수긍하면서 국면 전환의 싹이 조금씩 트는 것처럼 보인다.

하지만 이런 변화의 조짐에도 외부 세계는 북한의 제한적일 수밖에 없는 변신 시도에 별로 기대를 하지 않는 모습이다. 현 체제로는 전면적인 개방과 개혁을 추진할 수 없으리라는 것이 중론이다. 일인지배정치 체제, 선군계획경제, 폐쇄적인 사회환경, 대외 고립 등 경제 회생과 사회 발전에 결정적인 장애 요인들이 겹겹이 쌓여 북한 사회를 질식시키고 있기 때문이다. 적어도 경제라도 먼저 살리고 정상적으로 작동시키려 해도 소극적이고 지엽적인 변화만으로는 어려운 것이 사실이다. 경제는 경제체제 자체만으로 돌아갈 수 있는 것이 아니며 정치제도, 사회문화 환경 등 여러 분야와 밀접히 연계되어 있는 유기적인 생명체와 같은 것이다. 무언가 근본적이고 결정적인 변화가 북한에 필요하다.

하지만 북한이 변화의 필요성을 어느 정도는 인식하고 있더라도 과감하게 시도하지 못하는 데는 무릇 알려진 바와 같이 이 변화가 체제 유지에 중대한 도전을 야기한다고 보기 때문이다. 사실상의 왕조체제로 유일사상을 '절대적 진리'라고 믿는 사회에서 '최고 존엄'을 조금이라도 훼손시키는 행위는 세상에 유례가 없는 비인간적인 형벌로 다스려지고 있고 유일사상 체계의 위배는 철두철미하게 금지되어 있다. 이런 경직성으로는 생존과 발전을 위해 필수적인 개방과 개혁을 무리 없이 현 체제 내에 받아들이고 소화하기 어려울 것이다. 중국의 개방개혁 30년 성공의 역사를 옆에서 지켜보면서도 한국의 존재가 두려워 오히려 폐쇄의 강도를 더해가고 있는 것이 북한의 현실이다. 또한 개방이 가져올 정보의 홍수 속에는 북한이 감추어왔던, 왜곡했던 진실들이 있다. 그리고 반세기에 걸친 장기간의 무자비한 정치적 숙청, 인권유린의 후유증도 만만치 않을 것이다.

이러한 여러 도전들 중에서도 북한에게 자유 민주주의 대한민국의 존재, 한국에 의한 '흡수통일'의 두려움은 가장 치명적인 것으로 간주되고 있다. 세계 선진 경제강국 반열에 올라 풍요롭고 자유로운 민주 사회를 만끽하고 있는 대한민국의 현란한 모습과 극명한 대조를 이루는 북한의 비참한 사회 파탄상은 그 어떤 것으로도 합당한 설명이 어렵다.

인터넷, SNS 등 통신 네트워크의 개방도 불가피할진대 정보가 철저히 차단되고 통제되는 상황에서 세상눈이 어두운 북한 사람들에게 생생한 외부정보가 무차별적으로 전해진다면 그 충격을 북한으로서는 감당하기 어려울 수 있다. 특히 동일한 언어를 쓰기 때문에 한국의 정보들은 즉시적으로 북한 사람들의 사고구조를 흔들어놓을 것이 분명하다. 북한과 같은 전대미문의 폐쇄적이고 경직된 사회에서 이 치명적인 외부 바이러스에 적합한 백신을 만들어내기란 쉽지 않을 것이다. 이런 연유로 북한은 내부 결속을 명분 삼아 대한민국을 제일의 적으로 설정하고 한국에 대한 '적화통일'을 목표로 한 철저한 대남적대 노선과 정책을 고수해왔다.

하지만 경제 회생을 위한 개방과 변화의 과정에서 대한민국을 제외시키는 것은 현실적으로 어려우며, 북한이 하기에 따라서 대한민국은 동포로서 가장 강력한 원군이 될 수도 있다. 한국은 북한에 대한 '흡수통일' 의도가 전혀 없다. 남북 간의 경제격차가 현격하기 때문에 '흡수통일' 시 한국이 북한의 경제 회생과 생활수준 향상에 필요한 막대한 경제적 부담을 질 수밖에 없다. 이는 한국에 일시적인 경제력 감소와 더불어 큰 사회적 혼란을 초래할 수 있다.

고로 한국의 입장에서 북한 체제의 붕괴 같은 급격한 변화를 유도하는 것은 선택 사항이 아니며, 오히려 북한 체제의 안정을 도모하는 가운데 점진적인 변화를 이루어 남북격차를 줄여가야 한다는 것이 중론이다. 따라서 북한은 한국의 영향에 따른 내부의 충격을 극복하고 통제 가능한 변화를 이루어낼 수만 있다면 그 어디에서도 대한민국만큼 강력한 우군을 찾을 수 없을 것이다. 즉, 한국은 북한의 질서 있는 변화에 협조할 수밖에 없을 것이라는 의미이다.

그리고 북한에서 또 하나의 도전은 핵무기 포기이다. 핵무기 보유를 선언한 이래로 북한은 미국과 대한민국을 위시로 한 국제사회의 강력한 대북 제제로 사상 처아이 고립에 처해 있다. 핵무기 포기 없이는 개방의 밑길직인 효과를 기대하기 어렵고 국제사회의 전면적인 지원 및 투자를 이끌어낼 가능성도 낮아 보인다. 부실한 개방은 제도 개선의 효용 또한 반감시킬 것이다. 그렇다고 핵무기를 먼저 포기하는 것도 북한으로서는 선택 가능한 사항이 아닐 것이다. 핵무기 보유는 재래식 전력의 열세를 만회하고 체제의 안전보장과 내부 결속을 공고화하는 수단으로서 북한에 강력한 명분과 동기를 부여한다. 한편 만에 하나 핵무기 포기를 결정하더라도 그 결정이 국제사회와의 최대의 빅딜 소재인 것은 분명하다.

다음으로 언급하지 않을 수 없는 것은 사상적인 경직성에 기인한 과거, 현재 그리고 미래 사이의 이데올로기적 관계 설정 및 변화의 딜레마이다. 북한은 주체사상을 '인류 최고봉'의 사상으로 선포하고 이를 골간으로 하는 유일사상 체계를 확립해, 40여 년에 걸쳐 체제 운영의 최상위 원칙으로 견지해왔다. 이는 물론 일인지배 체제 및 세습 합리화의 사상이론적 정당성을 제공하는 데 절대적으로 기여하고 있다. 하지만 인간에게서 생각할 수 있는 자유를 박탈한 후유증의 심각성은 오늘날 북한의 참담한 현실을 적나라하게 증명해주고 있다. 생각을 하기에 인간일진대 인간의 전부라 할 수도 있는 사고능력을 억제하고서 과연 어떤 문명의 과실을 기대할 수 있을까. 지나간 과거는 어쩔 수 없다 치더라도 당장에 직면한 현실과 미래에 적절히 대응하며 변해갈 사고 기제의 유연성이 북한에 없다는 게 더 문제이다. '선군사상', '붉은기 사상' 같은 것이 당장의 고난을 극복하고 체제가 흔들리는 것을 막는 데는 도움이 되겠지만 미래를 위한 근본적인 변화를 향해 전환해나갈 가능성은 오히려 강력하게 억제하고 있는 것이다.

북한은 '사상강국'을 자처한다. 이것은 '최고'의 사상을 지녔다는 의미에 더해 모든 문제를 사상에 의거해서 풀어간다는 '사상 제일주의'의 함의도 있다. 인간은 자신이 믿고 있는 이념이 '최고'라 단정할 수 없고 그래서도 안 된다. 시대에 맞게 사상적 기틀을 변화시킬 수 있다면 '사상 제일주의'에 익숙해져 있고 강력한 사상 분야의 기구체계를 가지고 있는 북한은 단기간에 새로운 생각을 전파하고 변화를 향한 정신적 추동력을 마련하는 데 강력한 수단을 보유한 셈이다.

이러한 예상되는 중대한 도전들에도 북한은 생존을 위해서는 어떻게든 자신을 크고 작은 수술대에 올려놓을 수밖에 없을 터인데 당면하게는 현재의 일인 통치 체제를 유지하면서도 미래를 지향하는 수술의 범위와 일정을 짜보는 것이 순리일 것 같다. 현재의 일인 통치를 보장할 수 있는 선에서 사상적 유연성을 확보하는 것은 불가능한 일이 아닐 것이며 경제를 살리기 위해 필수적인 제도 변화 방안은 얼마든지 찾을 수 있는 것이다. 누가 통치하는가는 중요하지 않다. 어떻게 통치하는가, 통치의 과정이 적절히 제어되는가, 그리고 그 결과가 어떠한가가 중요한 것이다.

과거의 내·외부 '적'들과 과감한 대(大)화해를 통해 적대 관계와 그 유산들을 청산하고 대내외적으로 상호 용서와 미래지향적이고 우호적인 신뢰 관계를 구축할 수도 있을 것이다. 북한의 통치자가 바뀐 이 시점, 세계가 막강한 권력을 소유한 젊은 신인의 첫 행보를 주시하고 있는 지금이 바로 적기이다.

정치와 국가 관계를 막론하고 이해관계의 세계에서는 영원한 적도 영원한 동지도 없다고 하지 않는가. 실리 앞에서는 그 어떤 대의명분도 약한 모습을 보이곤 했던 사례들이 많이 알려져 있고 그것이 생존의 가장 핵심적인 기술이기도 하다. 급속하고 다차원적인 변화의 소용돌이가 날이 갈수록 가속도를 더해가고 있는 복잡다단한 세상에서 살아남아 존재 가치를 키우기 위해서는 유연하고 실사구시적인 사고방식과 태도가 더없이 중요하다. 자연의 진화 역사를 돌아보더라도 강한 개체가 아니라 환경 변화에 적응하는 개체가 살아남았다. 결국 살아남은 자가 강자인 것이다.

북한은 과감한 결단이 요구되는 운명의 전환점에 서 있다. 그리고 북한 체제의 특성상 최고 지도층의 현명한 판단과 결정이 북한의 명운을 가를 것이다. 북한 내외적 환경의 인내심이 바닥나고 있고 더 이상의 갈등은 폭발을 불러올 수도 있다. 폭발까지 가지는 않더라도 아예 포기하여 밖으로는 북한이라는 존재가 세인의 관심 밖에 내쳐지고 안으로는 오랫동안의 '습관화된 무기력'으로 의욕 자체가 사라져버릴까 더 두렵다. 관심이 있으니 미워하는 것이다. 사랑의 반대는 증오가 아니라 무관심이라는 말도 있다.

그래서 북한 스스로 올바른 처방을 낼 수 있도록, 북한이 이토록 생사를 좌우하는 딜레마에 빠지게 된 근원적인 문제들부터 짚는 것이 순서일 것 같다.

사회는 사람이 모여서 이루어진 것이므로 그 사회의 모든 것은 대부분 사람에서 비롯된다고 할 수 있다. 그리고 사람의 의식과 행동은 인간의 본성과 더불어 주위 환경, 특히 체제와 같은 제도적 환경에 기인한다. 다시 말해 그 사회가 잘되고 말고는 인간의 능력을 얼마나 발양시킬 수 있는가 없는가, 즉 인간의 욕망을 자극하여 그 창조적 잠재력을 잘 발휘하기에 적합한 사회체제를 얼마나 잘 만들 수 있는가에 달린 것이다. 반대로 사회의 후진성은 그 사회체제가 인간의 본성을 거슬러 얼마나 인간의 욕망과 창조력을 억누르고 있는가로 판단할 수 있을 것이다.

이러한 관점에서 어떤 이는 맹신하면서, 또 어떤 이는 갈등하거나 체념하면서 세상의 부조리를 숙명으로 받아들이고 살아가는 것처럼 보이는 북한 사람들의 마음속으로 들어가 북한 사회를 해부하는 것이 북한 문제의 본질과 근본적인 해법에 좀 더 잘 접근할 수 있는 것임을 확신하면서 재삼 그 의의를 강조해본다.

제1장　　　　북한, 무엇이 문제인가

　북한에서는 어느 누구도 공개적으로 체제나 제도에 관한 의견이나 비판을 피력할 수 없다. 나랏일이 무엇 하나 제대로 돌아가는 것이 없는 것을 보면 분명 큰 문제가 있는 것은 사실인데 이에 대해 정확히 맥을 짚을 방법이 없다. 다양성과 자유를 불허하는 경직된 국가체제나 독재적인 통치 리더십 같은 본질적인 문제점에 접근한 사람이 있다 하더라도 여러 겹으로 엮어놓은 감시와 밀고 체계 속에서 생존의 몸부림으로, 어쩌면 필연이기도 한 인간의 변심에 대한 우려가 너무 커서 믿을 수 있는 이야기 상대를 만날 기회가 없다. 외부 세계의 정보, 다양한 정신문명의 성과들과 철저하게 격리된 북한 사람들 대부분은 비교 대상이나 본보기 모델을 찾을 수가 없다. 그저 '한국, 중국을 비롯하여 자본주의를 받아들인 나라들이 잘산다', '자유의 정도가 어느 수준인지는 모르지만 분명한 것은 북한 사람들보다는 자유롭게 움직이는 것 같다' 정도로 피상적인 인식에 머무는 수준이다. 당연히 '우리는 왜 안 될까? 왜 못할까?' 이런 질문도 해본다. 그리고 대부분의 경우 외부에서 원인을 찾는다. 아니, 그게 편하다. '미국과 그 앞잡이 남조선 괴뢰들의 공화국 봉쇄 정책 때문'이라는 식이다. 내부적인 원인을 거론하는 경우라도 '수령님께 허위 보고나 하고 자기 안위만 생각하며 몸을 사리는 무능한 간부들이 문제'라는 식이다. 최근 들어서 시장에서 암거래되는 미디어 매체들을 통해 한국이나 중국의 사정에 대한 인식이 전에 없이 늘었다고는 하지만 어떻게 해야 잘살 수 있는지에 대한 체계적인 학습의 통로는 여전히 막혀 있다. 자본주의는 인간의 이기심을 자극해 돈을 벌고자 노력하고 경쟁하다 보니 자연히 잘살게 된다는 기초적인 상식 수준에까지만 생각이 닿는다. 시장경제가 무엇이고 어떤 원리와 시스템에 의해 작동하는지, 민주주의 제도가 어떠한 것이고 왜 필요한지 등 체제나 시스템의 선진 모델에 대한 모색이 근본적으로 차단되어 있는 것이다. 물론 선택된 극소수 최상위 지배층은 외부 정보에 밝고 독점한 정보를 체제 안정과 민심 관리에 유리하게 활용하고 있다. 그러나 그들마저도 체제나 제도를 이해하는 데 체계적이고 깊이 있는 학습을 경험해보지 못했다.

이런 사실에 입각해, 북한의 문제를 분석하기 위해서는 바닥에서부터 출발해 가장 근본적인 것부터 다룰 수 있는 고찰의 틀이 필요하겠다는 생각이 들었다. 앞에서도 언급했지만 사회를 구성하는 주체인 인간이 바로 우리 이야기의 알파이자 오메가이다. 어떻게 인간이 본능과 직관이 주는 편리함에 유혹되면서도 자기의 욕구 실현에 합리적인 판단과 결정에 접근해가는지, 어떤 방식으로 주위로부터 신뢰를 형성하고 서로 의지하며 더불어 살아왔는지, 인간에 대한 이해와 인류의 역사를 배경으로 살펴보고 북한과 비교해가는 분석 틀을 설정하기로 했다.

1. 인간의 욕망 억압

1) 인간, 욕망의 존재

인간은 욕망의 존재이다. 부를 갈망하고 명예를 추구하며 쾌락을 즐긴다. 남보다 잘살고 남 위에 군림하며 남다른 즐거움을 누리기 위해 경쟁을 마다하지 않을 뿐 아니라 남을 희생시키는 것도 서슴지 않는다. 남이 잘되는 꼴을 못 보고 질투에 냉가슴을 앓으며 열등감에 속을 끓인다. 욕망은 끝이 없어 만족을 모른다. 가지면 가질수록 더 욕심을 부린다. 아흔아홉 개 가진 이가 한 개 가진 이의 것을 빼앗아 기어이 백 개를 채워야 직성이 풀린다. 인간은 이기적인 욕망 덩어리로 애초 태어날 때부터 생체적 조건 등에서 서로 다르고 평등하지 않을뿐더러 불평등에 욕심과 질투를 부리며 또 한편으로는 평등에 불만스러워한다. 미국의 독립선언문에 언급된 "모든 사람은 평등하게 태어났고, 조물주는 몇 개의 양도할 수 없는 권리를 부여했으며, 그 권리 중에는 생명과 자유와 행복의 추구가 있다"는 문구 중에서 평등은 인간의 존엄과 가치, 권리의 평등을 의미하지 생물학적 능력 또는 물려받은 물질적 기반 같은 조건이나 결과의 평등을 의미하지 않는다.

세상사도 인간 욕망의 역사이다. 인간이 단지 생존하고 편히 사는 데 만족했다면 넓은 땅, 금은보화로 호화찬란한 궁전, '삼천 궁녀' 같은 것들을 위해 남을 죽이고 약탈하고 피비린내 나는 전쟁의 역사를 쓰지 않았을 것이다. 인간의 욕구가 '초가삼간'에 하루 세 끼 때우는 데 그쳤다면 '대항해 시대', 신대륙의 발견, 산업혁명, 인터넷, 스마트폰 같은 문명의 기적은 출현할 수 없었을 것이다. 네 것 내 것 없이 다 같이 평등하게 잘살자는 공산주의 이상은 공상에 그쳤고 사적 소유를 배제한 사회주의 실험은 허망하게 궁핍을 고헌 데 빈해, 믿음 끼힌 재산권 제도를 근간으로 인간의 욕망을 끊임없이 자극하는 자본주의는 약육강식의 약탈과 정복의 역사를 넘어 효율적인 경쟁 기제를 무기로 부가가치 창출에 가장 적합한 체제임을 입증했고 오늘날 거의 모든 지구인의 삶을 지배하기에 이르렀다. 자본주의의 최대 약점인 빈부격차나 독점의 확대 문제는 재산권을 침해하지 않으면서도 과학기술적 진보와 경영 방법의 개선을 통한 생산성 혁신으로 부의 증대를 획기적으로 늘리고, 보편적인 기회의 평등과 정당한 자원 배분을 지향하는 정책적 수단들의 강구로 적절히 제어되어왔다. 그리고 그로 인한 극단적인 갈등 상황을 통제할 능력이 인류에게는 충분한 것 같다. 이렇게 인간 욕망이 이기적이고 비정하고 냉혹함에도 인류 발전의 추동력과 근본적인 관계가 있는 것은 분명해 보인다. 하지만 이런 인간의 무절제한 이기심만으로 인류 사회가 오늘과 같은 발전을 이룰 수 있었을까. 인간에게는 욕망을 절제하고 사회적 조화를 이루어낼 수 있는 성향이 잠재되어 있는 건 아닐까. 아니면 이성의 도움으로 깨우치게 되는 것일까.

인간의 욕망을 중심으로 한 인간 본성과 인류 사회 발전의 관계에 대해서는 이미 인류 지성의 걸출한 통찰들에 그 답의 대부분이 나와 있다(후쿠야마, 1992).

그중 하나에 따르면 인간성은 인간의 혼을 이루는 세 가지 부분, 즉 욕망과 이성과 '패기(기개, 기질)'의 조화로 발현된다. 욕망은 생존과 발전에 기본적인 동기를 부여하고 이성은 이상과 현실의 조화에 대한 인식으로 욕망을 제어하며 '패기'는 사물이나 자기 자신에 가치를 부여하는 인간의 능력 또는 기질로서 사회적 인정을 통해 인간으로서의 존엄을 느끼고 가치를 실현하는 근본적인 추동력을 제공한다.

인간의 욕구에는 단계가 있다. 에이브러햄 H. 매슬로(Abraham H. Maslow)의 욕구 피라미드에 따르면 생명 보존을 위한 원초적인 욕구 단계에는 생리적 욕구(육체적 생명을 유지하는 데 가장 기본적인 먹고 자고 입고 후대를 남기는 것)와 안전 욕구(외부의 위험으로부터 자신과 가족의 생명을 지키려는 것)가 있다. 원초적 욕구가 충족되면 고차원적인 사회적 인정의 욕구로 발전하는데 여기에는 사랑과 소속의 욕구, 존경의 욕구, 자아실현 욕구 등이 있다. 무리에 소속되어 정서적 안정감을 얻고 사랑과 존경을 받으며 자기 존재의 의미를 긍정하고 자아의 가치를 확인하는 노력에서 삶의 보람을 느끼는 것이 사회적 존재로서의 발전 욕구이다. 인간의 욕망은 발전을 위한 경쟁에 가장 원초적인 동기를 부여하며 인간의 단계적 발전 욕구는 생존을 넘어 풍요롭고 고차원적인 삶의 이상을 그리게 해준다.

사회적 존재로서 인간이 동물과 구별되는 본성은 바로 인정 욕구이다. 타인으로부터 인정을 받고 존경의 대상이 되며 자신의 존엄과 가치를 의식하고 남보다 우월한 사회적 위상에 만족을 느끼는, 또 그런 추상적인 가치를 위해 생명까지도 거는 속성은 오직 인간에게만 있는 유일한 본성이다. 생물학적 욕구본성을 초월하여 생명을 포기하면서까지 '인정을 위한 투쟁'에 매진하는 인간의 고유한 사회적 인정 욕구는 인류의 계급분화를 낳고 국가를 탄생시켰으며 현대의 다차원적인 사회로 발전하게 된 근본적인 원동력이었다.

'최초의 인간'에게는 생물학적·경제적 욕구와는 별개로 인정 욕구가 존재했다. 단지 생물학적·경제적 욕구만으로는 인류의 욕망이 빚어낸 피로 얼룩지고 전쟁으로 점철된, 그리고 오늘날의 변형된 형식으로 치열하게 벌어지는 냉혈경쟁의 역사를 모두 설명할 수 없다. '최초의 인간'은 단지 위신을 위해 폭력을 동원하여 주변과 끊임없이 다투고 죽이고 정복하고 약탈했다. 명예를 위해 목숨을 걸 줄 아는 용기가 있는 자는 생존 본능에 굴복하여 위신을 포기하고 굴욕을 감수하는 자들 위에 군림하게 되었고 군주와 노예의 관계를 맺었다. 쟁투에서 승리한 자는 더 많은 자유와 물질적 부를 누렸고 패한 자는 자유와 명예를 포기하는 대신에 승자가 보장하는 안전으로 만족했다. 이렇게 해서 지배하는 귀족과 지배를 받는 노예의 계급분화가 생겨났고 그들 사이의 빈부격차가 더욱 벌어졌다. 외부를 정복하고 약탈하기 위해서든 외부의 침략으로부터 자신을 보호하기 위해서든 부족 집단 간의 전쟁은 끊이지 않았고, 승자에 의한 통합과 내부의 무질서한 '만인의 만인에 대한 투쟁'을 억제하고 전쟁 자원을 효율적으로 확보하기 위한 체제 확립 과정의 결과로 국가가 탄생했다. 최후의 승자에게 모든 영예를 돌리고 신성화시켜 무제한의 권력을 부여하느냐, 승자와 패자 그리고 강자와 약자 사이에 응분의 절제된 권리 배분을 이루느냐에 따라 전제주의와 민주주의의 체제적 분화가 생겨났다. 그리고 통치자와 지배계급 엘리트와 피지배계급 국민 사이에 각자의 욕망을 얼마나 평화적으로 합리적인 수준에서 공평하고 공정하게 규제하고 조화를 이루어나가느냐 하는 것이 인류 사회와 국가제도 진화의 여정이었다.

2) 불멸하는 인간의 욕망

인간의 욕망은 끝을 모르며 부단히 진화하고 있다. 오늘날 인류가 보유한 강력한 생산력은 일부 선진 세계에서 과도한 물질적 풍요를 낳았고 분배 문제만 좀 더 개선하면 물질적 욕구를 충족하는 데 부족함이 없을 듯하다. 그러나 실상은 그렇지 않다. 모두가 만족을 모른다. 무언가 부족하게 느껴지고 남에 비해 작금의 처지가 불만스럽다. 욕망을 버리면 행복해진다고 하지만 말처럼 쉽지 않다. 왜 그럴까. 무엇이 문제란 말인가. 답은 결코 포기할 수 없는, 포기하려 한다고 포기되는 것이 아닌 인간의 원초적 본성, 욕망에 있다. 고도로 발달한 상품 시장과 더불어 현대는 가치의 시대, 브랜드의 시대이다. 사람들은 특정한 사물이나 행위에 특유의 가치를 인위적으로 부여해 여타와 차별화하고 자기만의 독보적이고 희소성 있는 가치를 만들어내 만족할 명분을 찾는다. 그렇게 해서라도 타인에 대한 우월감을 느껴야 하고, 그 우위의 실체가 절대적이든 상대적이든 독보적이든 가리지 않는다. 민주주의 발전과 인권 신장의 혜택으로 전에 없이 개선된 인간적 지위를 누리고 있는 현대인들은 그에 걸맞게 훨씬 더 다양하고 고차원적인 욕망을 분출해내고 있다. 그 양상을 보면 과히 '욕망의 시대'로 불릴 만하다. 이처럼 인간의 욕망은 영원한 것이며 인간은 결코 욕망이 빚어내는 역사의 소용돌이에서 벗어날 수 없다.

따라서 인간의 욕망은 억누른다고 해서 억눌리는 것이 아니며, 인간의 본성을 강제로 바꿀 수 있다면 그것은 이미 본성이 아닌 것이다. 고로 욕망의 대상에 대한 강제적이고 인위적인 변경 시도는 쓸데없는 짓이다. 천부적인 존엄과 가치를 지닌 인간은 자유로운 영혼으로 태어났다. 인간에게는 그 나름의 가치 기준으로 욕구의 대상과 수준을 정할 권리가 있다. 결국 인간을 길들이려는 시도는 실패할 수밖에 없다.

장기간에 걸친 공산권의 인간 개조 시도가 실패로 끝났고, 북한은 어느 것 하나 제대로 돌아가는 것이 없는 작금의 참담한 결과를 목도하면서도 길들여진 욕구의 '주체형 혁명적 인간'에 대한 미련을 버리지 못하고 있다. 국가가 주민들의 생활을 보살필 능력을 상실한 북한에서 사상 주입이 그런대로 먹히던 시대는 사실상 막을 내렸고 독특한 체제적 압박이 주는 공포가 주민들의 입을 막고 숨을 죽이게 할 뿐이다. 이미 시장에 의존해 생계를 꾸리는 기술을 익힌 북한 주민들에게서 억눌려 있던 욕망이 서서히 살아나고 있는 징조들이 보인다. 하지만 현재 북한 체제에서 사람들의 욕구 분출은 심히 제한적일 수밖에 없고 점진적인 제도 변화를 통해 통제 가능한 욕구 신장의 공간을 터주는 것이 절실해 보인다. 욕구 표출의 급격하고 무제한적인 해방이 불러올 수 있는 사회적 혼란을 감안한다면 목표를 지향하되 단계적으로 수용 가능한 욕구 실현 기제를 마련해야 할 것이다. 그러자면 북한에서 어떻게 인간의 욕망이 억눌리고 인간성이 유린되고 있는지에 대해 좀 더 심층적으로 고찰해야 한다.

전체주의, 전제정치, 생산수단의 국유화, 계획경제 등으로 특징지어지는 사회주의 체제가 인간의 경제적 욕구 실현을 심히 제약하고도 모자라 나중에는 초보저인 생문학저 욕구조차 충족시키지 못하는 비인간적인 체제였다는 것은 사회주의 진영의 몰락, 한국의 풍요와 극명하게 대비되는 북한의 참담한 빈곤상에서 이미 증명된 사실이다. 이에 대해서는 더 언급할 필요조차 없을 것 같아 생략한다.

마르크스주의 등 유물론적 관점에서는 사회 발전의 인과관계를 경제적 측면에서만 절대화하고 있고 존 로크(John Locke) 등 앵글로색슨 전통의 관점에서는 생존 욕망을 인간의 최우선 가치로 보고 인간의 욕망과 이성만으로 사회 발전을 설명하고 있지만 인간성의 가장 근본적인 요소인 '패기'를 고려하지 않고서는 인류 발전의 원동력을 제대로 인식할 수 없을 것이다. '패기'는 인간으로서의 존엄과 가치를 누리려는 강한 기상, 기백, 기개와 같은 의미로 사회적 존재인 인간의 가장 인간다운 본성이며 인정 욕망과 직결된다. 따라서 인간의 인정 욕망의 실현이 사회 역사의 발전과 근본적인 인과관계가 있고 그 실현 정도는 사회 발전의 수준을 가늠하는 척도가 된다.

여기서는 북한 특유의 전제체제하에서 인간의 사회적 인정 욕구가 얼마나, 그리고 어떻게 억눌려 왔는지를 돌아보면서 북한의 사회 발전을 제약하는 문제점들을 짚어보려 한다.

북한에도 그 나름의 사회적 인정 시스템이 있다. 그 인정은 자신이 속한 조직을 통해서 이루어진다. 북한 주민은 그 누구를 막론하고 전원이 정치조직, 행정조직, 사회조직 등으로 촘촘히 엮인 조직 통제의 그물망에 갇혀 있다. 무소속의 자유인은 존재할 수 없다. 조직 생활을 통해 부여된 '사회정치적 생명'은 육체적 생명보다 '고귀'하며 사회정치적 생명을 잃는 것은 곧 죽은 것이나 마찬가지라고 사상 주입을 받는다. 사회정치적 생명의 가치는 수령에 대한 충성으로 발현되어야 하며 수령의 신임을 받을 때 가장 고귀한 가치를 지닌다. 수령의 신임과 은덕을 떠나서는 정치적 생명을 생각할 수 없으며 그 정치적 생명의 어버이인 수령에게 충성을 다하는 것만이 영생하는 정치적 생명을 얻는 길이다. 그러므로 수령을 결사 옹위하는 총폭탄이 되어야 한다는 것이다. 너무나 섬뜩한 논리이다. 북한 사람들은 모든 '좋은' 일을 이야기하기 앞서 "수령님의 배려로", "장군님의 은덕으로"와 같은 말로 운을 떼는 데 익숙하다. 이는 어길 수 없는 필수 원칙으로, 겸양을 떠나서 '나'라는 존재는 없다. 개인은 수령과 조직에 종속된 '사회정치적 생명체'의 작은 분자로서만 존재하는 것이다. 수령 이외의 대상에 대한 은혜를 입에 올렸다가는 크게 다친다. 결과적으로 그 최종 시혜자인 수령을 초월하여 수령의 이익에 반하는 인정 욕망은 상상할 수 없다.

이런 제한적이고 일그러진 인정 욕구마저도 제대로 이룰 수 없다. 상명하달식의 철저한 위계질서하에서 상부나 상관에 반하는 창조적 혁신을 통해 성취를 이루기 어렵다. 또 제도와 조직이 허용하는 범위 내에서 상부에 잘 보이고 상관의 심기를 건드리지 않게 행동거지를 조심하여 실제보다 축소되거나 부풀려진 인정을 받아내긴 하지만 이때 마음속의 굴욕감이나 위선적 행태에 따르는 양심의 불편함을 감출 수 없다. 살아남기 위해, 출세하기 위해 속마음을 감추고 양심에 상처를 입어가며 믿지도 않는 체제의 사상과 제도를 목청 높여 칭송하고, 내키지 않는 비판을 하며, 동료의 억울함과 고통에 애써 눈감고, 남을 고발하며, 위로 아부하고 굴종하고, 아래로는 짓밟고 군림한다. 특히 한번 소속된 조직에서 벗어나 다른 곳으로 옮기는 것이 너무 어렵고 거주지 이동은 거의 불가능한 현실에서 상관에게 불복종하면 평생 불이익을 감수해야 한다. 북한에서 양심이 가리키는 대로 진정한 정의와 선을 동경하여 부조리한 체제에 반하는 행위를 감행하는 것은 자신의 생명뿐 아니라 자기 일족의 운명을 거는 일이다. 아니, 그 뜻을 이룰 확률이 거의 없는 무모한 도박에 지나지 않는다.

인간의 인정 욕망은 우월을 과시하되, 적어도 소속된 무리의 지지를 받는 정당성이 부여된 위신을 추구한다. 그리하여 아래의 자발적인 지지를 기대하기 어려울 경우에는 억지라도 당위성을 만들어 지지를 강요한다. 인간이 선한 존재인지 도덕적인 존재인지 정의로운 존재인지, 아니면 이 모두에 반대되는 존재인지, 혹은 이 모두가 혼재된 양면적인 존재인지, 이러한 인간 성의 선악 여부를 놓고 사람마다 생각이 다르다.

'최초의 인간', '자연 상태의 인간'이 살던 원시의 환경은 가혹했을 것이다. 이 경우 육체적으로 강하거나 기운이 포악한 자가 남을 이기고 살아남아 후대에 그 유전자를 계승했을 것이다. 또 다른 한편으로는 혹독한 자연환경에서 생존하기 위해 종의 기원에서부터 무리 생활을 선택하고 무리와 공동체 생활을 영위하기 위해 최소한 공동의 선, 공공의 이익을 지향한 조화를 이루어내는 노하우를 체득한 자가 생존에 유리하여 후대를 남기고 그 유전적 특성이 다음 대에 같은 원리로 좀 더 강화되어 번성한 것일 수도 있다.

그 결과 이상의 두 경우가 혼합되어 인간은 친족 집단이나 소속된 내집단에 대해서는 우호적이면서도 타 종족이나 외집단에 대해서는 배타적인 본성을 띠게 되었을 것이다. 그리하여 인류 진화의 역사에서 위신을 추구하고 여타에 대한 우월 욕망으로 배타성을 지니면서도 우선 살아남을 가능성이 높은 환경을 기본 바탕으로 삼기 위해 서로 협력하여 선을 이루고 협력하기 위해 선을 추구하는 사회성 있는 인간의 유전 조합이 살아남아 후대에 전해졌을 것이다. 이렇게 배타와 협력의 양면을 가진 유전적 속성 때문에 인간은 어떤 기준으로 보느냐에 따라서 선과 악을 넘나들고, 그와 동시에 양면을 모두 내포하는 갈등의 존재가 되었을 것이다.

인간의 이런 본성은 세상만사에서 그 나름의 기준으로 선악과 우열을 구분하고 차별화를 시도한다. 당연히 자기가 선이고 우월하기를 바라고 그렇게 믿으려 애쓰고 그렇게 되도록 노력한다. 그리 될 수 없는 부조리한 세상이나 불공평한 세상을 만나서 숙명으로 받아들이고, 혹은 순응할 수밖에 없는 불가피한 상황이라면(또는 그리 생각된다면) 인간은 전지전능의 신성한 힘을 찾아 자신을 위해 선을 이루어줄 것을 기도하고 믿는다. 인간은 자기가 우월하고 선이기를 바라는 것과 동시에 자기가 지배하거나 주도하는 무리, 또는 자기가 속한 공동체가, 더 나아가서 자기가 사는 사회가 우월하고 선이기를 원한다. 그 나름의 기준으로 선을 규정하는 것이 보통이지만 세속의 불완전하고 상대적인 선에 만족할 수 없어 신을 찾아 절대적인 선을 갈구하기도 하는 것이다.

인간이 이처럼 선을 본성적으로 추구함에도 선을 위해, 또는 선의 성취를 통해 느낄 수 있는 자기 우월감을 위해 생존 욕망을 초월하여 생명까지도 걸 수 있는 인정 욕망 지상의 존재인지를 놓고 역사적으로 크게 두 가지 관점이 대립해왔다.

토머스 홉스(Thomas Hobbes)와 로크, 토머스 제퍼슨(Thomas Jefferson)으로 대표되는 영미권 사상가들은 인간의 생존 욕망이 다른 모든 욕망에 우선한다고 했다. 생물학적인 생명을 떠나서 생물학적 죽음에 이른 인간에게 다른 가치의 논의는 이미 무의미하며 생존의 가치 이외에 다른 추상적인 가치들은 이차적이고 부착적인 것이라고 믿었다. 살아 있기에 다른 모든 것에 의미가 있는 것이다. 죽으면 모두 끝이다. 그래서 인간은 자신의 생존을 최우선한다는 점에서 이기적 존재이며, 아무리 이타적 행위를 할지라도 그것은 오직 자기의 이해관계 타산에 기초한 계산적인 이기적 추구의 다른 표현에 지나지 않는다. 개인은 자유롭게 자기 생존과 행복 추구에 유리한 판단과 선택을 할 수 있는 천부적 권리를 가지고 태어났기에 그 누구도 그 권리를 침해하거나 간섭할 수 없다. 따라서 사회도 개인들 사이의 자유로운 사회계약으로 유지될 뿐 그 어떤 상위의, 또는 특정 가치로 인한 인위적인 관계의 설정을 거부한다. 그 누구도 자기의 명예욕을 위해 타인에게 희생을 강요할 권리는 없다. 이런 개인의 생존권과 행복추구권 불가침 원칙에 기초한 개인주의, 자유주의의 가치관은 지배계급의 허영심에 따른 전횡을 제한하고 피지배계급으로 하여금 기존의 주종 관계에서 벗어나 자기가 자기 운명의 주인이 되어 스스로를 다스리는 인간 존엄과 가치의 보편적 실현의 길을 열어놓았다. 타인의 권익을 침해하지 않으면서 타인으로부터 자기 권익을 지키고 사회 공익을 위한 자유로운 사회계약에 따라 개인의 물질적·정신적 욕망을 자유롭게 추구할 수 있는 좀 더 보편화된 지유가 주어졌다. 그리고 이는 인류의 정치 질서가 오늘과 같은 자유 민주주의로 보편화되는 기반이 되었다.

이런 인간의 생존 욕망 제일의 가치관은 인류에 긍정적인 공헌을 했음에도 인간이 사회를 위해 자진해서 행하는 자기희생적 행동이나 추상적인 가치에 목숨을 걸고 명예를 추구하는 행위의 타당성을 설명하기가 빈약하다는 결점이 있다. 인간의 명예욕 자체를 부정하는 것은 아니지만 목숨을 걸 가치까지 있는지는 이성적으로 납득할 수 없고, 다만 그런 현상은 광적인 명예욕에 이성이 마비된, 또는 어떤 대의에 극도로 고양된 특출한 사람들의 경우일 뿐이라는 것이다. 이것이 사실이라면 문제가 많아진다. 적의 침탈로부터 가족과 가산을 지키고 마을과 나라를 수호하는 전쟁에 누구 보고 무슨 명분으로 나가서 목숨을 걸라고 할 것인가. 돈을 받으니까, 그리고 본인이 지원을 했으니까 죽음도 돈의 대가이고 본인이 선택한 결과일 뿐인가. 지원자가 부족하면 징병을 해야 할 텐데 징병은 개인의 생존권 선택 권리를 침해하는 것이 아닌가. 아니면 돈으로 용병을 사야 할 것인가. 그렇다면 용병의 죽음은 어쩔 것인가.

인간은 스스로 사회의 안전이라는 공공의 이익을 위해 자신의 생존권을 뒤로하고 전쟁에 필요한 적절한 사회계약을 맺고 자진하여 싸움터로 나갈 수 있을까. 싸우다 죽으면 그저 운이 나빴을 뿐이고 죽은 자의 공로에 온갖 명예를 돌린다고 한들 그들의 가치관으로 과연 의미가 있는 건까. 우주 비행의 예를 들어도 마찬가지이다. 우주 비행가는 직업이지만 생명을 걸어야 하는 위험한 것이기 때문에 다른 선택을 할 수도 있다. 아무리 높은 급여도 목숨과는 비길 것이 못 된다. 최우수의 특수 인재만이 선택받을 수 있는 고차원적 영역의 일이지만 생명을 걸 정도의 값어치가 있다고는 쉽게 납득할 수 없다. 그렇다고 우주 비행이 가족이나 몇몇 귀중한 사람들에게 직접적인 혜택이 가는 일도 아니다. 만약 이러한 가치 판단이나 이해타산만이 인간의 행위에 부여되는 동기의 전부라면 요행수를 바라고 운명의 도박을 하는 것이 아닌 이상 결코 우주 비행사라는 직업을 선택할 사람은 없을 것이다. 인간이 죽음의 공포가 두려워

생물학적 생존 본능에 굴복해 생명을 건 도전을 하지 않았다면 우주 비행은 이루어질 수 없었을 것이고 우주 개척에 따른 인류 사회의 거대한 변혁과 진보는 존재하지 않았을 것이다.

물론 영미권에서 발화된 개인주의와 자유주의는 오늘날 보편화된 인권과 자유 민주주의 발전의 밑거름이 되었다. 미국이라는 사상 초유의 자유 민주국가의 탄생과 성공으로 전 세계적 범위에서 민주화가 대세가 되었다. 하지만 그 부작용도 만만치 않다. 지금의 자유 지상주의, 시장 만능주의 체제하에서 날로 커가고 있는 극단적인 개인주의와 물질 만능주의는 인간을 타락시키고 인간의 본성에 대한 믿음을 의심케 한다. 인간은 점점 말초적인 쾌락에 길들여져 고상한 정신적·추상적 가치 따위는 진부하게 여긴다. 생에 대한 진지하고 장기적인 고민은 사라지고 당장의 즐거움에만 빠져 하루살이 인생도 마다하지 않는다. 혹시 풍요의 저주 같은 것이 있는 것인가. 인간에게 자유에 따른 방종을 제어할 기질이 없는 것인가.

이마누엘 칸트(Immanuel Kant), 게오르크 W. F. 헤겔(Georg W. F. Hegel), 프리드리히 W. 니체(Friedrich W. Nietzsche)를 위시로 한 독일계 사상가들에게 인간을 인간이라 부를 수 있게 하는, 동물과 차별되는 유일한 인간 본성은 인정 추구의 욕망이다. 오직 인간만이 인정, 위신, 명예 그리고 선, 악, 정의 등의 추상적인 가치를 인식하며 이를 위한 '인정 투쟁'에 목숨을 걸 가치가 있다고 믿는다는 것이다. 인간에게 참으로 인간으로서의 존엄과 가치가 존재하는 것은 생물학적 생존 욕망을 초월하여 정신적 욕망의 만족을 위해 죽음의 공포를 극복하는 용기가 있기 때문이라고 본다. 즉, 인정 욕망은 인간의 여타 욕망 위에 자리 잡고 있다는 것이다. 인간은 사회적 존재이기에 언제나 타인과 비교하여 자신의 위치를 상대적으로 인식한다. 그리고 집단이나 사회에서 질서와 안정을 추구하기 위해 위세질서 속에서 고립하는 괴김을 배운다. 동물의 무리에서도 마찬가지이지만 무리의 상위를 차지한 수컷이 다른 수컷에 비해 많은 암

컷을 차지하고 자기의 우성 유전자를 후대에 더 많이 남기는 '이기적인 유전자'의 생물학적 작용도 무시할 수 없을 것이다. 이처럼 인류는 다자간의 경쟁을 통한 승자독식, 적자생존의 반복 과정에서 경쟁에서 이기려는 속성을 더욱 강화시키는 쪽으로 진화해왔다. 어떤 경우가 되었든 인간은 사회관계 속에서 타인과 협력하면서도 경쟁했고 승자 혹은 지배자로서 누리는 우월적 지위에만 만족한 것이 아니라 사회에 도움이 되어 인정을 받고 위신을 세우고 그에 따르는 명예를 추구하도록 진화해왔다.

18세기 중엽 영국에서 시작된 산업혁명과 함께 과학기술이 혁신적으로 진보했고 이는 생산성의 획기적 향상을 가져왔다. 이를 분기점으로 인간의 욕구 실현 기제에 중대한 변화가 일어났다. 과거에는 부의 창출 수단이 토지나 인력에 제한되어 있었고 따라서 더 많은 물리적 정복만이 부의 크기를 키우고 아울러 우월 욕망도 충족시키는 거의 유일한 방법이었다. 하지만 산업혁명 이후 생산성 향상에 따른 부가가치 창출이 대세를 이루면서 토지와 인력을 보유하고 있던 봉건영주 등 기존 귀족들은 기술, 설비, 시장 네트워크 등 새롭고도 합리적인 생산요소로 무장한 신흥 부르주아지에 밀려 크게 위축되었다. 그 결과 개인주의, 자유주의 가치관을 내건 신흥 부르주아지에 의해 타인을 아랑곳하지 않는 소수의 명예욕에 따른 다수의 희생이 당당히 거부되고 우월 욕망은 비합리적인 허영심에 지나지 않는 것으로 폄하되어 오늘날 그리 장려되지 않는 가치가 되기에 이르렀다. 사람들은 부르주아적 가치관의 보편화로 '비합리적이고 비이성적인' 모험 대신 합리적이고 이성적인 생존 욕구와 상대적인 성공에서 자유와 우월감을 느끼는 인정 욕망을 추구하게 되었다. 현대에 이르러 인간의 인정 욕망은 '우월 욕망'에서 '대등 욕망'으로 대체되는 것처럼 보인다. 적어도 차별받지 말고 남에게 크게 뒤처지지 않는 보편적인 삶에 만족하는 것 같다.

기독교에서 '하나님 앞에 만인이 평등하다'고 선포한 이래, 프로테스탄트 종교개혁으로 개개인이 그 어떤 타인의 간섭도 없이 직접 일대일로 하나님을 마주하여 신앙생활을 할 자유가 주어진 이래로 자유와 평등, 개인의 존엄과 생존권, 자결권 같은 권리가 대중이 추구하는 보편적 가치가 되었고 이런 가치에 기반을 둔 자유 민주주의 발전은 내세에서가 아니라 현실에서 그 가치 실현을 이루려는 욕망의 현실화를 가능케 만들었다. 자유 민주주의는 '잘난' 소수의 허영심을 만족시키기 위해 다수의 권익을 희생시키는 '우월 욕망'을 억제하는 대신, 가능한 한 다수에게 생존 욕구에 우선순위를 둔 좀 더 보편적인 욕망 실현을 지향하는 '대등 욕망'을 장려했다. 보편적인 욕망의 실현과 보호에 초점을 맞춘 자유 민주사회에서 '잘난' 소수는 폭력과 목숨을 건 인정 투쟁의 결과로 타인을 지배하고 복종시키는 위신을 포기하는 대신, 합리적 욕구를 자유로이 추구해 정당화된 제한 없는 물질적 치부의 결실로 풍요와 안락한 생활의 쾌감과 상대적 부유함이 선사하는 우월감을 누렸다. 사람들은 서로가 서로의 권리를 인정하며 국가는 개인의 생명이 보호되는 한 개인이 자유롭게 재산을 늘리는 것에 권력을 개입하지 않는다. 그야말로 자유 민주주의 사회는 '대등 욕망'의 사회이다.

그런데 여기서 철학적이고 논리적인 모순이 생긴다. 모두가 평등해야 한다면 위대한 진보나 혁신을 낳는 도전들이 시도되지 않을 것이다. 모두가 똑같아야 한다면 남보다 우월해지려는 욕망이 상실될 것이기 때문이다. '패기'를 잃었기 때문에 행복한 노예의 삶으로 회귀하려는 것인가. 그러나 인간의 인정 욕망은 집요하다. 경제와 사회의 고도화, 집중화, 거대화로 경쟁의 수준이 전에 없이 높아지고 복잡해진 환경은 개개인의 작은 도전을 무의미하게 만들며 눈에 띄는 성과는 극소수 특출한 인재들에게나 가능하다. 하지만 명성을 살 만한 개개인의 성취가 상대적으로 어려워졌을 뿐 인정을 향한 사람들의 도전은 지금도 진행형이다. 작은 성취도 성취이고 몇 사람만이 알아주는 인정도 인정인 것이다. 설사 누구도 몰라준다 할지라도 자기가 자신을 긍정하기에 충분하면 그만일 것이다. 인간이 인정을 갈구하는 이유는 자기가 살아 있다는, 자신이 인간답다는 증거가 필요해서가 아닌가. 사람들은 에베레스트 산 정복이라는 인간의 한계를 시험하는 도전으로, 스카이다이빙 같은 스릴 넘치는 모험으로, 시민 단체나 각종 커뮤니티 활동에서의 공헌과 두각으로, 나에게만 있거나 나만 할 수 있거나 나만의 브랜드 같은 '나만의 것'을 통한 차별화 ― 벤처 창업, 정치 입문 등 각양각색의 새롭고 흥미로운 시도들 ― 로 '우월 욕망'을 위한 도전을 멈추지 않는다.

여기까지 인간의 본성과 욕망에 대해 긴 사설을 펼친 이유는 인간 본성의 가장 근본적인 욕망이 무엇이든 간에 인간이 욕망하는 사회적 존재라는 사실은 결코 변할 수 없겠지만 그 욕망의 발현은 시대적인 환경의 제약을 받고 은폐되기도 하고 굴절되기도 하며 편향되기도 할 수 있다는 것을 말하고 싶어서다.

북한이 적합한 예이다. 북한에도 그것이 인간 친화적인지는 불문하고라도 그 나름의 인정 시스템이 갖추어져 있고 순수성이 의심되지만 사람들의 명예 추구 욕구가 살아 움직이고 있다. 그런데 실제로 그 인정체계의 효율은 엉망이고 '명예'는 얻었지만 위선과 굴욕감에 속마음은 불편하다. 내재하는 욕망과 현실의 제약 사이에서 무력감을 느끼고 이중 삼중의 사회적·조직적 속박은 자유라는 개념 자체를 경시하게 된다. 욕망이 꺾이고 묻히고 일그러지고 끌려가고 묵살된다. 자유는 빼앗기고 왜곡되고 짓밟힌다. 강력한 폭압체제의 공포 앞에 포기하고 체념하고 길들여져 순종과 안녕을 바꾼 것으로 위안 삼는다. 그러면 북한 사람들에게 '패기'는 이미 죽어 없어진 것인가. 인간은 겨우 목숨을 부지하는 데 연연하는 겁쟁이일 뿐인가. 아니면 생존 욕구가 인간의 최우선의 본성적 가치인가.

'최초의 인간' 사회가 폭력으로 승자와 패자를 갈랐을 때 승자는 인정 욕구에 목숨을 걸었던 용기 덕분에 주군으로서 자유와 우월 지위를 누렸고 패자는 죽음에 대한 두려움에 굴복하여 생명을 부지한 대가로 주군의 구속을 받아들이고 노예로서 복종하고 섬겼다. 그렇다면 패자는 주군이 제공하는 안녕에 자위하며 노예로서 정해진 굴종 상태에 마냥 만족하기만 했을까. 노예도 인간이기에 인정 욕망은 엄연히 살아 꿈틀댄다. 노예는 주군의 지위에 목숨을 걸고 도전하기에는 물리적인 힘이나 기개가 부족할 수 있지만 (자신이 누리는) 지위에 안일해진 주군에 비해 아직 이루지 못한 인정 욕망을 끊임없이 갈구함으로써 동기를 부여받는다. 노예는 폭력 같은 물리적 힘에 기대는 대신 자신의 직업, 기술, 재능 등으로 인간 한계에 도전하고 그 분야에서 천부적으로 선택된 자임을 입증하고자 했다. 자기 분야에서의 탁월한 성취를 통해 하늘의 선택을 받은 운명이라는 믿음을 굳혔고 그 명성으로 주군의 명예에 간접적으로 도전해 승자의 카타르시스를 느꼈다. 그 결과 노예들, 피지배자들의 이런 도전이 오늘까지 인류 사회 발전과 진보의 대부분을 만들어냈다.

결국 인간의 '꺾일지언정 굽히지 않는' 기개, 인간으로서의 사회적 인정에 대한 욕망과 열정이 인간으로 하여금 생명의 위협 앞에서도 결코 완전히 무릎 꿇지 않고 인간다움을 느끼고 인간임을 인정받는 추상적 가치에 비이성적일 정도로 집착할 수 있게 한다. 즉, 인간의 생존 욕망과 인정 욕망은 개인이나 사회의 가치관, 그가 처한 환경에 따라 발현의 강도에서 차이가 날 수는 있지만 생존 욕망이 우선한다고 결코 인정 욕망이 포기되는 것은 아니며, 오히려 인정 욕망을 위해 생존 욕망을 극복하는 기개의 수많은 발현들이 인류 역사를 관통하며 인간이 인간성을 칭송하고 인간임을 자부하게 했다.

마찬가지로 북한의 극단적인 공포정치가 북한 국민들의 솔직한 욕망 표출을 철저히 억누르고는 있지만 결코 욕망의 씨를 말릴 수는 없다. 그들이 매사에 수동적이고 의욕이 없고 무기력해 보이고 이것이 흔히 사회주의 체제, 전제정치 사회의 사람들에 대한 거부감과 경멸과 무시 또는 동정과 연민의 연유가 되기도 하지만 오히려 그들의 태도는 강압에 대한 반항심의 무난한 표현일 수 있으니 자기 의사와는 무관한 강요를 회피하는 이기적인 본심에서 비롯된 것일 수도 있다. 무시는 반항보다 어떤 면에서 더 무섭다고 할 수 있다. 적극적인 반항은 표적이 있어 탄압이 가능하지만 무시하고 표리부동한 채 하는 척 흉내만 내는 소극적 저항은 딱히 찌를 만한 곳을 찾기 어렵고 범위도 넓어 시야에 다 들어오지 않는다. 외부의 시각에서는 그들이 무기력하고 욕구를 상실한 가망 없는 무리처럼 보이겠지만 이는 너무 경솔한 판단일지 모른다. 오히려 그들이 적극적으로 협조하지 않고 적극적인 반항도 하지 않은 채 자신을 보존하고 미래를 대비하는 것이 그나마 다행이고 기회일 수 있는 것이다.

그들은 당국의 지속적인 탄압 와중에도 '비사회주의' 기술을 익혀 스스로 생존 욕구를 충족시키고 있다. 암시장과 비공식적인 인간관계, 거래 관계를 꾸준히 확대시켜 조직을 벗어난 자유의 행동반경, 권한의 행사 범위, 이익 실현 기제의 다양성을 넓혀가고 있다. 그리고 진정으로 원하는 것도 아니었고 '별로 먹을알도 없는' 명예욕보다는 실생활에 도움이 되는 물욕으로 사람들의 욕구 중심이 옮겨 갔다. 이를 단순한 물욕이라 천시할 수 없는 것은 부가 사람들의 실질적 선망의 대상이고 결국은 물욕이 명예욕으로 이어지기 때문이다.

명예욕의 한 적극적인 부류인 권력욕도 크게 다르지 않다. 전제정치 체제하에서 권력은 대단한 매력을 내뿜는 것이 사실이다. 상명하달의 명령지시 체계로 움직이는 철저한 조직통제 체제에서 권력이 없이, 권력을 통하지 않고, 권력과 멀어져서는 아무것도 할 수 없다. 하지만 그런 권력일지라도 북한에서는 꼭 모든 것을 보장해주지 않는다. 일단 권력의 사다리가 누구에게나 열려 있는 것이 아니다. 이른바 '1호 가계'나 '백두산 줄기'가 아니면 일단 권력의 상부로 진입할 수 없다. 또한 3계층(1960~1980년대에는 핵심계층, 동요계층, 적대계층으로 분류하다가 1990년대부터는 핵심계층, 기본계층, 복잡계층으로 변경되었다) 45개 부류로 알려진 '출신 성분'별로 진입이 허용되는 분야가 차별화되어 있고 승진 한계도 제한되어 있다. 그리고 설사 선택받은 '출신 성분'으로 출세의 사다리에 올라섰다고 다가 아니다. 전형적인 인치 국가에서 '수령'이나 상관의 눈에 거슬려 천길나락으로 추락하는 것은 다반사이다. 권력자 앞에서 파리 목숨이긴 모두가 마찬가지인 것이다. 이런 권력세계의 불안정성 때문에 사람들은 주어진 권력을 가지고 주어진 시간 내에 뒷일을 대비한다. 권력무상이라 했거늘 재산밖에 믿을 것이 없다. 결과적으로 권력도 순수 권력으로서 욕구를 충족하는 데 안주하지 않고 치부의 한 수단으로 변질되어 물욕으로 치닫고 종당에는 좀 더 안정적인 명예욕으로 이어지는 것이다.

그렇다면 물욕과 성취욕, 명예욕에 대해 좀 더 논해보자.

인간의 욕망은 문화와 시대의 영향을 받는다. 기독교나 일본 불교 정토종(淨土宗) 같은 종교 문화권에서는 천부론적인 직업윤리에 기반을 둔 부의 창출을 강조하지만 소비에서는 근검절약 등 금욕의 실천을 강조한다. 반면 힌두교나 유교 문화권에서는 계급이나 주종 관계 등 수직적 불평등을 받아들이고 현세에 만족하며 청빈한 삶을 찬양하고 물욕이나 부의 추구를 금기시한다. 과거에 천부 사상은 인간이 인간에게 평등하게 부여된 천부적인 존엄과 권리를 인식하고 (자기의 직업 영역에서) 선택받은 자로서 최선을 다한 결과가 부의 창출로 이어진다는 것을 확신케 하여 인간의 물질적 욕구와 인정 욕구를 함께 충족시킬 수 있었다. 그리고 금욕주의의 실천은 인간을 향락의 유혹으로부터 보호하고 나태와 방종에 빠져들지 않게 하여 근면, 성실, 검소의 실천 속에서 부의 축적과 자본의 재투자에 따라 더 큰 부의 창출로 이어지는 부의 선순환 메커니즘을 작동케 했다. 즉, 천부 사상의 가치관은 인간에게 부의 추구가 단순히 저속한 물질적 탐욕이 아니라 천부적으로 선택받은 자기의 재능과 가치를 실현하는 노력의 결과로서 주어지는 보상과 인정이라는 도덕적 정당성을 부여해주었다. 현대에 이르러 종교적 가치관이 세속에 밀려 침식당하고 도덕적·정신적 가치들이 이성의 합리적 소비 욕구 충족으로 긍정된 소비주의에 압도되었다. 소비 욕구는 '자기 계발', '자아실현'으로 포장되어 인간의 물욕을 자극하고 향락을 부추기며 황금만능주의를 조장한다. 대중 소비, 대량 소비는 자본주의 시장경제를 견인하는 기관차가 되어 이제는 멈추기도 어려워졌다. 지금은 소비 주도의 사회이다. 과거에는 생산력이 수요에 못 미쳐 뭐든지 부족했고 만들기만 하면 팔렸다. 이런 생산자 주도 사회에서는 생산력을 늘리는 투자가 중요했다. 금욕적인 생활양식은 부의 축척을 가능케 했고 축적된 부는 자본으로 재투자되었다. 이렇게 금욕과 투자가 조화를 이루면서 자본과 생산력의 급속한 팽창이 이루어졌다. 그러나 생산력이 수요를 초과하면서부터는 사정이 달라졌다. 수요에 생산의 양과 질을 맞추어야 했고 끝을 모르는 욕망은 그것으로 만족하지 못하고 새로운 수요를 만들어 시장을 넓히기 시작했다. 제국주의적 팽창에 따라 전 세계에서 식민지화가 경쟁적으로 추진되었고 이는 한편으로 세계를 더 긴밀히 연계시키고 균질화하는 효과를 불러왔다. 통신, 운송 수단, 금융, 자유무역이 급속히 발전하자 생산성이 향상되어 전 세계 어디에서나, 그리고 어느 나라를 상대해도 고부가가치를 창출할 수 있었고 무역과 해외시장에 대한 직간접 투자나 글로벌 기업의 진출 등이 식민지 방식을 대체하게 되었다. 오늘날에는 시공간을 초월하여 적극적으로 소비를 만들어내는 고도의 마케팅 기법과 기술 혁신이 복합적으로 시도되어 결국 소비가 사회 발전을 견인하는 모양새가 되었다. 소비 욕구를 자극하고 소비를 극도로 조장하는 환경에서 물질 만능주의의 만연은 당연지사이다.

생활수준의 향상은 소비의 양적 증가와 질적 발진에 기인한다. 다만 인간이 풍요로운 소비가 주는 말초적이고 화려한 자극에 현혹되어 인간다운 고상한 가치를 잠시 잊게 된 건 아닌가 하는 우려가 없지 않다. 최근 이른바 '스마트 소비', 즉 과도한 소비로 인한 인간의 타락, 지구환경의 파괴, 자원 낭비 같은 자기 파괴적인 소비 행위를 자제하고 자연과 더불어 살아가는 '개념 소비' 바람이 불고 있는 것은 인간 가치의 상실 염려가 기우에 지나지 않음을 보여준다.

지금도 명예욕의 다른 한 부류인 성취욕은 물욕과 향락 욕구를 훨씬 초월한다. 뉴욕 월가의 증권맨들, 글로벌 기업 임원들이 인간의 한계를 시험하는 높은 업무 강도와 긴 근무 시간을 감수하면서까지 추구하는 가치는 다름 아닌 성취욕이다. 높은 연봉은 이미 소비할 수 있는 한도를 훨씬 넘어섰고 그나마도 소비할 시간이 없다. 가족과의 단란하고 아늑한 저녁, 주말 휴식은 기대하기 어렵다. 개인적인 취미 생활도 거의 포기해야 한다. 치열하게 경쟁하고 성과를 올려야만 한다는 압박이 그들을 살인적인 노동으로 내몰고 있다지만 그들의 능력 정도라면 얼마든지 다른 선택이 가능하기에 적절한 설명은 아닌 것 같다. 한국의 경우, 노동시장이 경직되어 있어 일단 일자리를 잃으면 동등한 수준의 다른 일자리를 찾기 어렵기 때문에 근로자들이 장시간의 노동을 감내하는 측면도 있다. 그러나 이런 피동적인 요인만으로는 설명이 충분치 않다. 가장으로서, 사회인으로서 번듯한 직장과 직위는 곧 위신이고 자존심인 것이다.

지금의 북한 체제에서 성취욕은 빛을 발할 수 없고 건전한 노동 윤리는 이미 사장되었다. 아무리 사방팔방으로 막혀 있는 숨 막히는 세상이라 해도 인간이기에 본성적인 성취욕을 감출 수 없는바 그 나름대로의 시도가 있게 마련이다. 북한에서는 절대로 임의의 변경을 시도하는 것 자체가 불가한 정치 분야를 제외하고 과학기술, 경제, 문화 등 각 분야마다 꽤 쓸모 있는 성취들이 있지만 지금같이 경직되고 억압적이며 폐쇄된 환경에서는 효과를 보기 어렵다. 물론 그 성취들에 고립과 폐쇄에 따르는 제한으로 한계도 분명 있겠지만, 좀 더 결정적인 패인은 정치가 엄격하게 그어놓은 선을 넘을 수 없고 경제를 비롯한 사회 각 분야 간의 유기적인 순환이 죽어버린 상황에서 아이디어를 실현할 자금, 기술, 설비, 인력, 시스템, 제도 등의 제반 물질적·제도적 기반들이 뒷받침되지 못한다는 것이다.

전체주의 사회라고 해서 인간의 본성인 성취 욕구가 없어지는 것은 아니며 집단주의 문화에서도 성취의 동기 부여 기제는 개인주의 문화 수준에는 미치지 못할지라도 어느 정도 존재한다. 특히 아시아 문화권에는 개인보다 집단을 우선하는 문화적 전통이 있다. 최근 많이 약화되기는 했지만 일본 같은 나라에서는 여전히 주류의 가치관을 이루고 있다. 이런 문화에서는 개인의 성취욕,

인정 욕구가 집단을 통해, 더 나아가서는 국가를 통해 발현되는 것이 장려된다. 일본에서 이런 가치관은 역사적으로 뿌리가 깊어 아직도 조직 문화, 거래 문화에 상당 부분 남아 있다. 회사는 사원을 평생 채용하고 보살피는 대신에 사원은 물질적 보상을 초월하여 회사에 충성을 다한다는 ― 서양의 개인주의 문화에서는 상상조차 할 수 없다 ― 관계가 대기업, 중소기업을 막론하고 상당수 회사에서 채용되고 있다. 일본에는 시장 진입을 어렵게 하는 강력한 유리 장벽이 존재한다. 지역사회나 본국의 경제주체들 간의 배타적인 거래 네트워크는 상당한 초과 지출을 감수하고라도 여타에 대한 배척을 고집하게 한다. 자유주의적·개인주의적 문화권과 비교해 이런 관행의 단점은 물론 있지만 집단적 가치관에 적합한 장점들 때문에 결코 효율 면에서 뒤지지 않는다.

북한의 집단주의 체제에도 욕망의 일그러짐이라는 치명적 한계가 있긴 하지만 성취욕을 고취하는 시스템이 존재한다. '입당', 표창, 훈장, 명예 칭호(노력영웅, 인민배우 등), 매체를 통한 모범 사례 소개, 승진 등 대부분 정치적·비물질적인 수단에 의존한다. 일부 '명함시계', 컬러텔레비전, 승용차, 아파트 등의 물질적 선물 방식은 최고 권력자에 의해 극히 제한된 범위에서 이벤트용으로 사용된다. 문제는 이런 시스템이 계층별로, '출신 성분'별로 적용된다는 것이다. 이러저러한 제한에 걸려 대부분의 사람들이 이 시스템에서 소외된다. 그 결과 세월이 흘러 위아래를 막론하고 권력 세습이 횡행하여 새로운 지배계급의 분화가 생기고 불가역적인 불평등이 고착화된다. 평등과 무계급사회를 목표로 내건 체제에서 참으로 역설적인 일이 아닐 수 없다. 새로운 '귀족'은 부모를 잘 만난 덕에 좋은 '배경' 덕에 줄을 잘 잡은 덕에 노력하지 않아도 저절로 출세가 보장되고, 어쩌다 '상놈'이 된 평민들은 넘볼 수 없는 계급적 장벽 앞에 체념한다. 출셋길만 막힌 것이 아니다. 평민들이 조직에 기댈 수 있는 거의 유일한 유인 수단인 식량 '배급'마저 끊기고 월급은 시장가격에 미치기에 터무니없으니 남은 것은 절망뿐이다. 북한에는 '악밖에 남은 것이 없다', '머저리(바보)는 다 죽고 협잡꾼(사기꾼)과 거간꾼(브로커)만 남았다'라는 말이 있다. 실제로 지금의 북한 사람들은 예전처럼 풍족하지는 않지만 끊기지 않고 제공되는 배급에 의지해 그럭저럭 살아가던 소박하고 순진하고 수동적이며 온순한 이들이 아니다. 100만 명 이상의 아사자가 발생했던 1997년, 국가만 바라보던 '순둥이'들의 대책 없는 죽음을 목도한 사람들의 뇌리에는 강한 교훈이 남았다. 국가뿐 아니라 누구도 믿을 수 없고 믿어서도 안 된다, 알아서 살 길을 찾아야만 한다는 것이다. 절박한 생존의 위기가 결정적인 동인으로 작용해 소외된 자들은 자신을 구속하는 조직으로부터 벗어나 자립으로 욕구 충족을 기하는 새로운 틀을 구상했다. 그리고 행동으로 하나하나 그 틀을 만들어갔다. 사회의 하부를 관통하는 이 강력한 힘은 당국의 거듭되는 탄압에도 살아남았고 결국에는 당국조차 함부로 할 수 없는 존재로 성장하기에 이르렀다. 북한에 시장경제가 도입되었을 때 외부 세계는 북한 사람들의 '무능력', '무기력', '수동성'을 의심했다. 하지만 막상 결과를 보니 그리 우려할 만할 수준은 아니며, 북한 사람들이 '순진'해서 영악한 자본주의 선배들에게 당하고 상처 입지 않을까 마음을 쓰는 이들도 있지만 너무 걱정하지 않아도 될 것 같다. 오히려 후진적 전제체제 사람들의 특징인 거칠고 비신사적 행위 방식이 걱정될 따름이다. 하지만 이는 자유롭고 부드러운 사회환경으로의 변화에 따라 자연스럽게 순화될 것이라고 본다.

이처럼 인간의 욕망은 집요하고 끈질겨 그 어떤 환경에서도 살아남는 강력한 생명력을 유감없이 발휘한다. 이제 북한은 오직 힘으로 인간의 욕망을 억누르고 인간성을 마음대로 개조할 수 있다는 생각을 버리고 국민들의 자유로운 욕망의 실현이 경제 발전과 국가 번영으로 이어지도록 체제와 시스템을 근본적으로 개편하는 제도적 개혁에 시급히 착수해야만 할 것이다.

앞서 살펴본 바와 같이 역사적으로 인간의 본성에 어긋나는 한 어떤 시도도 성공할 수 없었다. 모든 일은 성노를 바르고 기본을 지킬 때 순조로울 수 있는 것이다. 요행수란 없다. 급격한 개편에 따른 부작용이 만만치 않을 것이기에 인간의 본성적인 욕구를 자유롭게 구현할 수 있는 세상을 만든다는 대의적인 목표와 원칙 아래 순차적으로 안정을 도모할 수 있는 선에서 가능한 분야부터 시작하는 추진 전략 및 실행 계획 수립이 선행되어야 할 것이다. 그리고 '완벽한' 전략이나 계획은 불가능하므로 일단 큰 틀이 잡히면 시작부터 떼는 것이 더 중요하다. 시작이 절반이라 하지 않는가.

2. 유연성의 제약

1) 진리의 상대성: 유연성과 효율

우주의 만물은 끊임없이 변화한다. 운동, 즉 변화는 만물의 존재 방식이며 존재 그 자체이다. 운동의 반대인 정지는 곧 존재의 죽음을 의미한다. 존재한다는 것은 변화한다는 것이고 주변의 변화에 적응한다는 것이다. 적자생존이 의미하는 바와 같이 진화에서는 변화에 적응한 자만이 살아남을 수 있다. 적응은 유연성을 의미한다. 모든 존재는 고립하여 존재할 수 없고 주변과의 상호작용을 통해 변화에 적응하고 생존을 유지한다. 역사적으로도 강한 자보다 유연한 자가 결국에 살아남았다. 유연하다는 것은 능동적이든 수동적이든 존속에 적합하도록 적시에 변화를 꾀한다는 것이다. 만물 사이의 경쟁환경에서 존속한다는 것은 결국 그 상황에 대한 대처가 효율적이었기 때문일 것이다. 이렇게 유연성은 곧 효율로 이어진다. 효율을 논할 때 보통 합리 여부가 거론되는데, 합리적이라는 말은 이치에 맞게 일을 처리하여 보기에 합당하다는 것이다. 그래서 인간은 그 나름의 기준으로 합리성을 추구하는 것이리라. 그러나 인간이 직관을 초월하고 이성을 동원해서 합리 여부를 판단하고 실행하는 데 그렇게 익숙하지 않다는 것은 이미 밝혀진 바 있다. 그러므로 이런 인간의 비합리적 속성까지도 감안해야만 인간의 생각과 행위의 실제 상황을 잘 다루어 효율을 도모할 수 있을 것이다.

근래 들어 인간이 합리적이라는 전제하에 전개되었던 기존 이론들의 위상이 크게 흔들리고 있다. 실상 인간이 합리적이지만은 않고, 이성과 감정의 복합 작용에서 비롯되는 인간 인식과 판단 및 의사결정이 오히려 비합리적이기 쉽다는 사실이 인정되었기 때문이다. 즉, 이성적인 경제적 인간(호모 에코노미쿠스)을 전제하는 것은 현실적이지 않으며, 심리적인 인간(호모 프시콜로기쿠스)이 실제 인간에 가까운 모델이라고 본 것이다. 이성적인 경제적 인간은 완벽하게 정보를 파악하고 언제나 효율성 극대화를 목표로 비용과 산출을 따져서 충분히 합리적인 결정을 내릴 수 있다고 본다. 반면 심리적인 인간은 불완전한 정보와 인간 능력의 한계 때문에 언제나 효율의 극대화를 추구하기란 불가능하므로 적당한 선에서 만족하며 정보의 과잉이나 부족에 대응하여 휴리스틱(의사결정 과정을 단순화하고 제한된 정보와 시간 제약을 고려해 현실적으로 실현 가능한 해답을 찾는 것)과 같은 인지적 지름길을 택하고, 또 집단이나 사회의 압력에 비합리적이거나 심지어 자기의 신념이나 가치에 어긋나는 결정까지도 할 수 있는 제한적으로 합리적인 인간이다.

이런 비합리적인 인간의 심리를 다루는 진화심리학, 사회심리학, 정치심리학, 행동경제학 등의 학문이 급부상하면서 인간의 사고와 심리 및 그 결과로서의 행위의 인과 과정에 대한 이해가 좀 더 실제에 근접해가고 있다. 그리고 인간의 이런 비합리적이면서도 합리를 추구하는 속성이 정치, 경제, 문화 등 사회의 모든 분야에서 다양하게 활용되어 괄목할 만한 성과들을 보여주고 있다. 정책 개발, 선거, 시장조사, 마케팅, 교육, 심리 치료 등 그 많은 분야를 일일이 다 열거할 수는 없을 것이다.

사회가 효율적으로 잘 돌아가려면 일을 합리적으로 처리해야 한다고 한다. 그런데 앞서 언급한 것처럼 사회의 주체인 인간이 비합리적이기 쉬운 존재인

데 이런 속성을 극복하고서 합리를 추구한다는 것은 사실일까. 사실이라면 왜 그러는 것일까. 또 합리적이라고 판단하는 기준은 무엇이며 언제나 믿어도 되는 것일까. 그리고 그 합리에 어떻게 접근해가는 것일까. 마지막으로 어떤 일의 효율이 꼭 합리와만 궁합이 맞는 것일까. 인간의 비합리적 속성도 잘 활용하면 효율을 올리는 데 일조할 수 있지 않을까.

이런 질문들에 답을 찾아가는 과정은 유연성과 밀접한 관계를 이루고 있다. 아니, 유연성 있는 관점과 태도가 필수이다. 이 세상에 절대적인 진리는 없다. 모든 것이 상대적일 뿐이다. 인간이 진리로 아는 것은 현재 우리가 이해한 수준, 상상하는 범위 안에서만 유효한 것이다. 우리의 인식도 끊임없이 변화하고 있으며 갈등을 극복하면서 더 높은 수준으로 발전해나간다. 이런 뒤집고 다시 뒤집히는 과정의 반복에서 유연한 자가 더 빠르게, 좀 더 대가를 적게 치르고 남보다 여유롭게 앞서가는 것이다. 앞선 자는 진전된 진리를 더 먼저 체득하고 일의 합리성과 효율을 높여 생존 능력을 강화시킨다.

북한과 같은 경직된 사회에서는 결코 합리와 효율을 기대하기 어렵다. 북한은 말도 되지 않는 절대 진리를 운운하며 하나의 틀에 국민 모두를 얽어매려는 시도 자체가 얼마나 시대착오적인 것인지를 깨달아야 한다. 유연성은 자유를 전제로 한다. 자유가 허용되지 않는 사회에서 유연성은 가당치도 않다. 자유가 제한되는 곳에서 합리성, 효율성을 기대하는 것 자체가 어불성설이다. 그래서 북한이 직면한 온갖 어려움을 야기한 근원인 극단적인 비효율을 바로잡을 마법의 열쇠가 바로 북한 사회의 유연성 제고와 자유의 확대에 있음을 설명해보려 한다.

이제 다시 인간이 어떻게 유연성을 발휘하여 합리와 진리에 접근해가는지를 살펴보자.

인간은 합리 여부를 판단하는 기준을 어떻게 정하는 것일까. 이는 아주 철학적인 문제이다. 대체로 사람들은 합리적이라고 하면 이성이나 과학을 떠올린다. 이성은 논증을 통해 사실의 인과관계라든가 자기의 이해관계와 주변 여건과의 관계를 분석한 기초 위에서 자신의 가치관에 부합하는 판단과 결정을 내린다.

과학적 방법은 경험과 측정에 근거한 증거를 사용하여 현상의 원리를 밝히는 과정으로서 귀납적이며 경험적인 진리를 추구한다. 귀납법이라는 확률적인 증거에 근거한 과학 지식은 확고부동한 것이 아니며 언제나 반증될 가능성이 있다. 즉, 새롭게 얻어진 연구 결과에 따라 과거의 과학 지식이 수정되거나 폐기될 수 있는 것이다. 이 때문에 알베르트 아인슈타인(Albert Einstein)은 "아무리 많은 실험을 하더라도 내가 옳다고 단정할 수는 없다. 단 하나의 실험으로도 내가 틀렸다는 것이 드러날 수 있기 때문이다"라고 했다. 어떤 과학적 사실도 절대적이 아니기 때문에 과학적 방법론에 의지하는 합리성도 상대적일 수밖에 없다. 그리고 합리성 여부를 판단하는 데 다수의 가치관이 개입될 수밖에 없기 때문에 종교적 가치관 같은 가치 합리성이 과학적 합리성의 다른 이름인 목적 합리성과 상충하는 문제도 존재한다. 결과적으로 합리성 여부는 시대에 상대적인 인간의 욕망, 이성 및 가치관에 따라 합목적적인지 아닌지 결정되므로 상대성을 띤다고 볼 수 있다. 또한 합리성 여부는 결과와 무관하게 과정이 목적 지향에 부합하기만 하면 되는 '심정 윤리'와 과정의 옳고 그름보다는 결과가 목적에 부합할 것을 요구하는 '책임 윤리'로 판단이 갈린다. 전자는 과정이 올바르기만 하면 결과는 문제 삼지 않는다는 식이고, 후자는 예측 가능한 결과에 책임지는 방향으로 행위를 요구한다. 논리적으로는 어느 윤리가 합리성을 띠는지 결론지을 수 없지만 시대의 현실적인 이유로 책임 윤리가 더 부각된다.

보통 어떤 행위를 막론하고 투입 대 산출 비를 높이는 목적을 모두가 공유하므로 그 과정이나 결과의 효율은 일하는 방법의 합리성 여부를 평가하는 중요 척도가 되기도 한다. 물론 반대로 효율은 우리에게 합리로 가는 지름길을 안내한다. 그래서 효율을 높이기 위해 관련 요소들의 다양한 조합이 시도된다. 그리고 최적의 조합은 반복적인 실험을 거쳐 일관된 결과로 검증되었을 때 비로소 채택된다. 단, 그 최적 조합도 잠정적일 뿐 새로운 변수가 나타나면 그에 맞게 새로운 최적화의 과정을 따른다. 즉, 인과관계는 관련 변수에 따라 상대적이어서 특정 시점이나 조건에서 어떤 결과의 합리성 여부는 그 시점과 조건에 한정되며 아직 모르거나 새로운 변수에 의한 변경을 염두에 두어야 한다. 또한 일의 결과를 평가할 때도 특정의 경우만을 증거로 삼거나 특수한 경우를 인위적으로 일반화하는 것은 과학적인 방법이 아니다. 어떤 불특정 경우라도 모두, 또는 대다수의 경우가 충족될 때야 비로소 결론으로 일반화하는 귀납적 방법, 우리가 아는 '진리'는 항상 잠정적이고 상대적일 수밖에 없다는 것을 인정하는 변증법적 태도를 사람들은 과학적 합리성과 결부시킨다.

여기서 인간의 이성이 인식한 변증법에 대해, 특히 헤겔의 변증법에 대해 좀 더 살펴보기로 하자.

변증법의 기본 원리는 우선 변화와 역사성의 관점에서 사물은 끊임없이 변화하는 과정 속에 있다는 것이다. 모든 사물의 근본적인 존재 방식은 운동과 변화이며 사물은 한꺼번에 자신의 모습을 드러내는 것이 아니라, 다양한 과정과 현상을 통해서 자신의 모습을 드러낸다. 따라서 사물의 현재 모습은 지속적인 변화와 발전의 한 단계이자 과정이며, 고정되거나 완결된 것이 아니다. 사물은 시간의 흐름 속에서 지속적으로 변화하고 발전하기 때문에 역사성을 띤다. 즉, '시간성'과 '역사성'은 사물을 제대로 인식하기 위한 핵심 개념이다.

변증법의 또 다른 기본 원리는 상호 연관성의 관점에서 모든 사물이나 과정은 서로 영향을 주고받는다는 것이다. 개별적인 사물이나 과정은 고립된 상태로 존재하는 것이 아니다. 사물은 서로에게 영향을 미치는 연관 관계 속에서 존재하며 각각의 과정은 서로에게 영향을 미친다. 마찬가지로 각각의 개인이나 사회도 다른 개인이나 사회와 영향을 주고받는다. 인간은 고립된 존재가 아니며 사회적 존재이다. 함께 모여서 사회를 구성하고 협동하며 긴밀하게 상호

작용을 한다. 이처럼 자연뿐만 아니라 사회와 역사, 인간의 사고를 비롯하여 세계 전체가 변증법적 원리에 기초하여 움직인다. 역사는 이성의 힘에 의해 전진하며 역사의 발전은 변증법의 원리에 의해 이루어진다.

변증법은 사물은 왜 운동하고 변화하는가 하는 질문에 대립물의 통일과 투쟁의 법칙(모순의 법칙)으로 설명한다. 변증법에 의하면 대립물은 사물 속에서 서로 갈등하며 통일을 이루는데 이런 모순이 운동과 변화의 원인이라고 본다. 만약 모순이 없다면 그 사물은 정지 상태에 머물러 있을 것이고 운동과 변화가 없다면 사물은 항상 동일한 상태만을 유지하게 된다. 따라서 그 사물에 역사는 존재하지 않는다. 변증법적 관점에서 대립과 갈등은 일시적이거나 불안정한 상태가 아니라 사물의 근본적인 존재 원리이다. 또한 변증법은 사물은 어떻게 변화하고 운동하는가 하는 문제에 양질 전화의 법칙으로 답한다. 어떤 사물의 내부에서 모순 때문에 대립과 갈등이 점차 심화되면 그 결과로 질적 변화가 일어난다. 누적된 양의 변화가 새로운 질의 변화를 불러일으키는 것이다. 양적 변화가 완만하고 점진적으로 이루어진다면 질적 변화는 급격하고 혁명적인 방식으로 이루어진다. 다음으로 변증법은 사물의 운동과 변화의 방향성과 관련하여 부정의 부정 법칙을 제시한다. 즉, 사물의 운동과 변화가 부정의 부정 과정을 거치면서 점차 발전하고 진보한다고 보는 것이다. 낡은 것이 부정되어 사라지고 새로운 것이 출현하며, 그 새로운 것도 언젠가는 낡은 것이 되어 부정되고 또 다른 새로운 것이 출현한다. 이런 연속적인 부정의 과정을 거치면서 사물은 더 좋은 방향으로 발전한다. 이렇게 인간의 이성은 이미 사물의 존재 및 발전의 법칙에 대한 과학적인 증거들을 확보하여 합리와 효율로 가는 방법론을 터득했다.

하지만 우리 모두가 인정하는 바와 같이 인간은 가능하면 머리를 쓰지 않으려고 한다. 이성이란 사물의 옳고 그름, 선의와 불의 같은 것을 감정이 아니라 논리적인 사고를 통해 판단하는 것이다. 즉, 이성은 느낌을 넘어서 머리를 쓰는 것인데 인간은 본능적으로 이성의 도움을 받는 상황을 피하려 하며, 이성도 인간의 본능이나 감정과 같은 뇌의 자동 반응 기제의 영향에서 완전히 자유로울 수 없다. 인간은 중요한 사안을 판단할 때는 심사숙고가 필요하다고 생각하지만 모든 일에 대해서 그러지는 않는다. 인간의 뇌는 자동적으로 무의식적인 느낌이나 자신의 신념, 신앙 같은 선입견에 의존하는 속성이 있다. 머리를 쓰는 데는 사람이 섭취하는 열량의 20%에 달할 만큼 많은 에너지가 소요된다고 한다. 생존에 필요한 에너지 취득이 용이하지 않았던 환경에서 인간은 불규칙적으로 섭취한 열량을 최대한 비축하고 최소한 소모하는 방향으로 진화했을 것이다. 그리하여 인간은 직관의 도움으로 반응의 민첩성과 효율을 높일 수 있었다. 그리고 인간의 게으른 속성, 최대한 편안함을 취하는 성향은 이런 진화의 산물이기도 하다.

직관은 기존의 축적된 경험을 토대로 뇌의 본능적이고 일차적인 자동 반응의 영향 아래 형성된다. 인간의 뇌는 생명체의 오랜 진화의 산물로써 척추동물이 생겨난 이래 파충류와 포유류를 거쳐 영장류와 최초의 인류, 그리고 현생인류에 이르기까지 수십억 년 역사의 흔적이 쌓여 있다. 사람의 뇌는 3개의 층으로 구성되는데, 생존의 뇌 또는 파충류의 뇌로 불리는 뇌기 제일 안쪽에 있고 그 위에 감정의 뇌 또는 포유류의 뇌로 불리는 뇌가 덮여 있으며 제일 바깥 표피층에 이성의 뇌 또는 인간의 뇌로 불리는 가장 최근 단계에 형성된 뇌가 자리 잡고 있다. 생명체가 인류로 진화하는 과정에서 각 단계의 뇌는 다음 단계의 뇌로 대체된 것이 아니라 생명체가 좀 더 복잡해지면서 생겨나는 기능들을 수행하는 새로운 뇌를 추가하는 방식으로 발전했다(공병호, 2013).

가장 앞서 존재했던 생존의 뇌는 이름 그대로 생명을 유지하는 기능을 수행하는데, 적응과 진화를 거쳐 무조건 반사나 조건 반사 같은 자동적인 반응 메커니즘으로 작동한다. 따라서 이 뇌는 생물학적인 본능을 유지하게 함으로써 인간이 간직하고 있는 동물적 본능의 근원을 제공한다. 인간이 보여주는 공격 성향이나 포악한 행동은 물론이고 성욕이나 식욕 같은 원초적인 생물학적 욕구들이 모두 여기서 비롯되는 것이다. 우리가 본능이라고 부르는 이런 속성들은 인간의 생각과 판단과 행동에 무의식적으로 영향을 미치며, 또 그 자연스러움이 주는 편안함 때문에 이 같은 일차적인 반응의 결과들을 믿어버리게 하는 경향이 있는 것이다.

포유류 단계에서 새로 생겨난 감정의 뇌는 개체 자신의 주변 상황에 대한 반응, 또는 주위 객체의 반응에 대한 느낌, 즉 감정을 발생시킨다. 감정은 생명체가 한 단계 더 고급하게 진화한 산물이다. 감정의 표현은 무리 생활에서 개체들 사이의 교감 능력을 한 차원 높인다. 다른 개체의 표정이나 행동을 보고 자기에게 호의적인지, 혹은 도움이 될 것인지 등을 감정의 느낌을 통해 직감한다. 그리고 과거에 경험했던 감정의 기억들을 되살려 현재와 비교하고 판단에 참고한다. 따라서 감정도 생존에 유리한 판단을 좀 더 신속하고 효율적으로 이끌어낼 수 있게 하는 본능의 한 부분인 것이다.

이성의 뇌는 오직 인간에게만 있다. 이성의 뇌를 갖춤으로써 인간이 탄생하게 되었고 인간을 다른 생물과 구별할 수 있게 되었다. 이성은 자기와 주변과의 구별 및 관계를 통해서 자아를 인식시키고 그런 관계들의 테두리 안에서 자기의 위치와 처신을 조화시킨다. 즉, 내가 이렇게 하면 상대방은 어떻게 반응할까를 생각하면서 움직이게 하는 것이 바로 이성이다. 여기서 자신은 물론 상대의 감정도 중요한 고려 대상이기에 감정은 결국 이성으로 우리를 인도하는 매개의 역할을 한다고 볼 수 있을 것이다. 하지만 이성은 감정의 인도를 초월하여 훨씬 객관적이고 도덕적이며 정의로운 준거를 찾으려 노력한다. 바로 이 점으로써 이성은 인간의 징표가 되고, 인간에게 동물을 넘어서 만물의 영장이라는 지위를 부여한다.

그러나 이성이 인식과 판단의 과학적인 방법론을 이룩했음에도 인간은 인류의 오랜 진화의 흔적으로 말미암아 자기도 모르게 본능에 휘둘리고 이성으로부터 멀어지기도 한다. 이성의 역사는 인류 진화의 장구한 세월에 비해 너무도 짧다. 30억 년 이상의 생명의 역사에서 현생 인류의 기원은 14만 년밖에 되지 않으며 인간이 수렵 채집 생활에서 벗어나 농경생활을 하기 시작한 지는 길게 잡아 1만 년 정도이다. 인류 사회가 농경 문화로의 전환을 맞이하면서 생계 재원에서 잉여가 생기고 그와 동시에 소유관계가 발생하면서 법이 만들어졌고, 공동체들 간의 생산성 격차가 재원과 영토의 집중과 독점으로 이어져 군주와 국가의 탄생을 불러왔으며, 그 결과 이루어진 안정적인 통치환경은 생산력 증대에 이은 문화 발전이라는 선순환을 낳아 인류의 정신문화 발전에 획기적인 계기가 되었다. 그리고 생각을 담는 그릇인 문자의 역사는 5,000년 정도이며 인간이 과학적 방법론을 인식하고 본격적으로 활용하기 시작한, 오늘날 우리가 사는 보편적인 사회체제인 자본주의는 고작 300년을 넘겼을 뿐이다. 현재 인간의 몸은 2만 년 전의 것이라고 하는데 이는 몸의 한 부분인 뇌도 결국 구석기 시대의 것이라는 말이다. 그리하여 인간에게는 생물학적으로는 물론이고 인류의 생존 역사의 시대별 환경에 적응한 문화적 진화의 흔적이 많이 남아 있다. 본능은 환경에 적응한 결과가 유전자에 남아 후대에 전해진 진화의 산물이다. 따라서 인간의 의식은 본능과 환경의 영향을 모두 받는다. 그렇다면 여기서 인간의 인식과 판단 및 행동에 영향을 미치는 본능과 환경에 대해 좀 더 알아보자.

인류 역사에서 수렵 채집 방식의 생활은 700만 년 이상을 이어져 내려온 데 반해, 농경 사회와 산업 사회의 역사는 다 합쳐도 채 1만 년이 되지 않는다. 그만큼 인간의 몸과 의식은 수렵 채집 방식에 적응되어 있고 그 결과는 본능으로 잠재되어 있다. 진화는 아주 느리게 진행되는 것이어서 현대 인류의 몸은 구석기 시대의 것이지만 생활환경은 2만 년 전과 완전히 다르다. 이런 인간의 몸과 생활환경의 엄청난 시차가 생물학적인 불균형은 물론 사유 기제의 부조화를 초래하는 것이다. 축적 위주로 진화한 인간의 몸은 현대의 영양과잉 환경을 따라가지 못해 비만에 허우적댄다. 또한 인간의 이성적인 판단에 따른 것이라고 믿었던 것들이 실은 본능의 끌림을 받은 것이었음을 알게 될 때 인간 의식의 불확실성에 많이 당황할 수밖에 없다.

무리를 지어 사냥과 식물 채집으로 생활한 인류의 조상들은 생존에 유리하기 때문에 공동으로 생산하고 분배하는 체제 아래 서로 도우며 평등과 집단주의를 생사를 좌우하는 가치로서 받아들이고 살아왔다. 당연히 개인의 욕구나 자율 같은 가치는 집단의 이익 앞에 불경스러운 것으로 여겨졌고 사생활은 물론 일체의 튀는 행위 또한 허용되지 않았다. 대자연의 엄청난 위력 앞에서 미개한 인류의 대항력은 미약하기 그지없었고 인간은 불시에 엄습하는 환경의 위협에 각종 미신으로 공포심을 달랬다.

인류가 수렵 채집 생활을 끝내고 농경 사회를 거쳐 산업 사회로 진입한 지 얼마 되지 않는 기간에, 특히 최근 300년의 산업화, 정보화 사회에서 인류의 생산력과 지성이 폭발적으로 증가하여 인류의 생활환경은 전혀 다른 차원으로 변화했다. 현대 사회는 엄청난 생산성 향상을 이루었고, 자급자족하고 주변 환경을 관리할 수 있을 만큼 힘이 커진 개인이 집단의 구속에서 벗어나 사유재산권은 물론 인권과 자아실현의 가치를 누릴 수 있는 자유로운 세상으로 변모했다. 그리고 그에 따른 인간의 의식과 지성의 급격한 변화는 수백만 년 동안 우리 몸에 배인 본능과 관습에 엄청난 도전을 야기했고 게으른 인간으로 하여금 이성을 필요로 하는 정신적 피로를 피해 익숙한 편안함을 무의식적으로 택하게 만들었다. 그리하여 인간은 선입견 등 직관에 따라 정신적 갈등이 주는 불편함을 피해 믿고 싶은 것만 믿으며 보고 싶은 것만 보려 한다. 작은 무리에서 성공한 경험으로 세상을 다 아는 것처럼 우쭐대고 모든 것을 통제할 수 있다고 과신하며 사회 전체에서도 집단주의와 평등의 원리가 통할 것이라고 확신한다. 인류가 공산주의, 사회주의 이념에 미혹되있던 것이 아마 수렵 채집 생활이 남긴 유산일 수도 있겠다는 유추가 그래서 가능한 것이다. 인간이 끊임없이 자신을 남과 비교하며 남보다 잘나 보이기를 욕망하고 한편으로는 평등의 미련에 빠지는 모순이 발생하는 것도 이 때문일 것이다. 불평등을 참지 못해 시기하고 질투하고 분노하면서도 평등은 도덕적이고 고상한 가치라는 데 이의를 달지 않는다. 결과의 평등이 실현 가능하며 그것을 이루어내야 한다는 이념에 추호의 의심도 없이 돌진한다. 이기적인 유전자에서 비롯되는 인간의 본능은 사회적인 관계의 필요와 환경의 압력에 의해 잠정적으로 가려질 수 있지만 결코 완전히 굴복하지는 않는다. 현대에 개화되는 개인주의는 결국 인간의 본성에 부합되기 때문에 더 힘을 얻는 것이 아닌가. 오늘날 인류는 인터넷 가상 공간의 무제한적인 확장과 더불어 그 끝을 알 수 없을 만큼 팽창하는 개인의 영향력을 마치 공기처럼 당연하게 누린다. 그리고 그로부터 자아 가치를 충분히 실감하고 소중해하면서도, 한편으로는 이런 가치를 침해할 수도 있는 가치에 저도 모르게 빠져들어 갈등을 만들고 사회를 그릇된 방향으로 몰아간다.

인간은 감정에 취약하다. 앞서 보았듯이 감정의 뇌의 영향을 받아 이성보다 감정이 앞서기 쉽다. 감정은 즉흥적이고 변덕스럽다. 어떤 감정이 어디서 비롯된 것인지도 딱히 종잡을 수 없다. 하지만 감정은 우리의 기분과 정서를 좌우한다. 기분이 나쁘면 좋은 것도 좋아 보이지 않는다. 반대로 정서에 맞으면 모든 것이 아름답게 보인다. 이처럼 감정은 심사숙고를 요하는 이성과는 거리가 멀다. 그래서 과거 사회에서는 감정을 자제하고 매사에 이성적인 태도를 취할 것을 권면하고 장려했다. 즉, 이성만이 인간을 합리로 인도할 수 있다고 믿었고 반대로 감정은 일을 처리하는 데 불필요하고 부적절한 것으로 여겨졌다.

하지만 인간의 인식과 판단에서 감정을 전적으로 배제할 방법은 없다. 오히려 감정이 더 일상적이고 편하다. 그리고 감정이 없는 인간은 인간이라 할 수 없는 것처럼 감정은 인간 생활과 불가분의 것이다. 우리는 일상에서 느낌을 무시하지 못하며 마음이 가는 대로 선택하곤 한다. 일상생활은 보통 중요한 일보다 사소한 일들로 채워진다. 이런 사소한 것들에 대한 판단과 결정의 연속이 결국은 삶의 주류를 이루고 따라서 작고 시시해 보이는 것들에 인간은 대부분의 시간과 자원을 소비하게 된다. 두려움이 없다면 위험에 대한 대비를 게을리할 것이고 즐거움이 없다면 어떤 일에 몰두하기 쉽지 않을 것이며 연민이나 사랑이 없다면 누구를 돕거나 보살피는 데도 이해타산을 앞세우는 삭막한 세상이 될 것이다. 편안함과 효율을 추구하는 인간은 끊임없이 이어지는 작은 판단과 결정에 좀 더 심중함을 기하는 머리를 쓰려 하지 않으며 느낌을 믿고 따른다. 게다가 감정은 주위 분위기를 타기 때문에 상황만 맞으면 앞뒤를 가리지 않고 주변 생각에 편승하게 만드는 부작용이 있다.

그래서 현대에 와서 인간의 사고 과정, 심리 기제에 대한 연구에서 감정의 중요성이 더욱 부각되고 있는 것이다. 인간의 감정을 잘 이해해 일에 대한 적극성을 높이는 데 응용하면 생산성과 효율성이 향상될 것이다. 요즘 뜨는 '기분 좋은 일터 만들기, 좋아하는 일하기, 고객 감동시키기, 따뜻한 사회 만들기' 같은 말들이 모두 인간 감정에 초점을 맞춘 것이 아닌가. 그리고 이성에 미칠 수밖에 없는 감정의 영향들을 잘 고려하면 이성의 작용 과정과 결과의 왜곡을 예방하고 효율과 합리에 좀 더 가까이 다가갈 수 있다.

이렇게 인간이 합리성을 추구하는 데 본능과 감정으로부터 자유로울 수 없기 때문에, 그리고 본능이나 감정과 상호작용하는 환경의 직간접적인 영향을 받기 때문에 인간 의식은 왜곡되거나 편향될 수 있다는 사실을 인정하고 매사에 유연한 태도로 임해야 하는 것이다. 우리가 당연하고 합리적이고 정의롭다고 믿었던 것이 사실은 인간 본능에서 비롯된 착각이었다거나 과거의 관습이나 사회가 강요하는 도덕적 가치로부터 유도된 것이었다면, 그것이 얼마나 진리에 가까운지 객관적 합리성에 어긋나는 것은 아닌지 다시 생각해봐야 하는 것이다. 설사 합리적인 방법으로 충분히 이성적인 과정을 거쳐 도달한 결론일지라도 우리가 아는 진리는 인세나 상내직인 것에 시나시 않음을 민증냅석 관점은 가르치고 있다. 항상 변화를 예상하고 받아들이며 추구하는 유연한 자세야말로 효율적이고 합리적인 사회에서 가장 필요한 미덕이다.

아쉽게도 이런 관점은 일부 세계만의 것일 뿐 어디서나 보편적이지는 않다. 특정 이념이나 믿음에 매몰된 체제에서 강제적인 '절대 진리'에 세뇌되고 육체적인 구속에 길들여진 사람들이 보이는 비상식적이고 비이성적인 행태는 지금도 여전하다.

2) 북한 경직성의 근원: 반역사적 획일화

그러면 세상에 다시없을 가장 폐쇄적이고 경직된 북한 사회에서 사람들은 어떤 생각을 하며 살아가고 있을까.

북한 사람들의 사고를 이해하려면 먼저 북한이 오늘과 같은 사회에 이르게 된 역사적 배경부터 파악하는 것이 좋다. 어떤 사회나 체제의 형성 과정이나 성격은 그 구성원들과 무관할 수 없다. 통치자와 지배계층, 그리고 피지배계층 사이에서 상호 관계와 작용의 규칙을 만들고 운영해가면서 주고받은 피드백의 결과가 바로 체제이고 제도이기 때문이다.

20세기 초반에 대한제국이 국권을 잃고 일제의 식민 통치에 신음하고 있을 때 공산주의 이념은 전 세계에 유행처럼 퍼져가고 있었다. 특히 공산주의 이념은 자본주의를 경험하지 못했거나 자본주의적 관계가 미약했던 나라들에서 더 급속히 지지를 얻어 공산 정권을 창출시켰다. 이는 아마도 자본주의의 발달이 합리적 이성의 발전과 궤를 같이하기 때문에 차가운 이성이 부족했던 후진국들에서 인간의 본능과 감정의 영향이 견제 없이 노출된 결과일 수도 있다. 공동 생산과 공동 분배, 평등과 공동체를 추구했던 수렵 채집 생활은 인간에게 잠재적인 성향을 남겨 공산주의가 다 같이 잘 먹고 잘 사는 유토피아라는 공상에 쉽사리 빠져들게 만들었을 것이다.

아쉽게도 대한제국은 쇄국정책을 고집하다 19세기 후반에 급속한 근대화 물결에서 유리되어 결국 망국의 치욕을 당하고 일제의 식민경제 체제에서 자본주의를 어설프게 맛보다가 1945년에 해방을 맞았다. 불행하게도 그 해방은 대한국민의 자력이 아니라 제2차 세계대전의 종결과 일제의 패망으로 이루어졌다. 공산주의 소련이 점령한 북한에는 자연스럽게 공산주의 이념이 득세했다. 이에 따라 공산 이념이 급속히 주입되었고 자본주의를 체득하지 못한 북한 사람들에게 그대로 먹혀들었다. 이어 북한에서는 젊은 집권 세력의 혈기와 권력욕, 그리고 공산체제로의 팽창 야망이 의기투합해 남쪽의 동족을 상대로 전쟁이라는 활시위를 당기게 되었다. 그 결과 한반도의 남과 북 사이의 적대감은 회복 불능 상태가 되었고, 한민족은 오늘날까지 반세기 이상이나 사활을 건 이념과 체제의 대결로 내몰렸다. 한국전쟁 종전 후 사회주의 체제를 수립한 북한은 1950~1960년대 세계 사회주의 진영과 성장기를 공유하며 비교적 빠른 경제성장을 보였다. 1960년대 후반에 들어 북한은 양대 우방국인 중국과 소련의 틈바구니에서 살아남기 위해 몸부림쳤고 국내에서는 친소, 친중 세력의 권력투쟁으로 극단적인 정적 숙청이 이루어졌다. 그뿐만 아니라 일인독재 체제가 구축되면서 그것을 정당화하기 위해 유일사상 체계라는 전례 없는 사상통제 체제가 만들어졌다. 이런 독재 권력과 통제체제의 결합은 세습적 후계체제가 들어서면서 이중 삼중으로 강화되었고 1970년대에 최고조에 달했다. 독재와 세습의 명분을 쌓기 위해 통치자에 대한 광적인 신격화가 병행되었고 그 누구도 신격화된 수령의 영도에 의문을 달거나 도전할 수 없었다. 그리고 북한은 1970년대를 기점으로 내리막길을 걷기 시작했다. 근본적인 개혁이나 혁신은 고사하고 생산적인 의견 개진도 어려운 극단적 획일 사회가 퇴보를 피할 길은 없었을 것이다. 북한의 진정한 시련은 1980년대에 예고되어 1990년대에 본격화되었다. 소련을 위시로 한 동구권 사회주의 진영의 몰락과 중국의 개방개혁 정책 도입, 그리고 뒤이은 북한 우방국들의 한국과의 수교는 북한에 엄청난 충격을 주었다. 이념과 체제에 대한 믿음과 자신감의 상실이 불러올 민심 이반,

그에 따를 사회적 혼란이 체제 붕괴로 이어질 수도 있었다. 여기에 더해 1988년 서울 올림픽을 거치면서 동아시아의 신흥강국으로 급부상한 한국의 존재는 북한을 더욱 궁지로 몰아넣었다. 북한은 군을 앞세워 한국과 극단적인 군사 긴장을 조성하고 '선군정치'를 내세우는 것으로 체제의 결속을 다지고자 했다. 이것이 내부 통제와 외부와의 폐쇄를 동시에 이룰 수 있는 최선의 방법이라고 판단했을 것이다. 그리고 1990년대 후반기 수십만 명이 아사하는 상황에서도 핵무기 개발에 몰두해 결국 핵무장을 선언하는 단계까지 왔다. 2010년대를 맞아 삼대 세습이 이루어졌고 북한은 결국 필연적으로 거칠 수밖에 없는 운명의 갈림길에 섰다. 이미 변혁을 꾀하기에는 시기를 놓친 듯한 북한, 개방이 곧 체제 몰락의 길잡이가 될 것 같아 몸을 웅크리는 북한, 그러면서도 생물학적인 목숨을 부지하기 위해서 경제를 살려내야 하고 이를 위해서라면 무엇이라도 바꿔야 하는 딜레마에 전전긍긍하는 북한이 우리의 머리 위에 핵무기를 진 채 여전히 위협적인 자세를 연출하며 버티고 서 있다.

이제 이런 북한의 역사를 바탕으로 세상 사람들이 정말로 이해하기 어려워하는 난제, 북한이 어째서 세계에 유례없는 독특한 체제로 치달을 수밖에 없었는지, 그토록 어려운 상황에서도 무너지지 않고 버티는 비결은 무엇인지에 대해 그 나름의 답을 찾아보려 한다.

북한의 체제는 공산주의, 사회주의의 이념과 원칙과도 거리가 있으며 소련과 중국의 공산당 일당정치 체제와 제왕적 군주제가 혼합된 극단적 일인독재 체제이다.

독재 형태 중에서도 일인 독재와 일당 독재는 가장 특징적인 것으로 꼽힌다. 우선 북한에서의 독재의 기원은 공산주의 프롤레타리아 독재와 맥이 닿는다. 계급투쟁을 주창하며 무산계급(프롤레타리아트)의 당인 공산당이 타도해야 할 대상인 유산계급(부르주아지)에 독재를 실시하는 것은 당연하다는 공산주의 이념에 뿌리를 둔 것이다. 이렇게 공산당의 일당 독재가 정당화되었다. 그런데 역사적으로 공산주의 운동은 강력한 카리스마적 개인에 의해 창시되고 주도되었다. 카를 마르크스(Karl Marx)에서 시작해 소련의 블라디미르 레닌(Vladimir Lenin)과 이오시프 스탈린(Iosif Stalin), 중국의 마오쩌둥(毛澤東)은 사람들을 미혹하기에 충분한 카리스마로 역경을 이겨내고 혁명을 승리로 이끌어 공산당의 집권을 이루어냈다. 소련과 중국 등 공산국가에서 혁명운동 기간과 집권 초기에 집단지도 체제는 완전하지 않으나 형식상으로라도 유지되었다. 하지만 통치제제가 안정기에 들어서면서부터는 모두 개인 독재의 길로 빠져들었다. 북한이 이런 전례에서 다른 것을 보고 배울 수 있었을까. 결국 북한도 일인 독재를 아무 거리낌 없이 받아들이게 되다. 북한이 보고 배운 것은 스탈린이나 마오쩌둥의 무자비한 정적 숙청, 강제 추방, 집단 수용소 격리, 고문, 처형 같은 반인륜적인 행태였다. 북한의 지배계층이 아무 양심의 가책도 없이 이런 살육과 인권유린을 자행할 수 있었던 것은 공산 진영의 관례와 더불어, 적대계급에 대한 무자비한 타도를 주장하는 계급투쟁 이념에 쇄도되어 처벌 대상을 인간으로 보지 않도록 한 의식적인 비인간화와도 관련이 깊다.

집단의 이익을 침해하는 개인을 개조 대상으로 본 전체주의 체제에서 개인의 인권이라는 개념은 싹틀 수 없다. 이런 사회에서 개인의 이익은 논외일 수밖에 없더라도, 어떤 것이 진정으로 집단에 이익이 되는지를 놓고는 다양한 이견이 있을 수 있다. 그러나 획일화를 추구하는 체세는 개인과 개인의 이견을 허용하지 않기에 결국 경직과 정체로 치닫는다. 그래서 북한에는 진정한 개인의 인권이라는 개념이 아예 없다. 북한은 집단에 대한 복종을 넘어 수령 개인에 대한 절대 순종과 충성을 요구한다. 이른바 '혁명적 수령관'이다. 이 '수령론'이 북한 사람들에게 어느 정도 이념화될 수 있었던 것은 북한의 사회역사적 환경과 무관치 않다. 북한 사람들에게는 전통적 가부장제와 봉건적 제왕체제의 기억이 상당히 남아 있어 통지자를 '어버이'로 믿들고 하늘이 내린 절대적 권위의 존재로 받아들이는 것이 무리가 아니었다.

북한 사회의 특이성 중 다른 하나인 경직성과 고립성도 일인독재 체제를 위해 철저한 폐쇄와 공포를 동반하는 사상을 주입하고 통제 시스템을 구축한 데서 비롯되었다.

인간의 의식은 환경의 영향을 많이 받는다. 인간은 합법적인 권위에 쉽게 순종하며 분위기에 휩쓸리고 외부의 압력이 클 때는 자신의 신념이나 가치에 위배되는 결정을 내리기도 한다. 하지만 인간의 마음은 외부에서 써넣는 대로 채워지는 빈 칠판이 아니다. 유명한 정신분석학자 지그문트 프로이트(Sigmund Freud)에 따르면 인간의 정신은 원초아(id), 자아(ego), 초자아(superego)로 이루어져 있다. 자신의 순수 욕망만 추구하는 원초아가 타인의 욕구를 고려하여 자기의 욕구 수준을 정하는 자아로 발전하고 최종적으로 사회적 윤리나 도덕, 신념, 신앙 같은 가치를 고려하는 초자아의 단계로 나아간다고 한다. 따라서 원초아가 상대적으로 강하면 인간은 충동적이고 공격적이고 이기적인 악마의 성향을 보이고, 초자아가 우위에 있으면 인내하고 배려하고 포용하는 천사처럼 행동한다. 또한 자아는 원초아와 초자아 사이에서 균형을 잡아준다. 그런데 주변 환경이 원초아만을 자극한다면 인간의 자아나 초자아의 견제는 무뎌진다. 반대로 초자아를 고양하는 분위기라면 인간은 성인군자의 모습을 나타내기도 한다. 그래서 자아가 제대로 기능하는 정상적인 인간상은 자유로운 상태의 균형 잡힌 환경에서 본능과 이성이 자연스럽게 상호작용할 때 가능하다.

그러나 북한은 극단적인 사회공학 맹신에 함몰되어 전면적인 인간 개조를 시도해왔다. 체제가 강요하는 도덕과 이념을 상시적으로 주입받고 감시당하는 환경에서 초자아는 무의식적으로 환경과 동조되는 방향으로 강화되어 무의식적으로 인간의 생각과 언행을 지배한다. 그 결과 북한 사람들에게서는 사람 냄새가 희미해졌다. 무미건조, 무기력, 표리부동 같은 표현이 연상되며 거칠고 딱딱하고 부자연스럽다. 인간은 선택을 할 수 있는 존재이기에 인간으로 불린다. 그런데 선택의 자유를 박탈당한 온전한 인간을 이야기할 수 있을까. 북한이 원하는 인간상은 바람직한 것인가. 그리고 그런 인간상을 누가 정하는가. 또 그 기준의 감독자는 누구인가. 현대의 자유세계 사람들에게는 가당치도 않은 발상이다. 북한 사람들은 누구를 막론하고 어려서부터 늙어 죽을 때까지 언제 어디서나 '당의 유일사상 체계'라는 사상 주입 및 통제 시스템에 명기되어 있는 대로 생각하고 행동해야 한다. 숨 막히는 압박하에서 억지로 빚어진 연출되고 연기하는 인간상을 사실로 믿는 어리석은 이도 있고, 인간을 그렇게 비굴하게 만든 권력에 도취된 자도 있고, 사실이든 말든 부는 바람에 돛을 다는 이도 있고, 똥통에서 굴러도 저승보다 이승이 좋다고 굴욕을 참는 이도 있고, 암암리에 금기된 욕망을 추구하며 소극적일지언정 저항하는 이도 있다. 물론 살아남는 이가 승자라는 말처럼 역경 속에서도 생명을 보존하고 끈질기게 그 나름의 삶을 영위해가는 대부분의 사람들을 함부로 폄하할 수는 없다. 보통 사람들은 자기의 양심이나 가치관에 저촉되는 행위를 피할 수 없을 때 잠시 자신의 것을 잊거나 바꾸어버리는 것으로 불편하고 불안한 갈등 상황을 회피할 수 있다. 압력에 못 이겨 억지로 만들어낸 거짓 표현과 행위에 비참해하면서도, 또는 광신적 환경에 세뇌되어 무작정 따라 달리면서도, 아니면 갈등 상황을 피해 정신적 자위를 하면서도, 인간의 본성은 결코 숨길 수 없기에 갖은 욕망의 몸부림들이 합쳐져서 북한 사회의 온갖 비리와 부조리들이 난무하게 되는 것이다. 그래서 북한의 실상은 겉으로만 그럴듯하게 보일 뿐 속은 썩어 문드러져가고 있다고 하는 것이다.

　그렇다면 이렇게 문제가 많은 북한 체제가 무너지지 않고 연명해가는 비결은 무엇일까. 이는 북한의 특이성 중에서도 가장 의아한 부분이다. 그 해답을 찾으려면 북한 사람들의 정신세계로 들어가 보아야 한다. 체제나 제도는 저절로 만들어진 것이 아니라 그 속에 있는 사람들이 빚어낸 것이기 때문이다. 누가 강요를 했든, 어쩔 수 없이 받아들였든, 그 사회는 그 구성인들 모두의 작품이다. 따라서 각자 다른 처지에 있는 사람들의 생각과 행동을 알아야 그들이 만들어낸 체제의 작동 기제와 향방을 유추할 수 있다.

어느 사회나 마찬가지로 북한 사회에도 통치계층, 적극적 지지계층, 소극적 지지계층 또는 중도계층, 소극적 반대계층, 적극적 저항계층 등의 성향별 계층이 존재한다(북한 정권은 주민들을 핵심계층, 기본계층, 복잡계층으로 구분해 차별적으로 관리한다).

먼저 통치계층에 대해서 살펴보자.

북한 권력이 극단적인 일인 집중 형태를 띠고 있기 때문에 통치자와 극소수 통치계층의 사고방식과 의사결정 체계는 북한에서 사실상 절대적 비중을 차지한다. 북한 리더십에 대한 연구와 분석은 이미 많이 이루어져 있는데, 제왕적 군주제의 틀에 입각해야 그 속내를 짚어낼 수 있다.

그렇다면 북한 통치계층은 체제 존립의 목적을 어디에 두고 있을까.

모든 일의 귀추를 규명할 때는 먼저 그 목적부터 분명히 해야 올바로 접근할 수 있다. 북한의 경우는 다른 일반적인 국가나 사회체제처럼 국민을 위해 존재하는 것이 아니며 오직 통치자의 지배 기반 그 자체를 위해 존재한다고 단언할 수 있다. 북한 정권의 태생부터가 그러하다. 북한 정권은 국민을 위해, 국민에 의해, 국민의 것으로 출발한 것이 아니고 소련이라는 외세에 의해 공산주의 세력을 확장하기 위한 일환으로써 한반도 절반의 점령 지역에 한해 일방적으로 구축되었다. 초기 집권 세력이 얼마나 공산주의 이념에 매료되었던 것인지는 알 수 없다. 그러나 설사 가난한 사람이 없이 모두가 함께 잘사는 사회를 만든다는 선한 동기로 출발했다 하더라도, 이후 대내외적 집권환경의 변화에 따라 집권을 유지하고 강화하는 쪽으로 이념체계와 통치체제를 변화시켜왔다. 그리고 앞서 북한의 역사를 개괄하면서 언급했듯이 공산당의 일당독재 방식과 리더의 개인적 카리스마에 과도하게 의지하는 공산권 전통의 영향으로 점차 권력이 개인에게 집중되면서 국가나 사회 시스템에 필요한 리더십을 위해서가 아니라 개인 권력 그 자체를 유지하고 강화하기 위한, 권력을 위한 권력으로 체제가 변질되어갔다.

권력에는 중독성이라는 강력한 속성이 있다. 무소불위의 권력에서 맛보는 희열을 포기하고 권력을 스스로 내려놓는다는 것은 욕망의 존재인 인간에게 쉬운 일이 아니다. 그리고 권력은 속성상 일단 집중의 흐름이 형성되기만 하면 급속한 회오리를 일으키며 블랙홀처럼 삽시간에 주위의 모든 것을 빨아들인다. 그래서 독재는 독재를 더욱 강화하는 방향성을 띤다. 권력자 스스로도 권력에 아부하는 온갖 추앙의 수사적 표현들에 포위되어 마치 그것들이 진실인 양 착각하게 되고 종당에는 사실로 믿어버리게 된다. 그리고 '나 같은 위대한 수령이 없었다면 이 나라가 어찌 되었을까, 수령의 영도가 없는 이 나라는 상상조차 할 수 없을 것'이라며 극히 주관적인 과대망상에 빠져드는데, 이는 곧 독재 정당화의 심리적 기반이 된다.

이렇게 억제되지 않는 권력은 스스로 팽창하여 거대한 몸집으로 하반신을 압박한다. 기형적으로 커진 상체는 허약한 하체를 짓누르고 결국 존립의 기반을 무너뜨린다. 북한은 지금 이런 상황의 임계선상에 와 있다. 한계를 넘어서 되돌리기 힘든 상황으로 가고 있는 것이다. 극에 달한 압박에 견디지 못한 하부의 이탈을 막기 위해 점점 더 공포 수단에 매달리고 이에 반동하는 이탈의 원심력이 자꾸 커져가는 악순환이 일고 있다. 이런 흐름을 원천 차단하기 위해 반동의 싹은 뿌리를 뽑아버리고 아예 그 토양 전체를 갈아엎는다. 전제 군주는 마키아벨리즘의 신봉자가 되어 사랑을 받는 존재이기 전에 경외와 두려움의 대상이 되는 데 몰두한다. 철의 장막 안에 깊숙이 숨어서 온갖 신비와 신성의 아우라를 연출해내고, 높이 두른 울타리 안에 국민을 가둬 오직 체제의 언어로만 듣고 읽고 말하고 생각하게 만들어 여타의 개념들은 깡그리 쓸어버린다. 권력에 대한 친화도에 따라 계층을 나누고 지배층에 가까운 계층부터 차별적으로 우대하여 충성 경쟁을 유도한다. 그리고 권력과 운명을 같이하는 특권계층과 여타 계층 사이에 철저한 신분 차별을 두어 진입 장벽을 세움으로써 저들만의 공간에서 권력을 세습해간다. 이중 삼중의 감시체계와 보고 채널을 만들어 서로 의심하고 불신하고 고발하게 만든다. 군주와의 관계를 제외한 모든 사적이거나 개별적인 관계들을 용인하지 않고 오직 군주에게만 매달리도록 한다. 군주 외에 그 누구에게도 생각이나 행동의 자유를 주지 않는다. 군주의 말 한마디와 표정 하나하나에 모두가 천당과 지옥을 오간다. 이제 스스럼없이 전 국민에게 군주의 노예(충복)가 될 것을 요구하기에 이른 것이다. 의도적으로 외부의 적을 만들고 단결을 명분 삼아 강압적인 내부 단속을 합리화하고 자기 잘난 멋에 사는 배부른 자의 꼴을 볼 수 없어 인위적으로 경제적 궁핍 등 온갖 곤경을 만들고 그 상황을 즐긴다. 북한이 배급제가 핵심인 집단주의 경제 시스템을 고집하는 이유도 다른 데 있지 않다. 시장경제가 가져올 풍요가 국민들로 하여금 정권에 대한 의존도를 떨어뜨리고 독립성을 강화시킬 것이라고 우려하기 때문이다.

이런 북한 권력층의 행태는 견제가 없는 권력이 어디까지 부패하고 사악해질 수 있는지 극명하게 보여준다. 이처럼 북한의 모든 것은 권력에서 시작되고 권력을 위해서만 존재할 수 있다. 그래서 통치계층 스스로든 아니면 외적인 압력에 의해서든 북한 권력의 존재 목적부터 바로잡는 것이 우리 모두의 핵심 과제일 것이다. 어떻게 해야 통치 목적의 변화가 거의 불가역적인 독새 시스템을 순화시켜 힘의 균형이 통치자 개인에서 다수의 국민으로 점차 옮겨 가게 할 수 있는지가 최대의 난제인 것이다.

다음은 북한 통치계층의 개방과 변화에 대한 두려움의 근원을 짚어보자.

결론부터 이야기하면 그 근원은 북한이 국가로서의 운영에 실패했고 체제의 약점이 분명히 드러났으며, 이런 현실을 북한 통치계층이 인정했고 그래서 그 책임이 두렵지만 앞날이 더 걱정스럽고 믿어볼 만한 길이 보이지 않는다는 것이다. 둑 한 곳이 터지면 얼마 걸리지 않아서 둑 전체가 허물어지게 된다. 바깥을 보면 과거 사회주의 진영 국가들이 시장경제를 도입하여 상당한 성공을 거두었고, 특히 인접국 중국은 세계 2대 경제대국으로 부상했으며 한반도의 남쪽 대한민국은 선진국 문턱까지 가 있다. 어떻게 하더라도 주변 세계의 급속한 발전과 대비되는 북한의 낙오를 설명할 길이 없다. 제국주의 세력의 봉쇄 때문이라는 변명도 외부의 진실이 알려지는 날이 오면 금방 약발이 떨어질 것이다. 중국을 모방해볼까 생각도 해보았지만 대한민국에 문을 열기는 너무 두렵다. 대한민국을 상대로 벌였던 전쟁과 무지막지한 계급투쟁이 남겨놓은 상흔은 깊고 깊어 하루 이틀 만에 치유될 일이 아니다. 잔인한 정적 숙청과 감금 등 인권유린 행위가 심판의 대상이 될 것이다. 경제에 시장 원리를 도입하려면 자유화가 어느 정도 필수이지만, 극도로 일인에 집중된 통치체제에는 적지 않은 도전이 될 것이다. 그리고 그런 체제가 이미 굳어질 대로 굳어졌는데 억지로 풀려다가 큰 낭패를 보게 되지나 않을지 걱정스럽기도 할 것이다. 동유럽 사회주의 정권의 엘리트들 중 일부가 변화에 적응하지 못하고 개방개혁의 폐기물로 전락한 채 실업자로 전전하는 처량한 모습만 눈에 들어와 불안할 것이다. 개방에 따른 외부의 선진 문물이 오랫동안 우물 안에 갇혀 있던 북한 사람들에게 가져다줄 정신적 충격은 감당하기 어려운 수준일 것이다. 모기장을 여러 겹 치고 몇 군데 문을 열어보았지만 그 틈을 비집고 들어올 만한 날렵한 손님은 거의 없는 모양이다. 상처 입은 자존심을 위로해볼까 애꿎은 한국을 상대로 무력 도발도 하고 신경질도 부려보지만 돌아오는 건 더 냉담해진 반응뿐이다. 북한을 비집고 들어갈 틈은 거의 없어 보인다. 딜레마에 빠져 속수무책인 그들이 스스로 실마리를 풀 수 있도록 돕는 것이야말로 우리가 당면한 과제이다.

여기서부터는 적극적 지지계층에 대해서 이야기해보자.

대체로 사회 고위층의 구성비는 높아야 10% 정도일 것이다. 이른바 선택된 계층으로서 북한 체제를 지탱하는 핵심적인 역할을 맡고 있기에 북한 내부를 이해하는 데 아주 중요한 고찰 대상이다.

북한에서 이념의 선택은 가능하지 않다. 적극적인 반대는 당연히 금기 사항이다. 그러므로 적극적 지지계층이라고 해서 어떤 진리에 대한 긍정으로 이념을 선택한 것은 아니다. 단지 그 체제가 자신들을 엘리트 지배층으로 선택해주었기 때문에 그 혜택에 보답하고자 하는 마음으로 체제 유지와 수호에 적극적인 것이다. 모든 북한 주민들과 마찬가지로 그들도 체제가 강제해놓은 사고 틀 내에서 체제가 허용하는 언어로만 말하는 데 익숙해져 있다. 공적인 자리에서는 더욱 말할 것도 없이 철저하게 체제의 언어로만 발언해야 한다. 비공식적인 자리라고 할지라도 사람들이 모인 곳이면 감히 다른 표현을 쓰지 못한다. 다만 사적인 자리에서는 인맥 만들기, 연줄 잡기 등 출세나 입신양명과 관련된(체제가 공식적으로는 허용하지는 않는다) 권모술수와 암투의 말들이 오가지만 결코 체제를 의심하거나 반대하는 생각은 아니다. 물론 이렇게 체제에 대한 충성 가능성을 기준으로 구분되고 선택된 출신 성분들이 국가 운영에 참여해 체제의 정당성과 효율을 의도치 않게 갉아먹고 있는 것이 사실이지만 그들은 자신들의 적극적인 지지와 충성으로 국가와 체제가 그나마 돌아가는 것이라고 믿는다. 문제는 사실상 북한의 리더 그룹인 이들이 다른 생각을 할 여지가 없을뿐더러, 출세의 사다리가 열려 있다는 특혜에 고무되어 충성 경쟁과 인정 투쟁에 몰두함으로써 이것이 직간접적으로 체제의 개혁과 혁신을 방해하고 오히려 그것을 강화하는 데 기여한다는 것이다. 결과적으로 체제가 강제하는 이념에 구속된 사유 메커니즘의 작동에 더해 그들의 본능적인 욕망이 동기를 부여하여 북한 사회를 갈수록 비합리와 비효율로 몰아가는 괴물 같은 조합이 만들어진 것이다. 그들은 체제 내·외부에서 독점한 정보를 자기들의 욕구 충족과 지배체제 강화에 악용하면서 자기들의 특별한 지위와 힘에 희열을 느낀다. 고인 물이 썩는 것처럼 세습되는 권력은 부패의 온상이 된다. 그들은 막강한 권력으로 북한의 모든 공식적인 부를 통제하고 자기들끼리 편파적으로 배분하여 호화 생활을 누린다. 물론 상납과 착복은 비공식적인 부수입에서 높은 비중을 차지한다. 신분 차별에 더해 크게 벌어진 빈부격차는 그들의 우월감을 자극하기에 충분하다. 이처럼 부적절한 환경이 인간의 욕망과 결합할 때 인간은 도덕적 타락의 나락으로 떨어질 가능성이 다분해진다. 이 계층은 선택을 받은 수혜자로서 기득권을 잃을 수 있는 모험을 꺼릴 수밖에 없다. 하지만 이들의 협조가 없이는 체제 변화를 이끌어가기 어렵다. 변화가 그들의 기득권을 크게 해치지 않는 선에서만 그나마 소극적인 협조를 기대할 수 있을 것이다. 물론 이들 가운데 소신과 정의감을 가지고 양심의 호소에 부응하여 새로운 변화를 모색하는 이들도 있을 것이다. 하지만 로크가 파악한 것처럼 자신의 생명을 걸기에는 다른 어떤 것도 부족하다고 느끼는 것이 인간의 일반적인 모습이고, 헤겔이 주장하는 인간처럼 대의와 명예에 목숨을 걸 가치가 있다고 확신하고 실천에 옮기는 이가 흔치 않기 때문에, 그리고 북한과 같은 철저한 감시체제에서 신선한 변화가 성공할 수 있는 확률이 낮다는 점을 감안한다면, 몇몇의 선각자를 기대하기보다는 체제 자체와 그 구성원 대부분의 욕구와 기대에 부합하도록 구성원들이 몸담은 체제 자체의 존재 목적과 존속 원리를 변화시키는 것이 올바른 방향이라고 믿어 의심치 않는다.

다음은 소극적 지지계층 또는 중도계층을 보자.

사회의 중간층에서 지배계층에게 적당히 쓰임을 받으며 높이 올라갈 수는 없지만 그렇다고 크게 억압이나 제한을 받지 않는, 비교적 넓은 밴드를 차지하는 계층이다.

정권의 세뇌 작업에 어느 정도 길들여져 본인의 믿음에 의해서든 분위기에 휩쓸려서든 체제에 협조적이다. 출세할 가망성은 그리 높지 않지만 어쩌다 개천에서 용이 나길 기대하면서 그 나름의 노력을 경주해보기도 한다. 정치적 출세보다는 경제나 문화 분야에 기대를 건다. 공식적인 지위나 역할 면에서뿐 아니라 그를 이용한 비공식적 거래에서 짭짤할 수입을 올리기도 한다. 큰 출세가 막힌 분을 치부를 통해 풀려는 성향이 강하다. 넉넉지 부족한 배급 덕에 부수입원을 찾는 노력은 어느 정도 불가피한 것이기도 하다. 이들은 이러한 자기들의 행위가 사회를 좀먹고 있다는 것은 잘 알지만 살자니 어쩔 수 없고 정치 문제에 엮이지만 않으면 괜찮을 거라고 위안한다. 적당히 살 수 있게만 해주면 말은 고분고분 듣는 편으로 순진하고 고지식하다. 북한이 무너지지 않는 데는 결정적으로 이들의 순종과 협조가 있기 때문이다. 반대로 이들이 돌아서면 체제는 지탱되지 못할 것이다. 하지만 이들의 생각을 바꾸어 체제 변화를 시도할 수 있는 가능성은 별로 없어 보인다. 우선 의식의 전환이 쉽지 않을 것이다. 인간은 합법적인 권위에 순종하는 성향이 있다. 북한의 그들도 합법적인 것은 옳은 것이라고 순진하게 단정하고 고지식하게 따른다. 나랏일이 잘 돌아가지 않는 것은 통치자의 지시를 잘 따르지 않는 중간 간부들 때문이라고 생각한다. 감히 통치자를 의심할 만큼 간이 크지 않거니와 그런 머리가 없다. 철저한 폐쇄 공간이 그들로 하여금 더 낳은 세상에 대한 상상을 원천 차단하고 있기 때문이다. 그 유명한 플라톤(Platon)의 동굴의 비유가 떠오른다.

바위섬에 깊은 동굴이 있었다. 이 동굴 끝은 벽으로 막혀 있으며 여기에는 죄수들이 앉아 있었다. 그들은 동굴 벽면을 향해 앉은 채로 쇠사슬에 묶여 있었다. 동굴 바깥으로는 태양이 뜨고 달이 뜨고 화려한 세상이 펼쳐졌다. 평생 동굴 벽만 보아온 죄수들은 자신들의 등 뒤에서 빛이 들어와 벽에 투영된 그림자가 온 세상이자 우주인 것으로 확신했다. 즉, 실제 모습이 아니라 벽에 비친 모습이 진실이라고 믿었다. 그럴 수밖에 없는 게 자신들이 본 것이라고는 그림자가 전부였기 때문이다. 그런데 그중 한 사람의 쇠사슬이 우연찮게 풀렸다. 그는 눈이 멀 정도로 강한 동굴 밖의 빛 때문에 밖으로 나가는 것이 두려웠다. 하지만 그는 결국 호기심을 이기지 못하고 바깥으로 나갔다. 바깥세상에는 양, 소, 사람, 들판, 해, 달, 별 등이 있었다. 처음에는 눈이 부셔서 해를 직접 보지 못하고 물에 비친 모습을 보다가 얼마간 시간이 지나자 해를 바라볼 수 있었다. 그는 그동안 자신이 보아왔던 세상이 실제가 아님을 알게 되었다. 빨리 돌아가 동료들에게 그들이 진실이라고 믿고 있는 세상이 거짓이었음을 알려주고 싶었다. 그는 동굴로 돌아가 죄수들에게 말했다. 세상은 동굴 벽에 비치는 그림자가 아니고 해가 뜨고 달이 뜨고 동물과 사람과 식물이 어울려 사는 아름다운 곳이라고. 하지만 동료들은 그의 말을 믿지 않았다. 동굴 죄수들에게 세상의 진실을 알리려면 다른 누군가가 백 마디 말을 전하는 것보다 그들이 쇠사슬을 끊고 직접 목격하는 방법밖에 없었다.

또 그런대로 먹고살 만한데 위험한 생각을 해야 할 동기가 충분치 않다. 적당히 몸을 사리고 상부의 비위를 맞추어 안전하게 살 수 있으면 그만이다. 시키는 대로 하는 것이 습관이 되어 매사에 수동적이며 이런 행태는 북한 사회의 활력을 떨어뜨리고 비효율을 야기한다. 하지만 그렇더라도 이들의 비교적 협조적인 태도는 환경이 변해 엘리트층이 주도하는 개혁이 위로부터 아래로 향할 때 중간층의 안정적인 도움을 기대할 수 있다는 역설을 가능하게 한다.

마지막으로 소극적인 반대계층이나 적극적 저항계층을 보자.

사회의 중하층에 포진하여 핍박과 제한을 받으며 살아간다. 이른바 출신 성분이 '좋지 않거나 나쁜' 사람들이다. 과거 부유층 출신, 일제의 식민 통치나 한국과 인연이 있는 사람들, 통치계층의 정적 또는 잠재적 경쟁자들이 그들이다. 민족사의 우여곡절이 범상치 않아서인지 이래저래 걸리지 않는 사람이 많지 않다. 주민의 40%는 족히 될 것이다.

이들의 체제에 대한 불만이나 분노는 당연하다. 상층으로 가는 사다리에 접근 자체가 엄격히 제한되어 있어 체념하는 것이 그나마 쓰린 속을 달래는 길이다. 어떤 이는 의기소침해 있고, 다른 이는 치밀어 오르는 화를 불법을 무릅쓴 비공식적인 공간에서의 활약(북한에서 '비사회주의' 행위로 규정한 암시장 거래 내지 사적인 거래 등)으로 상쇄시킨다. 멸족의 위험을 무릅쓰고 적극적으로 저항할 용기까지는 없더라도 당국에 미련이 없는 이상 날을 살 틀을 이유는 없다. 소극적 저항계층에게는 감시와 통제가 상대적으로 덜하기 때문에 이들은 적극적으로 암거래 네트워크를 키우고 돈으로 인정 욕망을 충족시키려 한다. 예전에는 결혼 상대를 만나기 힘들었지만 지금은 돈만 있으면 줄을 세울 수 있어졌다. 제일 심각한 문제는 가장 엄격한 감시와 통제 아래서 옴짝달싹할 수 없는 '반동분자'로 불리는 사람들의 처지이다. '정치범'은 이미 인간의 지위를 박탈당하고 정치범 수용소에 집단 격리되어 있기 때문에 여기서의 적극적 저항계층에 포함될 수 없다. 정치범의 바로 위 수위로 취급되어 집단 거주 지역에서 이탈할 수 없는 사람들도 상당히 많은데 이들을 적극적인 저항계층으로 불러야 할 것이다. 세상에서 가장 철두철미한 감시 통제 시스템이 작동하는 북한에서 이들의 저항에는 한계가 있을 수밖에 없다. 세상의 양심은 그들을 보호하고 격려하고 지원하는 것이 당연하지만 그렇다고 체제 전복이나 체제 변화에 중추적인 세력으로 밀어주기에는 성공 가능성이 높지 않고 외부의 지원 역량도 역부족인 것이 사실이다.

이상에서 살펴본 바와 같이 북한 사람들의 계층별 심리와 그들인 직면한 현실을 감안할 때 북한의 변화는 위에서 아래로 흐르는 방식이 제일 적합해 보인다. 배급제의 범위가 많이 축소되어 주민들의 정권에 대한 독립성이 상대적으로 높아지기는 했지만 폭압적인 통제 시스템을 이겨내기에 힘이 많이 부치는 것이 시실이다. 이 문제는 뒤에서 좀 더 다방면으로 살펴보려 한다.

인간이 꼭 합리적이지만은 않은 존재인 것처럼 인간이 집단을 이룬 사회 역시 특정의 목적이나 상황에 맞추어 주관적인 합리화로 경도될 수 있다.

인류가 지금과 같은 꽤 합리적인(상대적이겠지만) 방법론을 깨닫고 체득하여 체계적으로 활용한 역사는 그리 길지 않다. 또한 그 과정에서 많은 피와 인명을 대가로 치러야 했다. 그뿐만 아니라 장구한 세월 동안 인내가 필요했는데, 유럽만 놓고 보더라도 중세 천 년의 암흑기를 거쳐야 했다. 북한도 권력의 필요에 따라 독재를 정당화하는 '절대 진리'를 만들고 합리화하는 과정에서 잔인한 피의 역사를 썼다. 한국전쟁, 숙청, 병영체제의 구축과 유지 과정에 얼마나 많은 사람들이 피를 흘리고 굶주리며 공포에 숨을 죽여야 했던가. 어떤 사상이나 논리가 한 점 오류도 없는 절대 불변의 진리라고 장담할 수 있단 말인가. 목적이 정당하면 과정의 불합리성은 무시해도 되는 것인가. 자유로운 의견 개진이 불가능한 체제에서 과정이 합리적이었다고 주장하는 것이 가능한가. 또 자기와 다른 의견을 내는 이는 정치범 수용소, 연좌제 같은 잔혹하고 비인간적인 수단하에 숙청당해야만 하는가. 과거의 프롤레타리아 독재론에 준거해 적대계급과 정치적 반대파를 숙청하고 전 국민의 사상을 개조하여 '일치단결'한 모습으로 공산주의 이상을 향해 매진한다면 모두가 평등하게 잘살 수 있다는 사조가 유행했고, 이런 이념의 '일색화(획일화)'가 일사불란한 추동력을 만들어 목표를 신속히 달성할 수 있게 한다고 믿었다. 물론 이는 일인 장기 집권을 위한 의도적인 측면이 크다.

유연성은 자유를 전제로 한다. 자유로운 분위기에서 다양한 아이디어가 시도될 수 있어야 하고 토론과 비판이 자유로워야 한다. 북한처럼 예외 없는 조직 생활이 강제된 환경에서는, '유일사상 체계'와 '유일적 지도체제'가 모든 활동의 절대 원칙으로 군림하는 사회에서는 자유와 다양성이 자리 잡을 수 없다.

그리고 합리성 추구에는 정의감과 합목적적인 의욕이 뒷받침되어야 한다. 인간의 정의감이나 의욕은 앞서 이야기한 것처럼 자기 가치의 긍정(자기 일과 자신이 소속된 사회를 아끼는 마음)에서 비롯된다. 가치관에 따라 자신이 선택한 분야에서 소신껏 상상력과 재능을 펼칠 수 있는 사회환경을 조성해야 한다. 북한은 인위적인 조직의 속박으로부터 사람들을 풀어주어 개인에게 정신적·육체적 자유를 주는 조치부터 실행해야 할 것이다. 개인에게는 조직과 무관하게 독립적으로 살 자유, 조직을 선택할 자유가 필요하다. 그리고 인간의 본성적 욕구가 구현된 사회 이상에 대해 비전을 제시하고 그러한 대의 아래에서 자유롭게 상상할 수 있는 자유를 주어야 한다. 이것은 바로 사회 운영에서 민주주의적 요소의 증진을 의미하기도 한다. 민주주의적 방법이 꼭 절대적인 합리성을 보장하는 것은 아니지만 다수의 검증과 확인을 거치는 과정에서 모두를 만족시키기 어려운 사안의 경우는 다수의 선택으로 합리성을 (상대적으로) 높일 수 있는 가능성이 있다. 의사결정 시 일사불란함만 편애하면서 상명하복식 명령지휘 체계에 의존하면 머리 아플 일 없이 신속하게 일을 처리할 수 있을지는 몰라도 일의 진행 방향을 초기에 정하거나 그릇된 것을 바로잡아야 할 때 기층에서부터 위로 향하는 의견 수렴이 어려워진다. 따라서 의사결정 방식에서 상의하달(top-down)과 하의상달(bottom-up)을 적절히 조화시켜야 하며 이는 중앙집권제와 민주주의의 유기적인 결합으로 구현된다. 보통 개발도상국들은 초기에 중앙집권제에 비중을 더 두어 일의 추진 속도를 도모하고 발전이 고도화, 복합화되면 점차 민주주의 요소를 늘려간다.

유연성은 다양성에 기반을 두어야 한다. 선택할 수 있는 대상이 많고 제한이 없어야 다양한 변화를 시도할 수 있고 그만큼 유연성도 높아진다. 인위적으로 선택의 범위를 제한하려는 시도는 이 세상의 온갖 존재들이 그 나름대로 존재의 의미를 가지고 자연스럽게 경쟁하여 우열을 가리고 번성과 몰락을 반복하는, 우리가 자연의 순리라고 부르는 만물의 존재 방식에 어긋난다.

자연의 경이로움은 그 수를 헤아릴 수 없는 생명의 다양성과 자연환경 사이의 그토록 징교하고 절묘한 소화에 있지 않은가. 인간은 그 불가사의함 앞에서 신을 찾았고 전지전능한 창조주가 아니고는 이토록 방대하고 복잡한 자연과 생명의 세계를 설계할 수 없을 것이라고 믿었다. 그것 말고는 달리 설명할 방법을 오랜 세월 알지 못했다. 진화론을 창시한 찰스 다윈(Charles Darwin)의 '자연 선택론'이 정설로 받아들여지고 나서야 인간은 자연의 존재 원리를 알 수 있는 방으로 들어가는 문고리를 잡았다. 이 세상의 다양한 생명들이 처음부터 존재했던 것은 아니고 원소 주기표상 몇 가지 것들의 우연한 결합에서 출발해 환경 변화와 우연히 맞아떨어진 유전자의 돌연변이들이 자연 선택되어 후대에 남겨져 개체의 생존 능력을 높였다. 그리고 이런 적자생존의 결과로 종의 분화가 이루어졌고 번성과 퇴화, 탄생과 소멸을 반복하며 좀 더 정교하고 세련된 기관을 지닌 생명으로 발전해왔던 것이다. 우리는 이를 진화라고 부르며 자연의 순리로 받아들인다.

사회도 진화한다. 사회의 진화는 제도와 문화의 변천에 기인한다. 제도와 문화 또한 다양한 유형들 사이의 경쟁 과정에 선택되고 이어진다. 다만 사회의 진화가 자연의 진화와 다른 점이라면 사회제도는 자연적으로 선택되기도 하지만 인간이 능동적으로 선택하기도 한다는 것이다. 문화는 제도와 가치체계에 따라 사고방식이나 생활양식, 그리고 관습 등의 전통화 과정에서 형성된다. 따라서 사회 진화에서 특히 체제 진화나 제도 발전이 결정적인 부분을 차지한다고 볼 수 있다. 인간 사회가 어떤 제도를 어떻게 선택하고 그 선택의 기회나 가능성이 어떻게 열리는지가 사회 진화의 방향과 속도를 결정한다. 당연히 사회 진화는 인간의 욕망에 의해서 개인의 생명 안전과 자유, 풍요와 위신을 추구할 권리를 평등하게 누릴 수 있는, 그러한 생존 욕망과 행복 추구 욕구를 더 효과적으로 실현할 수 있는 방향으로 진행된다.

자연이나 사회의 진화는 지금도 진행형이며 어떤 힘으로도 멈출 수 없다. 그리고 그 진화가 취하는 선택의 전제는 다양성이다. 다양성이 존재해야 경쟁이 성립할 수 있다. 그리고 경쟁은 유연성을 더욱 자극한다. 경쟁은 발전을 낳고 자연 선택이든 의도적 선택이든 선택을 받아 살아남고 또 새로운 경쟁에 휘말린다. 이것이 바로 세상이 돌아가는 이치이고 순리이다.

그러나 인간의 교만은 만물의 영장인 인간이 자연을 정복하고 개조하는 것이 당연하고, 또한 가능하다고 과신하게 만들었다. 더 나아가 인간까지도 개조의 대상에 포함시켰다. 이에 따른 폐해는 심각하다. 인간의 욕망에 오만이 더해져 자연은 무차별적인 개발 아래 황폐화되었고 도를 넘는 환경 파괴의 후유증이 인간의 생존을 위협하는 시점에 이르렀다. 지연을 개그히남시고 산을 까고 바다를 메우고 강을 막아 발생한 환경 재난은 이제 너무 익숙한 것이 되었다. 경제림을 조성한다며 산에서 수목을 베어내고 특정한 한두 종으로 바꿔 심은 결과는 수많은 동식물의 멸종이었다. 인간의 정신과 행동 양식을 단일 형태로 개조하려는 시도가 인류에게 끼친 해악은 더욱 심각하다. 중세와 공산주의 시대에 인간에게 특정 종교나 이념만 믿고 따르도록 강제한 결과 정신 활동의 다양성이 파괴되고 경쟁 생태계가 질식되기에 이르렀다. 특히 공산주의 소련에서 스탈린이 시행한 정치적 반대파의 무자비한 숙청을 따라 배운 북한의 '종파' 척결은 단순히 정적 제거의 차원을 넘어 이념적 다양성의 말살이었다. 경쟁이 없고 새로운 시도가 차단된 사회가 발전은 고사하고 점점 더 침체의 늪으로 빠져드는 것은 당연하다. 단 한 명의 예외도 없이 전체 사회 구성원이 강력한 위계 조직에 얽매여 매일같이 관제 사상을 주입받으며 시공간을 초월한 이중삼중의 감시망에 위축되어 입 한번 마음대로 뻥긋할 수 없는, 체제와 관련한 발언 시 조금만 방심하거나 사소한 실수라도 저지르면 '정치범'으로 몰려 영원히 나올 수 없는 '정치범 수용소'에 격리되어 삼대가 멸하는 북한의 압제체제는 세상에 유례가 없다. 이런 구시대적인 통치 방식이 통치자에게는 편리한지 모르겠지만 앞을 내다보면 시대의 변천과 진보에 유리된 것으로, 결국 체제 위기를 부르는 심각한 도전을 맞게 될 것이다.

나와 다른 의견이 존중되고 남다른 시도가 장려되며 새로운 도전의 실패가 추궁되지 않고 격려되는, 정당하게 경쟁에 임하고 결과에 승복할 줄 아는 환경을 만들고 그 속에서 발전을 향한 다양한 사항들을 선택할 수 있을 때 비로소 세상의 순리는 또한 그런 사회를 선택한다. 물이 위에서 아래로 흐르는 것이 자연의 이치이듯, 인간의 욕망이 아래에서 위로 향하는 것이 인간사의 순리이듯, 세계 대부분의 사람들이 보편적 가치라고 여기는 자유와 평등에 기반을 둔 인권 존중과 민주주의 같은 가치들이 증진되는 방향으로 사회가 진보하는 것은 세상의 대세이며 순리이다.

북한이 '우리 식대로'를 고집하며 역사의 조류를 역행해 얻고자 하는 가치는 과연 무엇인가. 그리고 그 거대한 흐름을 거슬러서 살아남을 수 있다고 정말 믿는 것인가. 어느 한 인간이, 어느 일개의 권력자나 국가가 외고집을 부리기에 이 세상은 너무나 방대하고 다양하며 무수한 존재들 사이의 경이로운 조화가 그런 일개의 부조화 따위는 순식간에 쓸어버릴 것이다. 그리고 점점 가속도가 붙고 있는 급속한 진보의 소용돌이는 그토록 고집스러웠던 역행의 기억을 흔적도 없이 휩쓸어버릴 것이다.

　사회주의 진영의 몰락과 북한의 파국상으로 공산주의-사회주의 사조와 그 피조물인 전체주의 전제체제의 불합리성이 이미 증명되었고 '역사의 종말'이 선언되고도 많은 세월이 흘러 세계는 전혀 다른 시대를 영위하고 있다. 같은 공산권인 중국이나 베트남도 변신을 통해 새로운 번영을 구가하고 있지 않은가. 아무리 체제 유지의 당위성이 있다 하더라도 더 이상의 고집은 북한에게 현실적인 선택 사항이 아니다. 문을 열고 세상과 호흡하고 눈높이를 맞추어야 한다. 북한식 사고방식이 제아무리 국내에서는 절대적인 지위를 누린다지만 바깥에 나가면 조롱거리밖에 되지 않는 게 현실이다. 국가만 비웃음거리가 되는 게 아니다. 해외에서 북한 사람들에게 향하는 멸시의 눈길을 마주할 때의 모멸감은 말로 표현하기 힘들다. 북한 사람이라면 덮어놓고 '덜떨어진 놈들', '무식한 것들', '미개한 족속들', '죽도 못 먹는 거지들', '빨갱이 새끼들'과 같은 경멸의 표현들로 깔보고 무시하고 함부로 대한다. 심지어 동정조차도 상처로 남는다. 탈북자들은 그 고난의 여정에서 이런 일들을 수도 없이 겪었고 그 때문에 아직도 안착할 곳을 찾지 못하고 전 세계를 떠돈다. 탈북 여성들은 물건처럼 취급되며 이리저리 팔려 다니고 성적 노리개 생활을 강요받는다. 북한의 '잘난' 사람들은 부끄럽지도 않은가. 자국의 부녀자들과 아이들도 지키지 못하면서 무슨 더 절대화해야 할 고상한 가치가 있고, 또 잘나면 뭐가 그리 잘났단 말인가. 비이성적인 우상의 설내화에 노취되어 올바로 관단하는 머리는 고사하고 인간으로서의 양심마저 잃은 것인가. '변절자 몇 놈 죽어 없어지는 게 무

슨 대수냐라며 책임을 회피할 일이 아니다. 북한 사람이나 한국 사람이나 다
같은 인간이고 선조가 물려준 지혜로운 머리와 훌륭한 기질을 지닌 동족이다.
한국 사람들은 전 세계를 매료시키는 최첨단 제품과 케이팝으로 세계인의 동
경의 대상이 되고 있을 때 어찌하여 북한 사람들은 거지 행상에 조롱과 멸시의
대상이 되어야 하는가. 그것은 똑똑한 머리를 쓸 데가 없어서이고, 또한 쓰더
라도 효과를 볼 수 없는 경직된 환경과 비효율적이고 비합리적인 체제와 시스
템 때문인 것이다.

북한은 유연성 제고와 더불어 변증법적 발전 법칙이 온전히 작동할 수 있도
록 내재적인 대립과 갈등 요소를 만들어내는 데 두려워하지 말아야 한다. 평등
과 자유는 갈등하면서 보완관계로 공존하는 것이며 집단에 진정으로 유익한
가치는 개인의 자유와 권익이 보장될 때 의미를 띠게 된다. 사회주의와 시장경
제는 양립할 수 있음이 증명되었고 일당체제하에서도 시장경제는 작동 가능하
며 아래에서부터의 민주주의는 중앙집권의 효율성과 유연성 제고에 기여한다.
사회 하부의 다양한 가치의 자유로운 실현은 사회 상부의 존재의 정당성과 통
치의 합리성을 부여하며 비주류의 다른 견해와 비판 의식은 주류와 기득권층
에 대해 취약점을 보완해주고 태만하지 않도록 자극하며 포섭을 통한 진보의
신선한 아이디어를 제공한다.

하루빨리 북한 사회에 합리적인 사고 기제를 작동시켜 자유롭고 창의적인
발상과 시도로 역동성이 넘치는 효율적인 환경을 만들어내는 것이 현 지배체
제에 도움이 되는 일이다. 북한 지도층은 의지만 있다면 이를 충분히 해낼 수
있어 보이고, 또 불가능이란 없다.

어떻게 북한의 제도와 조직을 바꾸어가면 유연하고 생기가 넘치는 효율 지
향적 사회 분위기를 만들어낼 수 있을지는 뒤에서 더 논해볼 것이다.

3. 신뢰성의 결여

신뢰나 신용이라는 단어는 모두에게 너무나 익숙하다. 그리고 세상살이의 좌우명이라 해도 과언이 아닐 것이다. 그만큼 모든 관계 성립의 기초로 신뢰가 중요하기 때문이다. 신뢰의 형성 경로는 다양하다. 반복적인 거래 과정의 경험에서 생기기도 하고 믿을 만한 지인의 보증에 의거하기도 한다. 유형 재산을 담보로 하기도 하고 심지어 인질을 제공하기까지 한다. 그리고 좀 더 발전된 방식으로는 법적 구속력이 있는 공증 가능한 성문화된 계약서가 있다. 이런 유형들은 모두 특정 다수 간의 거래에 해당된다. 특정 다수는 물론이고 불특정 다수에 대해 신뢰 및 제약의 관계를 제공하기 위해 인간은 법을 만들고 규정과 규칙 등 제도적 수단들을 강구한다.

즉, 궁극적으로 신뢰는 법치를 통해 형성되고 지켜진다. 단순한 인간적인 믿음에 기초한 관계는 영구적이지 않을 수 있다. 이해관계 환경의 변화로 인간의 마음이 바뀌면 관계는 흔들리게 된다. 그래서 인치 사회는 법치 사회에 비해 신뢰도가 떨어진다. 인류 사회의 제도적 발전 역사도 인치체제에서 법치체제로의 전환 과정으로 볼 수 있다. 특히 재산권 보호 제도의 확립 과정에서 법은 결정적 수단이다. 인간에게 재산권은 생존과 욕망을 실현하고 자유롭고 독립적인 삶을 영위하기 위해 기필코 쟁취해야 하는 권리이다. 영주나 군주, 정부에 의해 개인이나 집단의 재산에 대한 수탈이 제한 없이 행해지는 사회에서 결코 지속적인 부의 창출이나 축적이 이루어진 사례가 없다는 것을 역사는 보여 주고 있다. 이는 모든 인치 국가에서 보편적인 현상이다. 반대로 법률로 보장된 재산권 보호 제도를 구축하는 데 성공한 국가들은 그를 기점으로 지속적인 경제성장을 경험했고 현재 선진 경제강국 반열에 올라 있다. 재산이 지켜진다는 믿음이 있어야 개인은 부자가 되기 위해 노력하고, 기업은 투자를 하며, 미래 가치를 현재 가치로 치환한 신용 거래가 자금 흐름에 윤활유 역할을 할 것이다. 그리고 진정한 법치국가에서는 헌법이 통치 권력의 상위에서 국가 최고의 계율로 지켜지고 법이 만인에게 공평하게 적용된다. 그리고 법치를 실행하기 위한 수단으로 민주적인 의회제도, 정치권력이나 정권으로부터 독립된 사법제도가 존재한다.

이 주제를 놓고 북한을 거론하면 참으로 가슴이 답답해진다. 너무도 현실이 열악하여 할 말을 잃게 만든다. 지구상에서 가장 철저히 격리된 지역, 불투명을 넘어 전혀 속내를 가늠할 수 없는 정권으로 유명한 북한은 한 치 앞을 예측하기조차 어려운 상대이다.

사회주의 체제로 사유재산이 허용되지 않고 기업 활동의 자유와 공간이 제한되어 있으며 국제사회가 신뢰할 수준의 공인된 법적 재산보호 장치도 없다. 피고의 권익을 대변해줄 변호사도 법률 회사도 없다. 정치권력에 독립적인 사법제도는 물론 없다. 도대체 개인이든 기업이든 북한의 내부와 외부 시장을 연계하여 이익을 창출하고 지켜낼 수 있다는 믿음의 근거를 찾을 수가 없다. 이처럼 북한 체제에 대한 신뢰의 부재는 안으로는 개개인의 의욕을 꺾고 수동적이고 소극적인 사회 분위기를 만들어 역동성을 떨어뜨리며 결국에는 발전의 내부 추동력을 상실하게 만든다. 또한 밖으로는 투자자 등 외부 사회가 북한을 외면하게 만들어 경제 회생에 필수적인 자본 유치나 지원 협력을 어렵게 한다.

한 국가의 신뢰성은 결국 그 국가 정치체제의 안정성, 예측 가능성, 실행력의 정도에 귀결된다(후쿠야마, 2012).

정치체제의 3대 요소, 즉 중앙집권적 국가, 법치제도 및 책임 정부 각각의 또는 복합적인 구현 정도에 따라 그 국가의 안정성, 예측 가능성 및 실행력이 평가되고 궁극적으로는 신뢰도 수준이 결정된다. 국가는 그 영토 내의 인적·물적 자원의 응집력의 구심점으로서 강력한 리더십을 제공하고 물리적 억제력에 기초한 중앙집권적 통치로 사회의 질서와 안전을 확보한다. 권위주의적인 하향식 질서의 강요이든 민주주의적인 상향식 질서의 보장이든 국가 차원에서 공적이고 보편적인 영역에서의 질서 확립 수단, 즉 행정력 확보는 국가 존립의 기본 조건이다. 따라서 중앙집권적 행정력이 확보되지 않으면 국가의 존립을 논할 수 없다.

국가 행정력은 영내에 임의의 통치 질서를 강제할 수 있는 힘이므로 특히 권위주의적인 정권의 경우 피지배층의 이익에 반하는 질서를 강요할 수 있다. 이런 '나쁜 황제', '나쁜 정부'의 전횡을 견제하는 제도적 장치로서 법치제도와 책임 정부의 구현에 의의가 있다.

법치제도는 정치권력으로부터 독립하여 자생적으로 존립하고 발전하면서 헌법 등을 통해 통치 권력보다 상위에서 국가와 국민, 국가와 개인 등 국가와 그 체제 내의 모든 개체의 관계를 정의하고 행위의 합법성 여부를 판단하는 기준을 제공하며 통치 권력을 막론하고 전체 사회 구성원들에게 공평하고 공정하게 법의 강제력을 행사할 수 있는 정당한 권위를 부여한다. 물론 세상에는 법치의 모양새를 하고 정치권력에 의해, 지배층에 기대서, 권력 기득권에 기생하는 사이비 법치제도도 있다. 이런 제도하에서는 법률의 제정과 판단, 집행에서 직위고하, 빈부귀천을 가리며 기회주의적 성향이 나타나고 일관성, 공정성, 공평함을 잃어 결국 법의 권위가 실추되고 법에 대한 신뢰가 무너진다. 상당한 수준의 법치주의를 이룬 국가들에서조차 정치권력으로부터의 완전한 독립에는 아직 아쉬운 부분이 있다. 그만큼 이 문제는 인류에게 어려운 숙제이다.

역사적으로 볼 때 법치제도의 기원은 사실 국가 형성보다 앞선다. 법치제도는 그 첫 발상지인 유럽의 경우에 가톨릭의 교황과 군주 간, 종교 권력과 세속 권력 간의 통치 질서를 정립하는 과정에서 교회가 독립적인 교회법 제도를 수립하고 독자적인 법률 집행기구를 구성하는 데 성공한 것으로부터 유래되었다. 특히 재산권과 관련하여 여성을 비롯한 개인의 재산권 및 상속권 인정을 통해 부속 집단으로의 재산 귀속 성도를 사난하고 빙사의 싱속 자신이 교회로 기부되는 기회를 늘렸다는 이기적인 의도가 마음에 걸리긴 하지만, 결과적으로 재산권의 법적 보호 제도를 탄생시켰다는 데 긍정정인 의의가 있다. '대헌장(마그나카르타)', '명예혁명(Glorious Revolution)' 등 그 유명한 앵글로색슨 전통의 법치주의 탄생 역사는 여기서 더 언급하지 않겠다. 아쉽게도 유럽의 기독교권, 중동의 이슬람교권, 그리고 인도의 힌두교권 등에서는 종교적 권위와 경전에 기초한 법치가 이루어진 반면, 중국 등 법가나 유교 사상의 영향을 받은 동아시아 문화권에서는 법치주의 개념을 성립시킬 사회역사적 조건이 세워지지 않았다. 몽골, 그리고 장기간 칭기즈 칸의 지배를 받은 러시아도 마찬가지이다. 황권신수(皇權神授, 황제의 권력은 하늘이 준 것이다) 사상 아래 황제는 무제한의 절대적 권력을 누렸다. 법가 사상은 중앙집권적 행정력 강화를 역설하면서 철저한 군주 일인의 전제통치 체제를 설계하고 체계화했다. 법가에서 말하는 법은 현대에 우리가 말하는 사회 구성원 모두를 보편적으로 위하고 아우르는 법률이 아닌 통치자가 권력을 사용할 때 필요한 약간의 제도와 규정에 지나지 않는다. 법가의 법치는 진정한 의미에서 권치(權治)이고 그래서 법가(法家)는 사실 권가(權家)이다. 유가는 인애(仁愛) 사상에서 출발해 군신 관계의 충을 넘어 부자간의 효의 윤리까지 적용해 군주에 가부장적 아버지상을 입혀가며 아래에서 위로 향하는 순종의 위계질서와 예법을 강제할 뿐, 사회체제의 하부를 보호하는 측면에서 상부를 규제하는 실용적인 법체계를 구상하고 이루어내기에는 역부족이었다. 그저 군주의 덕에 호소하고 제왕의 치도(治道)를 교육하는 차원에 머물렀을 따름이다. 따라서 뛰어난 군주를 만나면 위업을 이루고 번영을 구가할 수 있었지만 폭군이나 무능력한 군주를 피하지 못하면 그의 무절제한 탐욕과 무제한한 횡포에 아무 이유 없이 가산을 털리고 심지어 목숨을 잃기도 했다. 결국 '나쁜 황제'의 변덕과 폭정이 극단으로 치달으면 반란과 외침 등 대내외적인 역경으로 국가가 멸망에 이르게 되었다. 이런 '천자(天子)'에 의한 흥망성쇠의 반복과 강력한 중앙집권적 권력체제, 그리고 외부 정복자에 의한 제약 없는 피지배층 약탈과 착취 때문에 군주 권력에 대항하는 귀족이나 시민 집단 같은 견제 세력이 온전하게 형성될 수 없었다. 그리고 이런 역사만이 사람들의 뇌리에 각인되어 다른 사조의 상상은 가능하지 않았을 것이다.

오늘날 구공산권 국가들의 법치주의가 특별히 취약한 데는 공산주의 사상의 영향이 지대했다. 노동계급에 의한 프롤레타리아 독재는 자본가, 지주 등 부르주아 유산계급을 타도하고 그들의 자산을 무상몰수하여 공유화하고, 생산수단의 사적 소유를 불허하고 사유재산을 제한한다. 국가가 대부분의 생산수단을 국유화해 자원과 재산을 독점적으로 점유하고 배분하며 이 과정을 합법화한다. '사회를 대표하는' 노동계급 당의 일당 독재가 합리화되고, '수령'은 사회와 사회를 대표하는 계급, 그리고 계급 당의 사상과 이해관계를 완벽하게 체현하고 있기 때문에 그 이익을 대변하고 지키며 실현하는 데 한 점 오류도 있을 수 없는 신성한 존재이다. 무결점의 존재인 '수령'이 이끄는 당의 노선과 정책에 대해 감히 오류를 지적하거나 과오를 물을 수 없다. 신성한 '수령'의 영도를 넘어서는 법이 존재할 수 없는 사회에서 재산권을 논하는 것은 무의미하다.

불행하게도 북한은 법치주의가 취약할 수밖에 없는 요인에 대해 앞서 언급한 모든 역사를 공유한다. 일제에 의한 국권 침탈 시기까지 조선 시대를 비롯하여 그 이전의 한반도 역사는 중국 대륙의 문화적 영향권 아래 있었다. 조선 시대 말의 근대화 노력은 그 기간이 너무 짧았고 온전하지 못했으며, 일제의 식민통치 기간에 자행된 민족 차별 및 말살 정책은 자본주의적 제국주의 통치 제도에 대한 반감만 불러일으켜 해방 후 북한이 자산계급 및 일제 식민통치 잔재를 청산하고 이어 일시에 공산체제로 대체되는 데 일조한 측면이 있다. 북한은 소련의 스탈린으로부터 무자비한 숙청을 배웠고 중국의 모택동에게는 인텔리 계층을 제압하는 영감을 얻었다. 이런 역사적 배경하에 북한 사람들에게 '수령'은 황제였고 어버이였으며 정신적 지주였고 국가의 존엄이었다. '유일사상 체계' 아래서 신성한 권위에 대한 의심이나 다른 사조에 대한 호기심은 곧 반역이었고, 이런 '정치범'은 멸족을 당했다. 북한의 '유일적 지도체제'는 최고 지도자 일인에게 결정권을 과도하게 집중시켰다. 인치의 극단적인 사례인 것이다. '수령'의 말씀은 곧 법이며 헌법을 초월하는 지상명령이다. 여기에 대고 무슨 법치를 운운하겠는가.

책임 정부는 국민에게 복무하기 위해 존재하며, 따라서 집권 기간의 통치 결과에 책임을 지는 가치관을 구현해야 한다. 어느 정권이든 국민을 위하지 않는다고 말하는 정부는 없다. 북한에서 통치자는 '위민이천(爲民以天)', 즉 국민을 하늘로 여기고 섬긴다고 선전한다. 하지만 그 진정성은 말이 아니라 행위로 판단된다. 통치자에게는 백성의 삶을 챙겨야 하는 이해관계가 있으므로 국민에게 혜택이 되는 조치들로 국민을 위해야 한다. 이런 위민 사상은 동서양을 막론하고 영주나 군주, 황제의 통치교육 내용에 중요한 덕목으로 들어 있었다. 문제는 백성과 군주의 이해관계가 충돌할 때이다. 군주는 결국 결정적인 순간에 자기 이익을 우선하게 되어 있다. 군주가 된다는 것은 인간의 권력 의지, 명예욕의 절정을 경험하는 것이다. 인간이라면 결코 내려놓기 어려운 욕망인 것이다. 따라서 군주 스스로가 자기 우선의 선택을 포기할 수 없다면 포기하도록, 포기할 수밖에 없도록 강제하는 진정한 '주권재민'적 제도 장치가 필요하다. 또 어떤 정책이나 조치가 군주나 지배층만을 위하고 피지배층의 이익을 침해하는 것은 아닌지 감시하고 판단하고 시정 요구를 할 수 있는 상시적인 체계도 필요하다. 통치 결과의 책임을 물을 수 있는 체제도 마찬가지이다. 통치 집단이 집권 기간 중 모든 정치 행위의 총체적 결과에 대해 책임지는 형식에는 민주주의 체제에서와 같이 선거를 통한 평화적 정권 교체로 전적이고 적극적으로 책임지는 경우가 있고, 일당체제에서처럼 당내 인사 교체 등의 방식으로 부분적이고 소극적으로 책임지는 경우도 있다. 반란, 쿠데타, 테러 등의 극단적인 수단에 의해 실정의 책임을 강제당하는 경우도 수없이 많았다. 중요한 것은 어떤 형식이든 제도적으로 정부가 국민을 위하고 국민을 섬기며 국민에게 책임지는 체제를 갖추는 것이 책임 정부를 구현하는 데 핵심이고 국가에 대한 안정성,

예측 가능성 및 신뢰성과 직결된다.

책임 정부의 구현 정도는 국민의 주권 능력 및 정치의식의 발전 수준에 따른다. 국민의 주권 능력은 재산권의 향유 수준과 부의 축적 또는 창출 능력에 비례하며 재산권 제도와 부의 창출 기제는 법치제도의 수준과 많이 관련된다. 그런데 중앙집권적 권력의 남용만 우려한 나머지 과도한 법적·제도적 견제가 이어지면 국책 사업을 일사불란하게 추진하는 데 제동이 걸리는 등 행정력 약화라는 부작용이 생길 수 있다. 실제로 인도나 일부 고도의 민주주의적 제도를 운영하는 국가들에서 지역이나 집단의 이익에 대한 과도한 집착으로 국가 차원의 전략 사업을 추진하는 데 차질이 나타나는 현상을 많이 볼 수 있다.

정부와 국민 사이에 권리와 책임, 공익과 자유, 이익의 창출과 배분 등에서 견제와 균형, 선택과 집중의 정치 감각을 키우는 과정은 쌍방 모두에게 장기간의 많은 훈련과 경험을 요구한다. 선진 사례들에서 배울 수도 있겠지만 자국의 실정에 꼭 들어맞는 경우는 없을 것이기 때문에 국가마다 조건에 맞는 현실적인 방도를 꾸준히 찾아가는 노력이 필요하다.

북한에서 책임 정부의 문제를 거론하기는 아직까지 많이 벅차 보인다. 만족스러운 수준까지 가기에는 요원하므로 최고 통치자에게 집중되어 있는 권력을 선택과 집중의 원칙에서 선별하거나 아래로 분산 이양하여 통치권자는 국가적 규모의 전략적 선택 결과에 대해서만 책임지도록 해야 한다. 북한의 '유일적 지도체제'에서는 통치자가 정책을 수립하고 집행하는 데까지 일일이 결정권을 행사함으로써 아래 단위에서 권한과 책임이 모호해지고 회피가 가능하며 잘못된 결과에 대해 책임을 위로 미룰 수 있는 여지가 있다. 하지만 '절대적이고 신성한 존엄'에 대해 책임을 묻는 것 자체가 금기 사항이기 때문에 결국 과오는 은폐·축소되어 사장되는 폐단이 반복되었다. 이렇게 실책이 쌓이면 결국 국민의 불만과 원성이 높아지는데, 이로써 결정권자인 최고 통치자에게 부담이 가고 '수령'은 잘못이 있을 수 없기에 시키는 대로 한 죄밖에 없는 하급 관리를 희생

양으로 삼아 제물로 바치고 사태를 봉합하는 악순환이 반복되는 것이다.

북한은 최고 통치자와 정부 및 국민 사이의 권한과 책임을 분권의 원칙에 따라 명확히 하고 일관성을 확보하기 위해 법치화를 반드시 추진해야 한다. 그리고 그런 법제화는 헌법적 차원에서 통치 권력의 상부에서 발생하고 국민의 동의 없이는 임의로 변경할 수 없게 해야 한다. 또한 법을 지키고 법이 공정하고 공평하게 집행될 수 있도록 하는, 정치권력으로부터 독립해서 자생하는 사법체계와 인적 역량을 육성해야 한다.

북한에서는 권력자의 편의에 따라 행정 권력의 중심이 당, 군대, 내각 등으로 수시로 바뀌는 탓에 행정체계의 분업이 흐트러지고 서로 더 많은 권한을 차지하기 위한 질서 없는 쟁투가 벌어지곤 한다. 이 과정에서 국가 재원이 통일적으로 관리되는 것은 고사하고 사분오열되어 낭비와 부정부패로 소진되고 있다. 각자의 영역과 역할이 나누어져 있는 국가기관들이 통치자에 대한 충성 경쟁을 빌미로 본연의 영역을 초월하여 더 많은 이권을 노리는 이익 집단화 흐름을 억제하지 못하면 종당에는 국가의 기틀이 무너질 것이다.

따라서 북한은 국가기구 체계의 역할 분담을 법규로 명확히 해야 할뿐만 아니라 국가기구의 중복을 없애고 최대한 간소화하여 과도하게 비대해진 정부 영역을 줄여가는 대신, 너무나 빈약해진 민간 영역은 확대시켜 자율 경쟁으로 힘을 키우고 자생할 수 있는 공간을 열어주어야 한다.

북한은 이제 중앙집권적 국가 행정력, 독립적인 법치제도, 책임지는 정부 사이의 유기적인 조화를 통해 하루빨리 정치 질서를 현대화하고 통치자와 정부, 나아가 국가에 대한 신뢰를 회복하여 북한 사회에 무궁한 발전의 초석을 놓아야 할 것이다. 그 구체적인 방법론은 뒤에서 선행 사례들의 연구를 바탕으로 살펴보려 한다.

4. 인권의 유린

북한은 세상 사람들에게 그 유명한 정치범 수용소와 더불어 가장 잔혹한 인권유린을 자행하는 폭정 국가로 각인되어 있다. 북한이 계급투쟁을 빌미로 계급적 적대 세력에게는 인권을 보장할 가치도 필요 없다고 강변하면서 집단주의 논리와 '사회정치적 생명체론', '혁명적 수령관'에 근거한 '우리 식 인권'을 운운하고 있지만 이것은 인권의 천부적이고 보편적인 본질을 모르고 하는 소리이거나, 아니면 수긍할 수는 없지만 개념 자체를 부인할 수 없어서 본질을 왜곡해 꾸며낸 억지 논리에 지나지 않는다.

인권 문제는 인간의 삶을 논하는 가장 근본적이면서도 광범위한 개념으로서 앞서 언급한 욕망의 문제, 유연성의 문제, 신뢰성의 문제 등을 모두 포괄한다.

오늘날 인권은 더 이상 이의를 달 수 없는, 인류가 누려야 할 보편적 가치로 확고부동하게 자리매김했다. 인권을 존중하지 않는 사회는 개명 사회로 인정받지 못하고 있고 인권 의식이 없는 사람은 문명 인간으로 취급되지 않을 정도이다. 세계인권선언(Universal Declaration of Human Rights)은 1948년 공포된 이래로 인권의 헌법이 되었고 1966년 체결되어 1976년부터 발효된 경제적·사회적 및 문화적 권리에 관한 국제규약(International Covenant on Civil and Political Rights)과 시민적·정치적 권리에 관한 국제 규약(International Covenant on Economic, Social and Cultural Rights)은 법적 구속력을 가진 인권 관련 국제법으로 기능하고 있다.

1) 인권이란 무엇인가: 천부적 인권

인권이란 무엇인가. 인권의 개념은 어떤 역사적 배경에서 어떤 과정을 거쳐 정립된 것인가. 인권의 실현은 어떤 어려움들을 극복하고 여기까지 온 것인가.

인권 보장을 놓고 벌어지는 논란과 이를 실현하는 데 따르는 장애물은 어떤 것인가. 그 답을 짚어가면서 인권의 개념을 명확히 하고 인권 실현의 역사를 되새겨보는 것은 인권 의식이 부족하고 왜곡되어 있는 북한 사람들에게 큰 도움이 될 것이다.

그렇다면 인권이란 무엇인가(한희원, 2012).

인권은 인간에게 천부적으로 부여된, 즉 이 땅에 국가와 법과 통치자가 있기 전부터 인간에게 자연적으로 부여된, 인간이 이성이 있는 존엄하고 가치 있는 존재이기에 부여된, 인간으로서 인간다운 삶을 기본적으로 누릴 수 있도록 부여된, 보편적이고 양도할 수 없는 권리이다. 인권은 인간 모두에게 평등하게 주어진다. 이러한 인권에 대해서는 어느 개인이든 정부이든 단체이든 권력자이든 그 누구도 타인의 인권을 침해하거나 박탈하거나 변경할 것을 강요할 수 없다. 또한 인권은 인간이 인간다운 삶을 누릴 수 있게 하는 가장 기본적인 권리로서 권리의 주체가 되는 개인이나 집단의 성별, 연령, 민족, 인종, 국적, 종교, 직업, 직위, 재산, 신념, 언어, 문화적 관습 등을 막론해 일체의 차별을 배제하고 평등하게 주어진다. 인권은 인간에게 천부적으로 부여된 불가분의 것으로서 본인의 의지로 포기할 수도 남에게 양도할 수도 남에게 양도를 강요할 수도 없다.

인권은 인간의 생존권, 자유권, 행복추구권을 내용으로 하는데, 이는 자유권과 사회권으로 구분되어 국제인권장전에 체계화되었다.

세계인권선언

1948년 12월 10일 국제연합 총회에서 채택

인류 가족 모든 구성원의 고유한 존엄성과 평등하고 양도할 수 없는 권리를 인정하는 것이 세계의 자유, 정의, 평화의 기초가 됨을 인정하며, 인권에 대한 무시와 경멸은 인류의 양심을 짓밟는 야만적 행위를 결과했으며, 인류가 언론의 자유, 신념의 자유, 공포와 궁핍으로부터의 자유를 향유하는 세계의 도래가 일반인의 지고한 열망으로 천명되었으며, 사람들이 폭정과 억압에 대항하는 마지막 수단으로서 반란에 호소하도록 강요받지 않으려면, 인권이 법에 의한 지배에 의해 보호되어야 함이 필수적이며, 국가 간의 친선 관계의 발전을 촉진시키는 것이 긴요하며, 국제연합의 여러 국민들은 그 헌장에서 기본적 인권과 인간의 존엄과 가치, 남녀의 동등한 권리에 대한 신념을 재확인했으며, 더욱 폭넓은 자유 속에서 사회적 진보와 생활수준의 개선을 촉진할 것을 다짐했으며, 회원국들은 국제연합과 협력하여 인권과 기본적 자유에 대한 보편적 존중과 준수의 증진을 달성할 것을 서약했으며, 이들 권리와 자유에 대한 공통의 이해가 이러한 서약의 이행을 위해 가장 중요하므로, 따라서 이제 국제연합 총회는 모든 개인과 사회의 각 기관은 세계인권선언을 항상 마음속에 간직한 채, 교육과 학업을 통하여 이러한 권리와 자유에 대한 존중을 신장시키기 위해 노력하고, 점진적인 국내적·국제적 조치를 통해 회원국 국민들 및 회원국 관할하의 영토 국민들 모두에게 권리와 자유의 보편적이고 효과적인 인정과 준수를 보장하기 위해 힘쓰도록, 모든 국민들과 국가에 대한 공통의 기준으로서 이 세계인권선언을 선포한다.

제1조 모든 사람은 태어날 때부터 자유롭고, 존엄성과 권리에서 평등하다. 사람은 이성과 양심을 부여받았으며 서로에게 형제의 정신으로 대해야 한다.

제2조 모든 사람은 인종, 피부색, 성, 언어, 종교, 정치적 또는 그 밖의 견해, 민족적 또는 사회적 출신, 재산, 출생, 기타의 지위 등에 따른 어떠한 종류의 구별도 없이, 이 선언에 제시된 모든 권리와 자유를 누릴 자격이 있다. 나아가 개인이 속한 나라나 영역이 독립국이든 신탁통치 지역이든, 비자치 지역이든 또는 그 밖의 다른 주권상의 제한을 받고 있는 지역이든, 그 나라나 영역의 정치적·사법적·국제적 지위를 근거로 차별이 행해져서는 아니 된다.

제3조 모든 사람은 생명권과 신체의 자유와 안전을 누릴 권리가 있다.

제4조 어느 누구도 노예나 예속 상태에 놓이지 아니한다. 모든 형태의 노예제도 및 노예 매매는 금지된다.

제5조 어느 누구도 고문이나 잔혹하거나, 비인도적이거나, 모욕적인 취급 또는 형벌을 받지 아니한다.

제6조 모든 사람은 어디에서나 법 앞에 인간으로서 인정받을 권리가 있다.

제7조 모든 사람은 법 앞에 평등하고, 어떠한 차별도 없이 법의 평등한 보호를 받을 권리가 있다. 모든 사람은 이 선언을 위반하는 어떠한 차별에 대해서도, 또한 어떠한 차별의 선동에 대해서도 평등한 보호를 받을 권리가 있다.

제8조 모든 사람은 헌법 또는 법률이 부여하는 기본권을 침해하는 행위에 대해 담당 국가 법원에 의해 효과적인 구제를 받을 권리가 있다.

제9조 어느 누구도 자의적인 체포, 구금 또는 추방을 당하지 아니한다.

제10조 모든 사람은 자신의 권리와 의무, 그리고 자신에 대한 형사상의 혐의를 결정하는 데, 독립적이고 편견 없는 법정에서 공정하고도 공개적인 심문을 전적으로 평등하게 받을 권리가 있다.

제11조 1 형사 범죄로 소추를 당한 모든 사람은 자신의 변호를 위해 필요한 모든 장치를 갖춘 공개된 재판에서 법률에 따라 유죄로 입증될 때까지 무죄로 추정받을 권리가 있다.

제11조 2 어느 누구도 행위 시의 국내법 또는 국제법상으로 범죄를 구성하지 아니하는 작위 또는 부작위를 이유로 유죄로 되지 아니한다. 또한 범죄가 행해진 때에 적용될 수 있는 형벌보다 무거운 형벌이 부과되지 아니한다.

제12조 어느 누구도 자신의 사생활, 가정, 주거 또는 통신에 대해 자의적인 간섭을 받지 않으며, 자신의 명예와 신용에 대해 공격을 받지 아니한다. 모든 사람은 그러한 간섭과 공격에 대해 법률의 보호를 받을 권리를 가진다.

제13조 1 모든 사람에게는 각국의 영역 내에서 이전과 거주의 자유에 관한 권리가

있다.

제13조 2 모든 사람은 자국을 포함한 어떤 나라로부터도 출국할 권리가 있으며, 또한 자국으로 돌아올 권리가 있다.

제14조 1 모든 사람은 박해를 피해 타국에서 피난처를 구하고 비호를 향유할 권리가 있다.

제14조 2 이 권리는 비정치적인 범죄 또는 국제연합의 목적과 원칙에 반하는 행위만으로 인해 제기된 소추의 경우에는 활용될 수 없다.

제15조 1 모든 사람은 국적을 가질 권리가 있다.

제15조 2 어느 누구도 자의적으로 자신의 국적을 박탈당하거나 그의 국적을 바꿀 권리를 부인당하지 아니한다.

제16조 1 성년에 이른 남녀는 인종, 국적 또는 종교에 따른 어떠한 제한도 받지 않고 혼인해 가정을 이룰 권리가 있다. 이들에게는 혼인 기간 중 및 그 해소 시 혼인에 관해 동등한 권리가 있다.

제16조 2 결혼은 양 당사자의 자유롭고도 완전한 합의에 의해서만 성립된다.

제16조 3 가정은 사회의 자연적이고 기초적인 구성 단위이며, 사회와 국가의 보호를 받을 권리가 있다.

제17조 1 모든 사람은 단독으로는 물론, 타인과 공동으로 자신의 재산을 소유할 권리가 있다.

제17조 2 어느 누구도 자신의 재산을 자의적으로 박탈당하지 아니한다.

제18조 모든 사람은 사상, 양심 및 종교의 자유에 대한 권리가 있다. 이러한 권리는 자신의 종교 또는 신념을 바꿀 자유와 선교, 행사, 예배, 의식에서 단독으로 또는 다른 사람과 공동으로, 공적으로 또는 사적으로 자신의 종교나 신념을 표명하는 자유를 포함한다.

제19조 모든 사람에게는 의견과 표현의 자유에 관한 권리가 있다. 이 권리는 간섭받지 않고 의견을 가질 자유와 모든 매체를 통해 국경에 관계없이 정보와 사상을

추구하고 접수하고 전달하는 자유를 포함한다.

제20조 1 모든 사람에게는 평화적 집회와 결사의 자유에 관한 권리가 있다.

제20조 2 어느 누구도 어떤 결사에 소속될 것을 강요받지 아니한다.

제21조 1 모든 사람에게는 직접 또는 자유롭게 선출된 대표를 통해 자국의 통치에 참여할 권리가 있다.

제21조 2 모든 사람에게는 자국의 공무에 취임할 동등한 권리가 있다.

제21조 3 국민의 의사는 정부의 권위의 기초가 된다. 이 의사는 보통 및 평등 선거권에 의거하며, 또한 비밀 투표 또는 이와 동등한 자유로운 투표 절차에 따라 실시되는 정기적이고 진정한 선거를 통해 표현된다.

제22조 모든 사람은 사회의 일원으로서 사회보장 제도에 관한 권리가 있으며, 국가적 노력과 국제적 협력을 통해 그리고 각국의 조직과 자원에 따라 자신의 존엄성과 인격의 자유로운 발전을 위해 불가결한 경제적·사회적 및 문화적 권리를 실현할 수 있다.

제23조 1 모든 사람에게는 근로의 권리, 자유로운 직업 선택권, 공정하고 유리한 근로조건에 관한 권리 및 실업으로부터 보호받을 권리가 있다.

제23조 2 모든 사람에게는 어떠한 차별도 받지 않고 동등한 노동에 대해 동등한 보수를 받을 권리가 있다.

제23조 3 모든 근로자는 자신과 가족에게 인간적 존엄에 합당한 생활을 보장해주며, 필요할 경우 다른 사회적 보호 수단에 의해 보완되는, 정당하고 유리한 보수를 받을 권리가 있다.

제23조 4 모든 사람은 자신의 이익을 보호하기 위해 노동조합을 결성하고 가입할 권리가 있다.

제24조 모든 사람에게는 근로시간의 합리적 제한과 정기적인 유급휴일을 포함한 휴식과 여가에 관한 권리가 있다.

제25조 1 모든 사람에게는 식량, 의복, 주택, 의료, 필수적인 사회 역무를 포함해

자신과 가족의 건강과 안녕에 적합한 생활수준을 누릴 권리가 있으며 실업, 질병, 불구, 배우자와의 사별, 노령, 그 밖의 자신이 통제할 수 없는 상황에서의 다른 생계 결핍의 경우 사회보장을 누릴 권리가 있다.

제25조 2 모자는 특별한 보살핌과 도움을 받을 권리가 있다. 모든 어린이는 부모의 혼인 여부에 관계없이 동등한 사회적 보호를 향유한다.

제26조 1 모든 사람은 교육을 받을 권리가 있다. 교육은 최소한 초등기초 단계에서는 무상이어야 한다. 초등교육은 의무적이어야 한다. 기술 교육과 직업 교육은 일반적으로 이용할 수 있어야 하며 고등교육도 능력에 따라 모든 사람에게 평등하게 개방되어야 한다.

제26조 2 교육은 인격의 완전한 발전과 인권 및 기본적 자유에 대한 존중의 강화를 목표로 해야 한다. 교육은 모든 국가와 인종적 또는 종교적 집단 간에서 이해, 관용 및 친선을 증진시키고 평화를 유지하기 위한 국제연합의 활동을 촉진시켜야 한다.

제26조 3 부모는 자녀에게 제공되는 교육의 종류를 선택하는 데 우선권이 있다.

제27조 1 모든 사람은 공동체의 문화생활에 자유롭게 참여하고, 예술을 감상하며, 과학의 진보와 그 혜택을 향유할 권리가 있다.

제27조 2 모든 사람은 자신이 창조한 모든 과학적·문학적·예술적 창작물에서 생기는 정신적·물질적 이익을 보호받을 권리가 있다.

제28조 모든 사람은 이 선언에 제시된 권리와 자유가 완전히 실현될 수 있는 사회적·국제적 질서에 대한 권리가 있다.

제29조 1 모든 사람은 그 안에서만 자신의 인격을 자유롭고 완전하게 발전시킬 수 있는 공동체에 대해 의무를 부담한다.

제29조 2 모든 사람은 자신의 권리와 자유를 행사하는 데, 타인의 권리와 자유에 대한 석실한 인정과 존중을 보강하고, 민주 사회에서의 도덕실, 공공질서, 일반의 복지를 위해 정당한 필요를 충족시키기 위한 목적에서만 법률에 규정된 제한을 받

는다.

제29조 3 이러한 권리와 자유는 어떤 경우에도 국제연합의 목적과 원칙에 반해 행

사될 수 없다.

제30조 이 선언의 그 어떠한 조항도 특정 국가, 집단 또는 개인이 이 선언에 규정

된 어떠한 권리와 자유를 파괴할 목적의 활동에 종사하거나, 또는 그와 같은 행위

를 행할 어떠한 권리도 가지는 것으로 해석되지 아니한다.

세계인권선언 전문에서 한 단어, 한 문장의 의미를 새겨보면 뭔가 뜨거운 것

이 치밀어 올라 눈시울이 붉어진다. 전대미문의 억압적인 북한 사회에서 압제

에 찌들고 수많은 상처로 멍들어 있는 북한 사람들에게 얼마나 절실한 희망의

메시지인가. 언젠가는 북한의 형제들도 인간다운 권리를 찾아 누릴 수 있으리

라. 그대들은 해내야만 하고, 할 수 있으며, 해내고야 말 것이다. 인권은 외부

세계의 대다수 사람들에게 당연한 것이 되어가고 있다. 그런데 무지해서 또는

속아서 인권에 대한 바람은커녕 상상조차도 할 수 없는 북한의 현실이 얼마나

안타깝고 개탄스러운가.

인간의 자유권은 국가권력에 의해 침해당하지 않을 권리를 가리키며 신체의

자유, 주거의 자유, 종교의 자유, 언론·출판·집회·결사의 자유, 학문 및 예술의

자유 등 여러 가지 권리들을 포함하고 있다. 자유권은 준수나 위반 여부를 법

률적으로 명백히 가릴 수 있고 비용이 늘지 않으며 의지만 있으면 적용할 수

있다는 특성상 발효 즉시 준수되어야 한다. 자유권은 개인의 구체적인 권리를

언급하는 형식을 취해 국가권력이나 타인이 그 권리를 침해하지 않으면 되는,

국가에게 소극적인 성격의 권리이다. 일반적으로 개인주의에 기초한 민주주의

사회를 이루고 있는 서유럽 국가들에서 사회권에 비해 조금 우선시되는 권리

이기도 하며 민주국가 건설을 지향한다.

한편 인간의 사회권은 생존에 필요한 최저한의 생활 조건을 국가로부터 보

장받을 권리로서 교육받을 권리, 일할 권리, 사회보장을 받을 권리, 혼인과 가족생활을 보호받을 권리, 근로자의 노동 3권을 보장받을 권리, 국민 보건을 보장받을 권리 외에 여러 가지 생존에 필요한 기본적인 권리 관련 내용들이 포함되어 있다. 사회권은 국가의 적극적인 개입과 조치를 필요로 한다는 점에서 국가의 간섭을 배제하는 자유권과 어느 정도 모순되며, 국가의 국민들에 대한 보살핌 및 분배의 정의 실현을 강조한다는 점에서 사회주의적인 성격도 내포하고 있다고 볼 수 있는 권리이다. 사회권은 많은 자원과 비용을 소요하고 나라마다 자원과 경제력의 제한이 있으므로 각자 수준에 맞게 점진적으로 실현할 수밖에 없는 권리이다. 그리고 그 실현 여부를 객관적으로 평가할 수 있는 기준을 명확히 하기 어려운 문제도 있다. 사회권은 주로 집단주의에 익숙한 사회주의권 및 아시아 국가들에서 자유권에 비해 우선시되는 권리이기도 하며 복지국가 건설을 지향한다.

이제 역사 속에서 인권 개념의 정립 과정을 보자.

인간에게 인간이기 때문에 천부적으로 주어지는 어떤 권리가 있다는 사상은 자유주의 철학의 아버지로 불리는 영국의 철학자 로크가 처음으로 제시했다. 로크는 인간은 창조주인 하나님 앞에 모두 평등하기 때문에 하나님에게서 천부적으로 평등하게 부여받은 생존권과 자유권 및 재산권이라는 자연권을 가지고 태어나며, 이 권리는 누가 박탈할 수도 침해할 수도 없고 누구에게 양도할 수도 없으며 스스로 포기할 수도 없는 것이라고 했다. 즉, 인권은 이 땅에 국가가 있기 전부터, 법제도가 생기기 전부터, 통치자가 나오기 전부터, 자연적으로 인간에게 주어진 권리인 것이다. 로크는 재산권의 천부성과 관련해서도 주인이 없는 자연 상태의 것에 노동을 투입함으로써 소유권을 주장할 수 있다는 견해를 처음으로 내놓았다. 또한 법은 단지 그렇게 자연적으로 부여된 재산권을 확인해주는 역할을 할 뿐 법에 의해 소유권이 정해지는 것은 아니라고 했다. 물론 정부의 역할도 개인의 자연권을 위탁받아 관리하고 보호하는 데 그쳐야 한다는 것이다. 개개인이 자연 상태(국가, 법, 통치자가 있기 전의 평화롭고 자유로운 상태, 또는 만인의 만인에 대한 투쟁 상태)에서 각자의 이익에 유리하도록 자체로 정한 법을 주장하고 관철시키려다 보면 객관적이고 보편적인 기준이 없어 끊임없이 충돌과 무질서가 발생해 오히려 개인의 자연권을 지키는 데 더 큰 어려움이 생기는데, 결국 사람들은 국가나 통치자에게 양도할 수 없는 권리인 자연권 행사를 위탁하여 권력을 부여하고 그 권력이 다수에 의해 합의된 법에 따라 민주적 통치를 하도록 함으로써 자연권의 안정적인 행사를 보장받으려 했다는 것이다. 이것이 국가의 탄생에 관한 사회계약설이다.

그러나 헤겔에 따르면 실제의 인류 역사는 만인의 만인에 대한 투쟁이 벌어지는 자연 상태에서 승자에 대한 패자의 굴복 및 복종 형태로 권력관계가 발생하고, 승자의 군림을 인정하는 대신에 그의 힘을 빌려 생명을 보존하고 안정적이고 질서가 있는 생활환경을 보장받는 식의 명예와 굴욕, 군림과 복종의 상호작용 및 상호 투쟁의 과정이었다. 물론 인권이란 개념, 인간이기 때문에 가질 수 있는 권리 같은 것은 존재하지 않았다. 다만 국가의 법이나 공동체의 규칙에 따른 소유권처럼 일반적인 권리관계 정도가 있었을 뿐이다. 국가나 통치자가 힘을 사용하여 개인의 재산을 강탈하고 자유와 생명을 침해해도 그에 대항할 아무런 논리적 근거를 찾을 수가 없었다. 힘이 곧 법이고 국가나 통치자는 필요에 따라 법을 마음내로 바꾸거나 유리하게 해석할 수 있었다. 그렇기 때문에 로크의 사회계약설에 따른 개인의 천부적인 자연권과 이것을 위탁받은 국가의 역할에 대한 철학 사상의 제시는 인류의 사상사와 사회 발전사에서 인권 개념을 정립하는 기틀을 마련했다는 데 획기적인 의의가 있는 사변이었다고 할 수 있다. 로크의 사상에 근거하여 영국 국민들은 세상에서 처음으로 왕권을 제한하고 국가가 국민의 재산을 마음대로 침탈하지 못하도록 대항할 수 있는, 국가가 국민에게 끼친 손해에 대해 배상을 청구할 수 있는, 정부가 위탁을 받은 국민의 자연권을 잘 관리하지 못하거나 침해하여 국민의 신임을 잃었을 때

정부를 교체할 수 있는 권리를 주장할 수 있었다. 로크의 사상은 결국 영국의 1688년 명예혁명에 따른 권리장전의 승인, 1776년 미국 독립선언문에서 인민주권과 저항권의 명시, 1789년 프랑스 혁명에서 인류 최초의 인권선언을 탄생시키는 데 결정적인 영향을 주었다.

인권이 인간이기 때문에 천부적으로 부여되는 양도할 수 없는 권리라면 인간이 그런 권리를 갖게 되는 자격은 어떤 근거에 따른 것인지, 왜 꼭 인간에게만 그런 권리가 주어지는 것인지 하는 철학적인 질문이 생기기 마련이다. 로크는 창조주에서 그 답을 찾았지만 만약 창조주가 분명 존재한다고 입증할 수 없다면 그 권리의 근거에 문제가 생기게 된다. 이 문제에 명쾌한 해답을 제시했을 뿐만 아니라 그런 차원을 넘어서 인간을 가장 존엄하고 가치 있는 존재로, 외부의 창조주나 그 어떤 위대한 힘에 의해서가 아니라 인간 스스로의 이성에 따른 도덕적 판단과 자율적인 결정으로 정의로운 가치를 추구할 수 있는 세상에 둘도 없는 고귀하고 고상한 존재로 끌어올린 이가 바로 독일의 위대한 도덕철학자 칸트이다.

칸트는 인간이 가장 존귀한 존재가 되는 근거를 인간만이 자율적으로 도덕적인 판단을 하고 행동할 수 있는 이성이 있다는 데서 찾았다. 칸트는 도덕적 정의의 기준을 진정으로 자유로운 상태에서 순수하게 정언명령[행위의 결과에 구애되지 않고 행위 자체가 선(善)이기 때문에 무조건 그 수행이 요구되는 도덕적 명령]에 따라 자발적으로 행동하는 것으로 정했다. 칸트는 최고의 도덕적 가치를 자유에서 찾았다. 그에 따르면 도덕의 최고 기준은 창조주의 권위나 공리주의의 최대 다수의 최대 행복이나 쾌락 같은 주관적이고 상황에 따라 가변적인 것들에 둘 수 없다는 것이다. 또한 자유는 하고 싶은 일을 제한받지 않고 마음대로 할 수 있는 것을 의미하지 않으며 감정이나 감각, 욕망, 본능 등 외부에 의해 규정되어 있는 소선에 따는 행위는 아무리 마음내로 힐 수 있다 할지라도 자유롭다고 할 수 없으며 이렇게 주관적이고 상대적이며 가변적인 것들을 도덕적 판단을 위한 자유의 기준으로 삼을 수 없다는 것이다. 따라서 진정으로 자유로운 상태는 이성에 근거하여 자율적으로 세운 목적을 자발적으로 행할 때 비로소 성립되는 것이다. 그리고 순수하게 도덕적이라고 판단하는 기준은 자율적인 행위의 동기에 있다고 했다. 어떤 목적으로 인과관계를 염두에 두고 하는 행위 같은 것은 동기가 순수하지 않기 때문에 정언명령에 따른 것이라고 할 수 없다. 즉, 인간이 이성에 의해 순수하게 선이기 때문에 자율적으로 원하고 행했을 때 비로소 도덕적으로 선하다고 할 수 있는 것이고, 이는 곧 도덕적 판단의 가장 근본적이고 원초적이며 절대적인 기준이 된다. 그러면 정언명령이 도덕적으로 항상 선이 된다는 보장은 있는가. 칸트는 이 문제에 정언명령의 법칙으로 답했다. 그중 하나는 항상 자율 행위가 보편적이 되도록 하는 것이고, 다른 하나는 인간 자체를 목적으로 대하는 것이다. 즉, 남들도 다 하거나 받아들일 가능성이 높은 행동을 하면 되고, 인간을 수단이 아니라 그 자체로 존중하여 목적으로 대하되 이에 자타를 구별하지 않는 것이다. 달리 말하면 인간이 이렇게 도덕적 옳고 그름을 판단할 수 있고 자율적으로 자신의 행동을 결정할 수 있는 것은 이성이 있기 때문이며 이성은 인간에게만 유일하게 존재하는 것이다. 그렇기 때문에 이성을 지닌 인간은 그렇지 못한 다른 동물이나 사물과 구별되어 특별한 존재가 되는 것이고, 인간이 이성으로 도덕적 판단을 하고 정의를 행할 수 있기 때문에 다른 사물이나 생물에 비해 고귀하고 고상한 존재가 되는 것이다. 인간에게도 동물적인 본능이나 욕구, 감정 등 비이성이 함께 존재하고 그것에 이끌리기도 하지만, 오직 인간만이 이성으로 비이성적 욕구를 극복하고 이성에 의한 보편적 도덕 가치 판단에 근거하여 자신의 이해관계를 넘어 사회와 공동체에 이익이 되는 정의로운 행동을 할 수 있다. 그리고 이성은 인간이라면 누구에게나 있기에 모든 인간은 평등하게 자연권(인권)을 천부적으로 부여받는 것이다.

이렇게 칸트에 의해 인권의 보편성의 준거가 마련되었고 그것은 1948년의 세계인권선언으로 이어지게 되었다.

오늘날 세계인권선언, 자유권 규약, 사회권 규약 등으로 집대성된 세계인권 장전은 대부분의 세계인들로부터 그 가치의 보편성은 인정받고 있지만 실현 범위나 방법에 대해서는 여러 가지 주장이 엇갈리고 있다. 범위가 넓고 평가 기준도 모호하며 많은 자원과 비용이 소요되어 국가마다 제한을 받을 수밖에 없는 사회권에 대해서 주로 그렇지만 자유권이라고 예외는 아니다. 그런 주장 들의 배경에는 국가주권이 국제사회에 우선하는지, 국내법이 국제법의 구속을 받아야만 하는 것인지, 문화적 다양성이 세계의 보편적 가치보다 우선하는지, 같은 국가와 지역, 민족과 문화적 특성과 관련된 차이가 깔려 있다. 대표적인 예로 이슬람권에서의 여성에 대한 처우는 외부인의 눈으로는 분명한 차별이고 인권침해이지만 이슬람교도들은 이것을 문화적 전통이라고 일축한다. 오히려 서방식 인권 기준의 강요를 탓한다. 중국은 국민의 배를 불리는 것이 우선이라 며 경제 발전을 위한 민족 간 단결과 정치적 안정을 저해하는 일체의 행위에 대한 강력한 탄압을 정당화한다. 이는 자유권과 사회권의 우선순위에 대한 동 서양의 인식 차이를 훨씬 넘어선다. 지금도 인권의 참다운 구현에서 절대적으 로 자유로울 수 있는 국가는 없으며 다만 상대적으로 양호한 국가들을 꼽을 수 있을 뿐이다. 그만큼 인권은 인간과 인류 사회에 가장 근본적이면서도 광범위 하고 다차원적인 가치로서 인류 이상의 알파이고 오메가인 것이다. 그렇기 때 문에 일부에서 논란이 존재함에도 세계인권장전은 그 보편적 가치의 절대적 의의로 말미암아 국가들마다 자진하여 국제인권법으로 인정하고 준수할 것을 약속하는 국제법적 권위를 지니고 있다. 이제 인권은 추호도 의심할 여지가 없 는 인류 공동의 가치이다.

2) 현대의 가장 참혹한 인권유린 지대, 북한

그럼 지금부터는 북한의 문제를 살펴보자.

북한은 처음에는 인권이란 용어 자체를 금기시하며 사용을 삼갔으나 1990
년대에 들어서면서 국제연합(UN)과 국제사회로부터 거센 인권개선 요구에 맞
닥뜨렸다. 국제연합 총회, 국제연합 인권위원회는 단순한 권고 정도를 넘어 결
의안을 지속적으로 채택하는 등 파상적인 공세를 전개했다. 북한은 이에 적극
적으로 대응하지 못하면 국가 위신이 손상되는 것은 물론이고 내부 결속에도
위협이 될 수 있다는 판단하에 이른바 '우리 식 인권' 주장을 펼치게 되었다.

북한은 '우리 식 인권'의 구체적인 내용은 밝히지 못하고 있고, 실제로 거론
할 만한 내용도 없겠지만 인권의 문화적 상대성 논란을 이용하면서 국권 논리
와 연결시켜 주체사상과 '선군사상'에 뿌리를 둔 집단주의적 원칙에 복속되는
'우리 식 인권'이라는 사이비 논리를 펴고 있다.

예를 들면 이런 식이다. 세계에는 모든 나라에 다 들어맞는 보편적 인권 기
준이란 있을 수 없고 나라가 있어야 인권도 보장할 수 있다. 지금 미국을 우두
머리로 하는 제국주의 세력은 자기들의 가치관으로 정한 인권 기준을 다른 나
라에 강요하면서 인권을 제국주의적 침략의 또 다른 명분과 수단으로 활용하
고 있다. 이라크가 좋은 예가 아닌가. 국권을 수호하기 위해서는 강력한 군사
력이 뒷받침되어야 한다. 강력한 군사력 육성은 수령과 당의 영도하에 전군,
전민이 철통같이 뭉칠 때 가능하다. 이런 통일 단결의 중심은 수령이며 따라서
수령에 대한 절대적 충성심에 기초한 '수령 결사옹위 정신'은 혁명적 군인 정신
의 정수를 이루며 모두가 본받아야 한다. 수령은 수령-당-대중으로 이루어진
사회정치적 생명체에서 뇌의 역할을 하며 중추인 당을 통해 대중을 영도한다.
따라서 수령을 떠나서는 개개인의 생명을 생각할 수 없고 수령의 은혜와 신임
에 의해서만 개인의 생명은 존재할 수 있으며 가치를 지닌다. 따라서 수령의

은혜와 믿음에 충성으로 보답하는 것은 당연한 도리이다. 또한 사회는 하나의 대가정(大家庭)인데 수령은 아버지, 당은 어머니, 대중은 자식이므로 수령과 당을 자기 부모 모시듯 효성을 다해 받들어야 하는 것이다. 그러므로 개인은 사회정치적 생명체와 사회 대가정의 품속에서만 생명과 가치를 지닐 수 있으며 인권도 보장받을 수 있다.

이러한 북한의 인권 논리는 결국 수령 유일의 지배체제를 옹호하는 논리로 변질되고 만 것이다. 하지만 북한이 양심이 있다면 세계인권선언문과 북한의 실상을 비교해 북한에서 지켜지고 있다고 자신할 수 있는 것이 몇 항목이나 되는지 가슴에 손을 얹고 답할 일이다. 너무도 잘 알려져 있어 일일이 나열하진 않겠지만, 집단의 이익을 빙자한 권력의 횡포에 무방비 상태로 당할 수밖에 없는 것이 자유와 권리가 사실상 전무한 북한 사람들에게 주어진 운명이고 북한 인권의 현주소인 것이다.

북한은 실제로 인권 문제가 북한의 가장 치명적인 아킬레스건임을 잘 알고 있다. 북한은 동유럽 사회주의권의 붕괴가 서방세계의 인권 의식 침투에 안이하게 대처한 데서 비롯되었다고 보고 있다. 인간 개개인의 권리를 우선하는 보편적 인권은 집단주의 논리에 기초한 사회주의 체제와 상극일 수밖에 없는데, 인권 의식의 확산을 소홀히 했다가 내부로부터의 붕괴를 자초했다고 보는 것이다. 그리하여 북한은 대외적으로는 '우리 식 인권'을 앞세운 문화 상대론과 제국주의 대 반제국주의 세력의 투쟁이라는 틀에서 국권 수호 논리를 내세워 내정 간섭이라고 맞서면서, 대내적으로는 인권의 본질을 오도하여 수령체제 옹호에 이용하는 전략을 구사하고 있는 것이다. 지금의 상태가 앞으로도 지속된다면 북한에서 인권개선은 요원할 것이다.

하지만 북한이 필히 알아야 할 것이 있다.

우선 지금 세계가 이야기하고 있는 인권은 대다수 세계인들의 참여하에 오랜 역사적 경험에 대한 탐구와 검증 및 치열한 논쟁과 면밀한 검토를 거쳐서 합의하고 채택한 국제법적 지위를 지니는 인류의 보편적 가치라는 점이다. 그 인권은 미국이나 어느 힘 있는 나라만의 가치관이 아니며 어느 대국의 압력에 휘둘려 강제되거나 강요된 것은 더더욱 아니다. 그리고 세계가 어떤 나라에 인권침해를 지적하고 인권 보장을 요구하는 것은 인간의 양심에 따른, 인류애에 따른, 불의를 용인하지 못하는 정의감에 따른 자율적인 행위의 결과이지 인권을 무슨 압력이나 침략의 수단으로 악용하는 것은 절대로 아니다. 그렇게 악용하기에 인권은 너무도 고귀한 인류 지상의 가치여서 이성이 있는 인간이라면 감히 그런 불경스러운 상상을 할 수 없을 것이다. 미국이 유독 나서는 것처럼 보이는 것은 미국이 국력으로 보나 국가 위상으로 보나 국제연합과 국제사회에서 기여도가 크고 맡은 역할도 지대하여 그만큼 세계에 큰 영향력을 행사할 뿐더러 국제사회가 거는 기대도 커서 미국으로 하여금 좀 더 주도적이고 적극적인 역할을 하게 만들기 때문인 것이다. 미국이 북한과 적대 관계이기 때문에 북한에게는 미국의 인권개선 요구가 더 눈에 띄는 것인지 몰라도, 그것은 특별히 북한만을 겨냥한 것은 아니며 전 세계에 동일한 기준으로 적용되는 보편적 요구일 뿐이다.

다음으로 북한이 점진적인 현대화에 착수한다면 인권 또한 자연히 점차 개선 과정에 들어설 것이고, 따라서 인권 의식의 확산에 따른 저항과 봉기로서의 체제 붕괴의 위험이 사라지고 국제사회의 호응과 지지도 얻어낼 수 있으므로 인권에 대한 막연하고 과장된 두려움을 떨쳐버려도 된다. 과거와의 대(大)화해, 사회조직 체계의 개편, 개방과 (시장화·사유화) 개혁, 법치주의 구현, 민주적 요소의 도입 등과 같은 현대화의 전환적인 조치들을 하나하나 실행해나가는 과정이 곧 인권의 개선 과정이다. 또한 그 과정에서 지금 같은 집단주의 논리에 근거한 인권 논리는 설 자리를 잃게 될 것이므로 처음부터 국제인권 기준을 수용해 단계적 실현을 명시해야만 향후 현대화의 진척과 더불어 발생할지도 모르는 신-구 가치의 충돌을 흡수할 수 있을 것이다. 그리고 이는 수령체제를 유지하는 데도 해가 되지 않으며, 오히려 도움이 될 것이다. 북한은 지금 같은 체제로는 결코 오래갈 수 없다. 수령체제를 유지하려면 반드시 지금과는 다르게 변해야 한다. 아니, 변해야 하는 것은 당연하고 단지 충격을 피하기 위해 점진적인 변화를 추구해야 하는 것이다. 중국의 경우 공산당의 정치권력은 유지하면서 시장경제를 도입해 점진적으로 변화해나감으로써 경제 발전을 이룩한 사례가 있기 때문에 더욱 확신할 수 있는 것이다. 누가 집권하느냐보다는 어떻게 정치하느냐가 중요하다. 수령체제도 현재의 경직화된 모습에서 벗어나 좀 더 유연하고 분업적인 체제로 변신한다면, 그리고 실질적인 개선과 발전의 성과로서 지도력을 인정받는다면, 발전도상의 저개발국이나 중진국에서는 여전히 수용될 수 있을 것이다.

북한은 이제 더 이상 과거에 발목이 잡혀 미래로 나아가지 못한다거나, 현실에 안주하여 미래를 경시하는, 근시안적이고 협소한 마인드를 버리고 천리혜안으로 더 넓은 세계에 대한 마음을 열어 광활한 기회의 바다로 담대하게 배를 몰고 나가야 할 것이다. 인권 실현의 기치를 높이 치켜들어 돛으로 삼고 세계의 지식 정보화 및 개방화 바람을 순풍으로 하여 시장경제의 세계화 물결 속으로 북한이라는 배를 몰아간다면 머지않은 장래에 그 배는 망망대해의 어딘가에 있을 자유와 풍요의 무릉도원으로 통하는 항구에 닻을 내릴 수 있을 것이다.

이상 인간의 본성과 존엄에 대한 이해를 바탕으로 북한의 문제점과 딜레마를 살펴보았다. 문제 해결의 실마리를 찾기가 쉽지 않을 것임을 다시 한번 느꼈을 것이다. 북한에 이상적인 체제를 대입하기에는 그 틀이 너무 다르다. 그렇다고 있는 틀에 맞추려고 족보를 알 수 없는 괴물을 빚어내기에는 양심이 허락하지 않는다. 틀을 완전히 허물고 다시 짓고 싶지만 그러기에는 너무 많은 대가가 따르고 여력도 충분치 않다. 남은 방법은 틀이 무너지지 않는 선에서 차근차근 고쳐가며 원하는 모양새로 수성하는 것뿐이나. 한쪽의 보수 진영에게는 분명 마음에 들지 않을 이야기일 것이다. 그렇다고 현재 같은 상황에서는 진보 진영도 탐탁해할 것 같지 않다. 그렇다면 북한의 독재를 연명시키면서 적당히 타협해야 한다는 말인가. 욕을 해도 좋다. 그러나 하나 분명한 건 북한 문제를 풀어가기 위해서는 정치적이든 경제적이든 또는 다른 어떤 것이든 모든 이해관계에 우선해, 우리가 앞서 본 바와 같이 인간의 본성과 존엄에 따른 자유와 행복의 향유를 증대시키는 방향으로 한 발자국이라도 나아갈 수 있는 해법을 찾아야 한다는 것이다. 어떤 일을 도모하는 데 실현 가능성과 실행력 구비 여부의 막중함은 두말할 필요가 없을 것이다. 될 수 없고 할 수도 없는 일을 백날 꿈꾸어야 무슨 의미가 있을까. 그리고 엄연히 정치에는 통치력, 리더십이라고 하는 실행력이 필요하다. 체제나 시스템이 갖추어져 있다고 저절로 일이 돌아가지는 않기 때문이다. 이런 관점에서 출발하여 북한에 실재하는 정치력이 스스로 변화를 도모하게끔 할 수 있는 방법을 찾고자 하는 것이다. 북한 지배층의 두려움과 딜레마를 얼마나 무리 없이 해소할 수 있는지가 문제 해결의 관건이 될 것이다. 그래서 이제부터는 그런 해법들이 녹아 있는 북한만의 길을 탐색해보려 한다. 그리고 그 길이 세상 사람들에게 '북한식 현대화 모델'로 불리는 날이 온다면 더없이 감사하겠다.

제2장　　　　북한식 현대화 모델 찾기

1. 대립을 넘은 실용의 조합

1) 이념의 조합

사람마다 이상 사회의 모습은 다를 수 있어도 그것이 인간의 욕망을 두루 충족시켜줄 수 있는 세상임에는 틀림없을 것이다. 인간의 이념은 그 나름의 이상과 처한 현실을 기준으로 현재와 미래에 바라는 세상을 어떻게 구현하느냐, 어떤 수준에서 만족할 것이냐를 놓고 가치와 이해득실을 따져 편이 갈린다. 누구나 평등하게, 부족한 것 없이, 네 것 내 것 가릴 필요조차 없을 정도로 원하는 것을 마음껏 누릴 수 있는 파라다이스를 이상으로 내건 공산주의는 공상에 그치고 말았고, 좀 더 기대치를 낮춘 사회주의는 생산수단의 사유화 대신에 공유화를 강제하여 계획적으로 인위적인 결과의 평등을 지향하다가 결국 기회의 평등과 결과의 평등 모두를 잃고 허망하게 무너져 내렸다. 극단적인 빈부격차와 자본의 독점으로 결국 멸망할 운명이라던 자본수의는 대공황과 금융 위기 같은 여러 번의 중대한 도전이 있었음에도 지속적인 생산성 혁신과 민주주의 발전의 혜택을 입어 부의 창출과 배분에서 여타 체제에 비해 우월함을 보여주었고, 아직까지 다른 대안은 없어 보인다.

현시대 이념의 주요 이슈는 대체로 시장경제 체제를 전제로 하여 성장인가 분배인가, 작은 정부인가 큰 정부인가, 선택적 복지인가 보편적 복지인가, 자유와 평등의 균형을 어디에 둘 것인가, 기회의 평등이면 충분한가 아니면 결과의 평등도 고려해야 하는가, 공평이나 정의는 어떤 것이며 어느 수준까지면 수긍할 수 있겠는가, 인권과 자유와 관련해 공익과 개인의 권익이 충돌하지 않는 선은 어디인가 등이고, 이념 성향의 좌와 우, 진보와 보수를 가리는 척도도 이이슈들에서 갈린다고 할 수 있겠다.

좌든 우든, 진보이든 보수이든, 양쪽 모두 변증법의 대립물의 통일과 투쟁의법칙에서 밝힌 바와 같이 필연적으로 내재하는 대립과 갈등으로서 사회의 근본적인 존재 방식이다. 따라서 양극단의 일방적인 선택으로는 문제를 순조롭게 해결할 수 없다. 그리고 역사는 결코 어느 일방만의 승리를 허락하지 않았고 시기적인 여건의 성숙 여하에 맞추어 서로 타협하고 바꾸고 섞이면서 양 날개의 균형을 맞추어 상승과 하강을 반복하며 더 높은 곳으로 나아간다.

북한이라고 예외일 순 없다. 극단적인 극좌 이념 편중은 현재의 많은 불편한 진실을 야기했고 생존의 욕구는 '비사회주의'적 사조를 암묵적이라도 허용하라고 끈질기게 압박한다. 사회의 상부구조와 하부구조가 따로 돌고 하부는 상부의 압박을 회피하는 방향으로 상부는 하부를 더 옥죄는 방향으로 필사적인 줄다리기를 하고 있다. 더 이상 현재의 이념체계 그대로는 북한이 살아남고 좀더 나은 세상으로 나아가는 데 정신적 양식의 제공이라는 본연의 역할을 수행할 수 없을 것이다. 현실과 미래를 반영하여 새로운 사조로의 변신이 불가피한 시점이다.

이 문제의 답은 사실 그리 어렵지 않다. 한꺼번에 바꾸는 것이 어렵다면 나누고 섞으면 된다. 나누고 섞어서도 문제될 소지가 있다면 문제가 되지 않도록 바꾸면 된다. 변화가 불가피하다면 회피가 아니라 도전해야 하며, 원하는 결과는 만들어가는 것이지 주어지는 것이 아니다. 현재 북한의 문제는 판단의 문제가 아니라 용기의 문제이다. 하늘도 스스로를 돕는 자를 돕는다고 하지 않는가.

북한은 사실상 마르크스-레닌주의를 버렸다. 즉, 유물론적인 공산주의, 사회주의의 정통 줄기에서 많이 벗어나 있다. 어딘가 관념론 냄새가 풍기는 주체사상으로 이념체계를 바꾸어 일인 통치에 사회 전체가 철저히 복무하는 사상적 기반을 닦아놓았다. 그 구체적인 사상이론 내용은 이미 잘 알려진바 여기서 더 언급하지 않겠다. 여하튼 북한에서 사상은 형식적으로 최상의 가치이며 체제를 유지하는 명분이고 자존심이다. 이런 최상의 가치의 전면적인 포기나 변경은 체제 안정 차원에서 절대 상상할 수도 용납될 수도 없는 것이 현실이다. 또 북한이 무엇이 문제인지 담론만 하는 것도 이제는 모두에게 식상하고 고리타분한 일일 것이다.

중요한 것은 어떻게 바꾸고 어떤 식으로 나누고 섞을 것인가이다. 핵심은 북한의 내외적 현실을 고려하여 북한의 현 통치체제를 크게 흔들지 않으면서 경제 생산성을 높이고 사회의 효율을 향상시킬 방법론을 지지하는 이념체계를 만들어내는 것이다. 그렇게 한다고 해서 주체사상의 '사람이 모든 것의 주인이며 모든 것을 결정한다'는 철학적 원리, '혁명과 건설의 주인은 인민대중이며 혁명과 건설을 추진하는 힘도 인민대중에게 있다'는 사회역사적 원리, '혁명과 건설에서 주인다운 태도를 가질 것'이라는 지도 원칙의 언어적 의미로부터 벗어나는 것은 아니다. 아니, 그렇게 해서 수령 절대주의를 일부 양보하더라도 일인 통치의 이론적 명분만큼은 지켜낼 수 있을 것이다.

사람이 스스로의 주인으로서 주인다운 태도로 모든 일에 적극적으로 임하여 끊임없이 새로운 것에 도전하고 새로운 것을 창조해낼 수 있는 실질적인 체제를 만들어산나면 그것이 주체사상이 주장하는 철학적 원리와 무엇이 다른가. 국민에게 주인다운 지위를 보장하고 국민의 힘에 의거하여 '국민의, 국민에 의한, 국민을 위한 정치'를 구현하는 것은 말 자체로는 주체사상의 사회역사 원리, 지도 원칙과 다른 의미가 아닌 것으로 보인다.

인간의 자유와 창의성, 주인 의식을 고양하여 역동성 넘치는 사회환경을 만들고 인간의 잠재 능력을 최대한 발휘하여 인간의 욕구를 만족시켜간다는 방법론은 주체사상이 말하는 인간 본성, 즉 인간을 자주성·창조성·의식성을 지닌 사회적 존재로 보는 관점에서 충분히 이론적 전개가 가능하다.

결국, 주체사상의 사상과 이론 그리고 방법체계에서 최상부 사상의 문구적 내용은 큰 틀에서 대체로 유지하고 하부의 유연성을 확보할 수 있는 이론적 틀을 만들어 실사구시의 방법론 변화를 추구할 수 있을 것이다.

다시 말해 주체사상을 지도 이념으로 하는 원칙을 견지하여 체제 유지의 명분을 잃지 않고, 현대화를 기치로 경제와 사회문화의 효율성 제고를 위한 방법들 간의 역동적인 경쟁을 활성화시킬 수 있는 사고 활동의 기제를 마련하여 실질적인 결실을 추구하는 '사상 현대화' 작업이 필요하며, 이는 불가능한 일이 아닌 듯하다.

이것은 어디까지 예로 가정한 것이다. 우선 경제 분야부터 시작하여 가능한 곳에서부터 다양성의 자유를 주고 공정한 경쟁을 긍정하고 그 결과의 불평등에 수긍하는 문화를 지향하는 생각의 변화, 전환적 사고가 자생적으로 일어날 수 있도록 해야 한다. 개인의 부의 축적이 긍정되고 보호되며 개인의 생산수단 소유 등 기업 활동이 정당화되고 합법적 권익을 추구할 수 있으며 그것이 지도 이념과 충돌하지 않는 사상이론적 기반을 닦아주어야 하다.

인류의 이념적 이상이 그리는 최종 목적지는 궁극적으로 인간의 욕망을 완전히 충족시키는 사회의 건설이다. 헤겔이든 마르크스이든, 자유 민주주의이든 공산주의이든, 어느 이념을 막론하고 인간의 욕망 추구가 구애받지 않고, 불평등을 야기하는 온갖 근원들이 사라진 사회적 경지를 이상으로 삼는다. 따라서 인류가 갈 목적지는 정해져 있다. 다만 그곳으로 가는 길이나 수단, 방법을 선택할 때 얼마나 빠르고 쉽고 짧은 코스로, 어떤 룰로, 누구와 함께할 것인가를 정하는 데서 나라마다의 역사와 환경의 영향으로 생각의 차이가 발생하는 것이다. 어떤 나라는 우연히 조정된 유리한 조건들 덕분에 남보다 먼저 그리고 쉽게 빠른 길로 들어섰고, 또 어떤 나라는 길을 잘못 들어 고생하다가 우연히 타국의 예를 보고 길을 바꿔 편해지거나, 거기에 더하여 좀 더 나은 규칙을 만들고 동행자를 잘 선택하여 훗날 추월에 성공한 나라도 있다. 그런가 하면 사방으로 둘러막힌 장벽에 출구를 찾지 못하고 포기하거나 체념해버린 나라도 있다. 그뿐 아니라 잘 가다가 길을 잃고 헤매는 나라, 그릇된 길로 가고 있는 것 자체를 모르는 나라, 알면서도 갈 때까지 가보자며 오기를 부리는 나라도 있다. 그러나 일부러 고생길로 찾아서 가는 나라는 없을 것이다. 여기서 북한은 길이 아님을 알아차리고도 갈 때까지 가보자며 오기를 부리는 나라쯤에 해당할 것 같다. 근시안적이고 현명하지 못한 처사이다. 오기를 부리며 버티고 벼랑끝 전술로 위기를 모면하고 임시방편으로 사실을 오도하고 기만하며 요행수를 바라고 넘어갈 일이 아니다. 영악한 수라고 생각할지 모르지만 언젠가 돌아올 부메랑을 생각하면 헛똑똑이 짓인 셈이다. 무모한 권력 놀음에 그 땅에서 태어난 죄밖에 없는 국민들이 당하는 고통과 상실이 너무나 크다. 권력에 대한 욕망, 지배자의 옥좌에 대한 숭상을 버릴 수 없다면, 통치자는 국가와 백성의 안녕을 보살피고 행복 추구를 도모하여 역사에 족적을 남기는 데 존재 이유가 있다는 대의명분이라도 지켜야 한다.

안정은 기본이고 발전은 필수 불가결의 것이다. 안정이든 발전이든 모든 사물 현상은 변증법의 원리와 법칙을 따른다. 사물은 운동과 변화 속에서 대립물의 통일과 투쟁의 과정을 거쳐 비로소 존재하고 발전한다. 대립과 갈등은 불안정이나 일시의 상태가 아니며 그 자체가 안정이고 존재 방식이다. 따라서 안정은 내새하는 모든 내립과 끌동 요소를 제기해서 이룰 수 있는 것이 아니며, 혹여 그렇다면 그것은 안정이 아니라 죽은 것이고 존재하지 않는 것이다. 다양한 대립물과 갈등 요소들이 공존하면서 서로 영향을 주고받고 상호작용하면서 새로운 길로의 발전을 만들어가는 상황 자체가 정상적이고 안정적인 상태인 것이다.

북한은 하나의 이념으로서의 '일색화(획일화)', '통일단결' 같은 전체주의적 가치관이 결코 북한에 발전과 영속을 기할 수 있도록 해줄 수 없다는 것을 깨달아야 한다. 현 체제의 수명을 늘리려면 국가의 생존 경쟁력을 높여야 하고 생존 경쟁력은 효율에서 생긴다. 효율을 추구하려면 급변하는 내·외부 환경에 민첩히 반응할 수 있는 유연성과 갖가지 창조적 시도들을 시험할 수 있는 다양성이 전제되어야 한다. 다양성은 자유로운 환경을 필요로 하기에 결국 체제의 생존 경쟁력은 사회의 자유화 정도와 직결된다. 따라서 현 이념체제 내에 북한이 그토록 싫어하는 자유라는 개념이 자리 잡을 공간을 터주고 이를 서서히 확대시켜나갈 수 있는 새 틀을 짜야 한다. 지금까지처럼 이념의 틀 내에서 행위를 규제할 것이 아니라 시대의 합목적적인 행위에 당위성이 부여될 수 있는, 행위의 자유가 이념에 저촉되지 않는, 포용성과 수용성과 유연성이 높은 이념의 장을 만들어야 한다. 북한이 두려워하는 것은 한번 자유의 물꼬가 트이기 시작하면 다양한 욕망에 기초한 여러 가치관들이 급격히 범람하게 되고 그것이 일정 수위를 넘기면 혁명적 변화로 치달을 수밖에 없으리라는 점일 것이다. 이는 사물 발전의 법칙으로서 조금 지연시킬 수는 있겠지만 아예 막을 수는 없다. 따라서 북한의 통치자나 지배체제가 살아남는 방법은 그 질적인 변화에 대척되지 않는 좀 더 넓고 역동적인 가치체계의 마당을 스스로 만들어 체질 변화가 자기 존재를 부정하지 않도록, 질적인 변화에도 변화의 당사자로 존재하도록 하는 일일 것이다.

정치는 현실이고 권력의 세계는 냉혹하다. 냉철한 머리로 현실에 입각한 전략 전술하에 정적을 제거하고 집권의 힘과 명분, 당위성을 확보해 현재는 물론이고 장래의 안정적 기반도 닦아야 한다. 니콜로 마키아벨리(Niccolò Machiavelli)는 그의 유명한 저서『군주론』에서 정치는 어떻게 해야 한다는 이상에 따라서가 아니라 처한 현실에 기반을 두는 것이라고 했다. 그리고 군주는 사랑보다는 두려움의 대상이 되는 게 낫다고 했다. 북한이 너무도 잘 행하고 있는 비방이겠다. 아무리 장래가 기대되는 묘안이라 해도 현재의 안정에 저촉되면 채택되기 어려운 것도 사실이다. 하지만 안정을 위해 발전을 아예 포기할 수는 없으며, 발전은 본질적으로 어느 정도 안정을 깨는 것이기도 하다. 북한 권력은 이렇다 할 업적이 없고 그럴듯한 미래 비전도 부재한 데다 세습의 명분도 빈약하여 체제 안정에 대한 불안이 지나치다. 북한은 과도한 안보 불안으로 고슴도치처럼 웅크리고 자기 이외의 모든 세계에 적대적인 경계 태세를 취하고 있다. 그러나 사물이 다른 사물과의 상호 연관 속에서만 존재할 수 있듯이 고립해서는 생존할 수 없다. 내부에서 '고난의 행군'을 이어가며 수많은 아사자를 내면서까지 버티고 있지만 북한은 외부 세계와 등진 상황을 언제까지고 이어갈 수는 없을 것이다. 지속되고 있는 고립과 제재는 북한의 생존 자체를 위협하고 발전은 꿈도 꿀 수 없게 만든다. 이것이 북한이 세계와의 적대적 차이를 줄이고 동질성을 증대시키며 외부와 소통해야 할 이유이기도 하다. 즉, 북한 권력은 생존이라는 현실적 이유에서나, 영속과 발전이라는 미래를 위해서나, 현시점에서 최선의 선택은 스스로 변하기로 마음먹고 변화를 향해 담대한 걸음을 내딛는 것이다. 일반 대중에게 실사구시적 실리주의는 당연히 편한 것이다. 그뿐 아니라 지배층에게도 실리 추구가 가져다줄 결실이 통치의 정당성과 존재의 명분을 어느 정도 부여할 것이다.

이 세상에서 가장 절대적인 권한을 지닌 북한 최고 지도자는 '흑묘백묘론(黑猫白猫論)'으로 유명한 중국 덩샤오핑(鄧小平)의 실리적인 사고방식을 본받아 그를 능가하는 계몽 군주로 역할을 해야 할 시점이다. 수령 개인에게 신적인 권위와 실내식 권한이 집중되어 있는 북한 체제의 특성상 이 일시상 체계의 유일지도 체제가 국가 운영의 최고 원칙인 나라에서 수령 본인의 의지나 결단 없이는 일정한 체제 위험을 감수해야 하는 도전적 변화를 그 누구도 시도할 수 없을 것이다.

특히 북한의 사상 현대화에서 가장 중요한 부분은 이른바 '우리 식 사회주의'의 핵심 내용을 이루는 북한식 집단주의 원칙의 전면 수정 또는 폐기이다. 북한 사회주의 헌법 제63조에는 "조선민주주의인민공화국에서 공민의 권리와 의무는 하나는 전체를 위하여, 전체는 하나를 위하여, 라는 집단주의 원칙에 기초한다'고 규정되어 있다. 북한식 집단주의 원칙은 '혁명적 수령관, 사회정치적 생명체론'을 통한 수령에 대한 절대 충성, '사회주의 대가정론'이라는 유교적·가부장적 사고와 결부된다. 수령은 뇌수, 당은 중추, 인민대중은 몸으로서 하나의 유기적인 사회정치적 생명체를 이루고 생사를 같이하며, 수령은 당과 대중의 모든 이익과 지혜를 체현한 무결점의 존재로 그에게 오류란 있을 수 없기에 무조건적인 믿음으로 충성을 다해 받들어 모시고 '결사 옹위'해야 한다. 생명체가 뇌가 없으면 살 수 없듯이 수령이 없으면 북한이라는 거대한 사회정치적 생명체는 죽을 수밖에 없기에 그 생명체 내에서만 생명이 존재하는 개인은 수령을 자기 목숨처럼 여기고 '결사 옹위하는 총폭탄'이 되어야 마땅한 것이다. 또 수령의 영도는 사회정치적 생명체의 중추를 이루는 당을 통해 이루어지기 때문에 당에 대한 대중의 충성은 곧 수령에 대한 충성의 발현이 되는 것이다. 북한 사회에서 영도적 지위에 있고 북한의 모든 조직체에 포진해 있는 당조직의 지도와 지시를 따르는 것은 어느 조직이든 그 누구이든 예외 없이 조직에 소속된 개인에게 생존을 위해 당연하고 필수적인 선택일 수밖에 없다. 북한은 이렇게 딱딱한 '사회정치적 생명체론'만으로는 대중의 무조건적인 충성을 이끌어내기에 부족하다고 판단했는지, 수령은 아버지이고 당은 어머니이며 인민대중은 자식이라는 '사회주의 대가정론'을 북한의 사회적 관계에 덧씌웠다. 수령과 당은 부모가 되어 자식을 돌보는 심정으로 인민대중을 보살피므로 대중도 자식으로서 당과 수령에 부모를 모시는 심정으로 충성과 효를 다해야 한다는 것이다.

이 사상은 말은 그럴듯하지만 사실상 아래로부터 위를 향하기 때문에 상부의 뜻과 어긋나는 의견은 그 어떤 것도 제시할 수 없는, 조직과 집단에 대한 개인의 무조건적이고 절대적인 충성만을 강요하는 감언이설에 지나지 않는다. 북한의 모든 비인간적이고 비효율적인 폐단이 바로 이런 사상과 체제에서 비롯된 것이다. 북한이 지금보다 진전된 효율로, 사람들의 증진된 자발성으로, 더 많은 결실을 보고 싶다면 당장에 이런 집단주의 원칙에 기초를 둔 사상과 제도부터 뜯어고쳐야 할 것이다. 수령체제를 유지하는 이상 공개적으로 부정하기 어렵다면 말없이 행동으로 실천에 옮기는 것도 방법이다. 앞서 언급한 주체사상의 철학적 원리, 사회역사 원리, 지도 원칙, 그리고 자주성·창조성·의식성을 지닌 인간의 사회적 본성을 문구 그대로 적극 강조하면 인간의 욕망과 효율에 초점이 맞추어진 변화의 시대적 흐름과 맞아떨어지고, 그에 필연적으로 따를 획기적인 성과들은 수령이 굳이 충성을 강요하지 않아도 수령의 올바른 영도의 결과로 대중에게 인식되어 자연스럽게 수령에 대한 추앙으로 이어질 것이다. 중국의 덩샤오핑을 보라. 중국 개방개혁의 총 설계사로서 오늘날 부강한 중국을 만든 그의 위대한 업적과 절대적인 권위에 이의를 달 자는 없을 것이다.

북한의 사상 현대화에서 다음으로 중요한 부분은 이른바 '인민 민주주의'로 일컬어지는 프롤레타리아 독재 사상과 체제의 폐기이다. 여기서 '인민'이란 전체 국민을 가리키는 것이 아니라 무산계급만을 의미한다. 따라서 전체 국민이 주권자가 되는 것이 아니라 무산계급만을 주권자로 인정하는 것이다. 무산계급의 이해관계를 대표하는 공산당은 '인민'에게는 '민주주의'를, '반동계급'인 유산계급에게는 독재를 실시하는 역할로 일당 지배가 정당하다고 여긴다.

자유주의 사상에서 자유란 내가 원하는 것을 하는 데 다른 사람이나 국가의 간섭을 받지 않는 것을 의미한다. 즉, 개인의 욕구가 국가의 깃과 다를 수 있다는 것이 전제되어 있다. 공리주의, 즉 '최대 다수의 최대 행복'을 추구하는 데도 그 행복에 객관적이고 절대적인 기준이 존재하지 않는다는 것이 전제이다. 공동체 생활에 필요한 집합적인 결정을 내릴 때 모두에게 좋은 절대적 선이란 있을 수 없고, 또한 있다고 해도 그것이 어떤 것인지 알 수 없기 때문에 최대 다수의 최대 행복을 보장하는 결정을 내리는 방법은 다수결의 원칙을 따르는 것이다. 이것이 자유 민주주의의 원리이다.

반면, 인민 민주주의에서는 모두에게 객관적이고 절대적으로 선인 진리가 존재하며 그것은 궁극적으로 공산주의 사회의 건설이다. 공산당이 이런 절대 선을 알고 있고 그래서 인민을 영도하는 전위 정당으로서 공산당의 일당 독재는 정당한 것이다. 절대 선을 추구하는 집단의 이익과 요구에 부합하지 않는 개인의 이익은 그 자체가 잘못된 것이기에 집단과 개인 간, 집단 내 개인들 간의 갈등성은 부정된다. 즉, 북한에서 진정한 자유는 집단주의적 자유이며 집단의 요구와 이익에 부합하지 않는 개인의 자유란 존재하지 않는다.

북한에서는 이런 논리에 따라 인민의 집단적 이익을 위한다는 명분 아래 조직과 상부에 대한 무조건적인 절대복종이 당연시되고 있고, 이른바 '적대계급'이나 '복잡계층' 그리고 정치적 반대나 이견, 비판에 대한 무자비한 숙청이 정당화되고 있다. 이는 북한의 모든 비합리주의적·비인간적 폐단의 근원이다.

그러나 현실론에 입각해보면 북한에 대안 정치세력이 없고 현재의 기득권층이 권력을 포기할 가능성은 더더욱 없으며 현대화를 향한 변화의 추진력으로 중앙집권적 행정력이 필요하다는 것을 감안할 때 현재의 일당집권 체제에 대한 무조건적인 부정은 현실성 있는 선택이 아닐 것이다.

일당지배 체제가 꼭 다른 '계급'이나 계층에 대한 탄압에 의해서만 존속할 수 있는 것은 아니며 사회가 발전해서 풍요로워지면 결국 '무산계급'은 존재하지 않게 되어 '인민 민주주의'의 주체인 '인민'이 사라지고, 궁극에는 집권 정당이 생활수준이 상향 평준화된 전 국민의 이해관계를 체현하여 정치를 펼칠 것이다. 따라서 북한은 현대화를 향한 변화의 필연적 결과를 예상하여 사전에 여러 계층의 다양한 이익을 포용할 수 있는 사상적·제도적 개혁을 선행해야 한다. 무엇보다도 과거의 잘못된 사조에 기초한 무자비한 계급독재의 상처를 치유하는 노력이 절실하다. 정치범 수용소를 없애고, 과거의 온갖 잔학 행위와 계급독재 정치로 피해를 입은 이들의 상처를 치유하는 과정이 반드시 선행되어야 한다. 그 피해자들에게 화해를 요청한다고 해서 그들의 수십 년 쌓인 한이 일시에 풀리고 그들이 화해를 받아준다는 보장은 없다. 하지만 결자해지의 원칙에서 반드시 시행해야 할 일이며 그들이 국가를 용서하지 않더라도 이미 현존하는 공권력에 도전할 힘을 상실한 상태이기 때문에 국가는 어떤 리스크를 감수하고서라도 그들의 불우한 인생에 인도주의적 배려를 우선하는 것이 마땅한 인륜적 도리일 것이다. 그리고 변화에 대한 의지 표명으로 이러한 조치만큼 강력하고 확실한 것은 없을 것이다. 내외적인 신뢰가 자연스럽게 쌓이기 시작하면 북한의 현대화 항로에 순풍이 불어올 것이다.

북한은 내부적으로나 외부적으로나 합리주의적인 경쟁을 통해 창조적 발전이 가능할 수 있도록 내재적인 대립과 갈등의 요소들을 수용하고 포섭할 수 있는 문을 여는 데 두려워하지 말아야 한다. 평등과 자유는 갈등하면서 보완관계로 공존하는 것이며 집단에 진정으로 유익한 가치는 개인의 자유와 권익이 보장될 때 비로소 의미를 띠게 된다. 사회주의와 시장경제는 양립할 수 있음이 증명되었고 일당체제하에서도 시장경제는 작동 가능하며 아래에서부터의 민주주의는 중앙집권의 효율성과 유연성 제고에 기여한다. 사회 하부에서의 다양한 가치의 자유로운 실현은 사회 상부의 존재에게 정당성과 통치의 합리성을 부여하며 비주류의 다른 견해와 비판 의식은 주류와 기득권층의 취약점을 보완하고 태만하지 않도록 자극하며 포섭을 통한 진보의 신선한 아이디어를 제공한다. 체제의 상부구조의 포용성과 유연성을 최대한 높이면서 하부구조에 나상성, 사율성을 증대시킬 수 있는 가능성을 열어주기만 한다면 사회는 순리대로 인간의 욕망에 따라 합리적인 경쟁을 통해 스스로 발전하고 진보해갈 것이다. 수령과 당은 현재의 철통 같은 통제 관리의 부담에서 벗어나 좀 더 여유롭게 다음 단계의 미래를 설계하는 데 집중할 수 있을 것이니 이 또한 사회적 효율 증대에 기여하는 것이다.

2) 계획경제와 시장경제의 결합

사람들은 사회주의는 계획경제, 자본주의는 시장경제라는 선입견을 갖고 있었다. 적어도 중국의 사회주의 시장경제가 성공한 모습을 보여주기 전까지는 그랬다. 사실 자본주의라고 모두 시장에만 의존하는 자유방임적 시장경제인 것은 아니다. 프랑스의 계획 시장경제, 독일의 사회 시장경제, 스웨덴의 복지 시장경제처럼 자본주의 국가에서도 정부의 일정한 계획적 통제가 수반된다. 일본은 정부 엘리트 관료에 의한 관치경제로 유명하며 한국·대만·싱가포르 같은 동아시아 신흥공업국들의 성공도 사실상 정부 주도의 시장경제가 있어 가능했다. 미국은 자유 시장경제 국가로 분류되어 경제에 대한 정부 관여도가 가장 낮지만 대공황이나 금융 위기 같은 자유방임적 시장경제의 폐단이 극단적으로 노출되는 계기마다 케인스주의처럼 경제에 대한 정부의 간섭을 더욱 확대하는 정책이 힘을 얻기도 했다. 사회주의 시장경제는 사회주의적 소유제도인 공유제의 토대 위에 여러 종류의 소유제도가 결합된 국가세획이라는 기본적인 틀에서 다양한 소유제를 갖춘 중소 규모 경제주체들의 자율적인 시장 참여를 장려하는 계획과 시장의 결합체이다.

따라서 사회주의 시장경제와 여타 자본주의 시장경제의 진정한 차이는 지배적인 소유제의 차이에 있다. 이런 소유제 비중의 차이를 제외하면 계획경제와 시장경제의 비중 차이로 결국 경제의 유형이 갈린다. 즉, 계획과 시장은 공존하면서 서로를 보완할 수 있고 시장에서의 인센티브 효율과 관련해 다양한 소유제가 비교되고 채택된다. 시장은 자본주의 경제체제의 기초적이고 기본적인 작동 기제로서 경제의 하부구조에서부터 다양한 경제주체들과 경제 요소들 사이의 다차원적인 경쟁을 통해 자연스럽게 결정되는 가격이라고 하는 '보이지 않는 손'에 의해 자율적이고 유연한 경제적 의사결정과 행위의 인센티브 제공이 효율적인 조율을 이루게 한다. 반면 국가의 계획이나 규제는 자유방임적 경쟁의 결과로서 필연적으로 초래되는 독점과 부의 양극화 같은 불평등 환경의 극단적 팽창을 억제하는 '보이는 손'이 되어 공정하고 공평한 경쟁을 통해 기회의 평등을 실현하고, 사회의 여러 계층들 간의 사회적 조건이나 빈부격차로 인한 갈등 심화를 해소하고, '계급'적 고착화를 막아 사회의 역동성과 안정성을 높이고, '최대 다수의 최대 행복'이 실현될 수 있게 해준다. 그리고 국가의 소유구조는 개개인의 재산권과 같은 행복추구권을 보장하고 보호하는 원칙적인 전제하에서 사회적 서비스 소요나 이해관계에 따른 자원과 이익 배분의 효율성, 공공성, 공정성이 구현될 수 있게 다양한 소유제를 적절히 선택할 수 있어야 한다. 특히 소유제도에 의해 규제되고 보장되는 재산권은 인간의 행복추구권 중 가장 핵심적인 부분으로서 인류 사회 지상의 가치인 자유와 평등 및 정의의 실현에 결정적이면서도 기본적인 권리이다.

우리가 여기서 계획과 시장의 결합을 논하는 이유는 현재 북한의 비효율적인 선군 사회주의 계획경제의 개혁을 통한 경제 현대화 방안을 모색해보기 위해서이다. 현존 북한 사회주의 계획경제의 문제점은 많이 거론되어왔지만 여기서 개선 포인트를 잡기 위해서라도 다시 한 번 개략적으로 되짚어보아야 할 것이다.

북한의 사회주의 경제체제는 소련의 스탈린식 통제경제 체제를 모방해 도입되었고, 이후 북한의 정치사회 환경의 특수성이 반영되어 좀 변질되긴 했지만 기본적으로 초기의 큰 틀은 유지하고 있다. 통제경제 체제의 일반적인 특징은 다음과 같다(하상식, 2012).

첫째, 생산수단의 공유화이다. 이는 임금 이외에 다른 소득 원천을 배제시켜

개인의 소득 증진의 바탕이 되는 자본축적을 불가능하게 하여 부를 추구하는 동기 부여가 결여되게 만들었고 결국 생산성 향상을 이룰 수 없었다. 북한의 생산수단 공유화 정도는 다른 사회주의 경제체제들보다 훨씬 높다. 국가 소유인 '전 인민적 소유'와 집단 소유인 '협동적 소유'로 명목상 구분되어 있지만 실질적으로는 국유화나 다름없다.

둘째, 계획에 의한 자원 배분이다. 초기 산업화 단계에서는 자원을 집중적으로 동원하여 양적 성장에 기여했으나 그 양적 성장이 한계에 달하고 산업 시대에서 지식 정보 시대로의 전환에서 새로운 지식 및 정보 처리에 효율적으로 대응하지 못하여 자원 배분의 비효율성을 초래해 질적으로 성장할 수 없었다. 사회주의 계획경제의 가장 근본적인 문제점은 '계획의 무계획성'이라고 할 수 있다. 이론적으로는 중앙이 하부의 각 부문을 조정하는 데 필요한 모든 정보를 가지고 계획을 작성하고 하달해야 하지만 현실적으로는 실행 불가능하다. 중앙에서 하부로의 정보 전달 과정에서 다양한 왜곡이 발생하는데, 중앙은 하부의 세세한 품목별 규격이나 수량까지 일일이 계산할 수 없기 때문에 품목별 수량 대신 전체적인 금액지표로 계획을 하달하고, 하부 단위에서는 품목별 수량지표보다 만들기 쉽고 금액지표를 맞추기 용이한 품목만 집중 생산하여 계획 달성을 보고한다. 그러면 연관 부문에서는 실제 필요한 양질의 부품을 품목별 수량에 맞게 공급받지 못해 완제품 생산에 차질이 생기고, 조달받지 못한 부품 때문에 나머지 조달된 부품까지 활용하지 못하고 버리거나, 또는 과잉 공급된 부품을 다 사용하지 못해 폐기 처분하는 것과 같은 자원 낭비의 악순환이 반복되는 것이다.

셋째, 정치 논리 우선의 경제 운영이다. 공산당이 정치 논리를 앞세워 경제를 운영한 결과 심각한 자원 낭비와 비효율성을 초래했다. 이 문제는 다른 사회주의 체제에 비해 북한에서 특히 심각하다. 이른바 '대안의 사업체계'는 경제 관리 등 사회 운영의 모든 분야에서 당의 영도와 정치사상 사업이 우선되어야 한다고 규정했다. 경제에 대한 실무 지식이 부족한 당일꾼들이 합법적으로 부여받은 지도 권한과 인사 권한으로 경제 운영에 간섭하면서 경제 논리가 죽고 정치 논리만 무성해져 합리적인 경제행위가 작동하기 어려워진 것이다. 통치자가 자신의 호화 생활과 안전, 또는 측근 세력의 특권적인 지위를 보장하기 위해, 그리고 각 부문 간의 충성 경쟁을 유도하기 위해 제도와 절차를 무시하고 자의적으로 내리는 결정들로 인한 경제 운영의 혼란과 분산, 그에 따른 비효율과 자원 낭비도 심각한 실정이다. 외부에서 이른바 '궁정경제'로 칭하는 각종 특권적인 경제주체들은 북한의 핵심 금맥을 모두 독점하고 여타 경제주체에 대한 수탈도 마다하지 않고 있다.

넷째, 평등주의적 임금체계는 노동 의욕 상실, 창의력 퇴화, 생산품의 양적·질적 저하를 초래했다. 북한에서는 사람마다 임금이 별 차이가 없는 것도 있지만 식량 등 대부분의 소비재가 배급을 통해서만 공급되고 있고 그나마도 배급이 부족해 시장에서 보충하는 소비재의 시장가격은 국정 가격에 비해 훨씬 높아 북한 근로자들은 임금에 거의 관심이 없다. 또한 이른바 '청산리 정신, 청산리 방법'은 생산 독려 및 생산성 향상의 인센티브로 금전적 보상 대신에 정치적·도덕적 방법과 보상을 위주로 하게 했다. 이런 인간에 대한 인위적인 정신개조 방식의 작풍은 근로대중에게 실제적인 노동 동기를 부여할 수 없었고 생산물의 양과 질을 떨어뜨리는 결과를 초래했다.

다섯째, 폐쇄적인 경제구조에 따른 비효율성이다. 폐쇄경제는 외부로부터의 신기술 도입을 어렵게 하고 그 국가의 비교 우위 이점을 살릴 수 없게 하며 또 대내적 생산자의 독과점으로 경쟁력을 잃게 만들고 투자 자본의 조달 부족 현상을 초래한다. 북한의 경제적 폐쇄성은 심각한 수준이다. 북한은 주체사상에 기초한 '자주, 자립, 자위'의 노선에 따라 '자립적 민족경제' 건설을 목표로 경제 건설을 추진해왔다. '자력갱생'의 원칙하에 경제의 자급자족을 실현한다는 것이다. 이로써 북한은 심지어 공산권의 국제적 분업체계에도 가입하지 않고 스스로 완전한 고립을 자초했다. 좀 더 낳은 생산성 향상과 이익을 위해 세상 어디라도 달려가는 글로벌 분업 시대, 세계화 시대에 자급자족 운운은 실소를 금치 못할 일이며 그 경쟁력 여부를 논할 가치조차 없다.

여섯째, 중공업 우선 정책과 과도한 군사비 지출이다. 이는 경공업 부문을 압박하여 만성적인 소비재 부족 현상을 낳았다. 중공업은 주로 원자재나 중간재 또는 생산재 같은 생산수단을 만들고 사회기반 시설을 만드는 데 대부분의 자원을 투입한다. 최종적으로 소비자에게 판매되어 화폐로 환원되는 소비재의 생산은 경공업이나 농업의 몫이다. 경제의 정상적인 작동 주기는 원자재이든, 중간재이든 생산재이든, 소비재이든, 제품이 수요자에게 판매되어 화폐로 환원된 이익을 남겨야 비로소 완성되는 것이다. 구매자가 내부에 있든 외부에 있든, 국내 고객이든 해외 고객이든, 경제행위의 최종 결과는 제품을 판매한 대금과 이익이 화폐로 환원되었을 때 가치가 있다. 즉, 환금성이 없는 경제는 경쟁력은 물론 그 존재의 의미조차 의심되며 결국에 지속 가능하지 않다. 중공업이 환금성을 띠려면 그 제품이 경공업이나 농업 분야의 경쟁력 있는 소비재 생산에 투입되거나, 아니면 국내 또는 해외로의 직접적인 판매를 통해 환금을 이루어야 한다. 북한의 경우 중공업 제품은 대부분 군수공업과 군사기지 건설 등 당장의 환금성이 없는 부문에 집중 투입되었고 중공업으로의 과도한 자원 집중은 경공업과 농업에 대한 상대적 홀대로 경쟁력을 약화시켰으며 환금성 악화로 이어졌다. 중공업에 집중했다지만 그 제품에 대외 경쟁력이 있는 것도 아니다. 경제활동의 결과로써 화폐 수입의 고갈은 경제 전 부문에 걸쳐 재투자를 어렵게 만들었고 다시 경쟁력 약화와 환금성 악화의 심화로 이어지는 악순환을 반복시켰다. 경공업과 농업의 파괴로 국민들은 극심한 소비재 부족에 시달리게 되었고 중공업은 중공업대로 관련 자재와 자금 확보가 되지 않아 멈춰서는 지경에 이르렀다. 국가가 국정 가격으로 필요한 소비재를 공급할 능력을 잃어갈수록 국민들은 그 부족분을 시장을 통해 해결할 수밖에 없어졌고, 그만큼 주민들의 시장 의존도가 높아지고 시장의 힘이 커져갔다. 북한에서 대내적인 정치 요인으로 대외적인 적을 만들고 과도하게 대립을 격화시키는 과정에서 과잉 소비된 군사비는 전형적인 자원 낭비의 극치라고 할 수 있다. 세계와의 고립을 자초한 것에서 비롯된 과도한 안보 불안 심리도 원인일 수 있겠지만, 그보다는 대남 적화통일의 야망 아래 무분별한 군비 확장을 감행한 정책적 무모함이 더 큰 원인일 것이다.

일곱째, 연성예산제약에 따른 만성적인 재정 적자를 낳는다. 자본주의 경제 체제에서는 기업이 예산을 초과해 지출을 계속할 수 없다. 초과 지출은 차입 등 외부로부터의 자금 조달을 필요로 하고 그에 대한 상환 의무를 지게 되며 이를 이행하지 못할 경우 파산하는데, 이것이 '경성예산제약'이다. 반면 북한 같은 사회주의 체제에서는 기업의 지출이 예산을 초과해도 파산하지 않으며 국가의 보조금을 통해 계속 생존할 수 있다. 이를 '연성예산제약'이라고 한다. 예산 제약의 성격에 따라 기업이 행동 방식도 달라지는데, 전자의 경우는 예산이 허용하는 수준에서 노동력과 자재를 보유해 파산하지 않고 이윤을 극대화하기 위해 생산성 향상을 끊임없이 추구하는 데 반해, 후자는 생산 목표 달성에만 관심이 있어 목표 증가분을 최대한 줄이면서 중앙으로부터 자재와 노동력 및 재정 보조금을 더 많이 확보하여 생산 활동을 쉽게 하려고만 한다. 이 과정에서 기업별 자재 수급의 불균형이 이루어지고 기업들은 남거나 부족한 자재를 시장에서 뒷거래한다. 점점 국정 유통망은 축소되고 시장은 확대된다. 대부분의 현금 흐름이 시장을 통해서만 이루어지므로 국가는 화폐 수입이 고갈되어 만성적인 재정 적자에 허덕이게 된다.

이상에서 언급한 것처럼 북한의 사회주의 계획경제 체제의 고질적인 병폐를 치유하고 새로운 활기와 생명력을 불어넣기 위해서는 현재 북한이 시도하고 있는 소극적이고 부분적인 개선 조치늘만으로는 설내 역부족이너 제계직이고 전면적인 제도와 시스템의 개혁이 반드시 필요하다. 개혁의 내용은 전면적이고 포괄적이되 그 실행은 체계적이고 단계적이어야 한다. 즉, 경제 전반에 걸친 시장 기제의 도입과 시장경제를 운영 중인 선진국 및 중국 같은 선행 사례들의 노하우를 포괄적으로 흡수해야 한다는 것이다. 앞에서 본 바와 같이 계획과 시장은 공존하면서 서로 보완하는 관계이며 사회주의와 시장경제는 불가능한 결합이 아니다. 오히려 시장경제는 이미 검증된 계획경제를 능가하는 경제발전 촉진 능력으로 부를 빨리 증대시켜 사회주의가 지향하는 전반적인 풍요와 평등의 실현 기반을 조성하기 용이하게 한다. 그리고 전반적인 물질생활 수준 향상에 따른 중산층의 확대는 사회주의 체제의 이른바 '주인'인 무산계급의 소멸로 이어져 결국 좀 더 대중적인 기반으로의 이행이 불가피해지고 결국 '무계급사회'라는 목표 추구에도 부합된다. 그리고 저개발국에서 개발 단계 초기에 정부가 주도하는 면밀한 계획과 강력한 추동력은 변화의 걸음마를 떼고 목표를 향해 흔들림 없이 전력 질주해나가는 데 필요하다. 이는 한국, 싱가포르, 대만, 중국처럼 경제 기적을 이룬 국가들의 사례가 증명해주고 있다.

3) 권위주의 체제와 시장경제의 결합

일반적으로 정치발전과 경제성장 사이에는 서로 뗄 수 없는 밀접한 관계가 있고 상호 영향을 주고받음이 분명함에도 그것이 어떤 정형화된 관계로 발견되고 있지는 않다. 프리덤하우스(Freedom House, 워싱턴 D.C.에 위치한 비정부기구로서 민주주의, 정치적 자유, 인권을 위해 활동하고 있다)는 정치발전을 평가하는 척도로서 정치적 권리와 시민의 자유도라는 두 가지 지표를 제시한다. 이는 민주주의의 발전과 개개인의 정치적 자유의 신장과 연결되며, 이 중 정치적 자유는 경제적 자유를 기초로 하며 정치적 권리 신장은 재산권 등 경제적 권리의 증대로 이어진다(양운철, 2006).

정치체계를 민주주의 체제와 권위주의 체제라는 두 개의 정치제도로 구분짓는다면 정치체계와 경제성장의 상관관계는 세 가지 이론의 규명화 과정이라고 볼 수 있다. 민주주의 제도하에서 경제성장이 더 잘 이루어진다는 주장이 그중 하나이고 권위주의 체제가 경제성장을 더 촉진시킨다는 이론도 있으며 정치체계와 경제성장 간에는 뚜렷한 상관관계가 없다는 견해도 있다.

민주주의적 정치제도의 발전이 경제성장에 더 기여한다는 견해에 의하면 정치적 자유와 경제적 자유는 서로 보완하고 의존하기 때문에 정치적 권리의 신장은 경제적 권리의 강화로 이어지며, 재산권 유지가 핵심인 경제적 자유는 자유로운 시장기구와 작은 정부를 표방하면서 부의 증대에 대한 강력하고 신뢰성 있는 동기 부여와 경제의 효율성 및 생산성 향상을 이루어 경제성장을 유도하게 된다. 사유재산권이 안정적일수록 개개인은 사익을 추구하여 열심히 일할 동기를 추구하지만, 사유재산권이 불확실할수록 초과 노동에 대한 보상이 미약하고 개인의 창의력과 노력에 의한 생산 증대 수익의 귀속 여부가 불분명하기 때문에 모든 일에 적극적으로 임하기보다 타인이나 집단의 노력에 무임 승차하고자 하고 모호한 소유권 관계에 따른 분쟁 비용도 증대된다. 그리고 재산권 보장의 취약성은 사람들로 하여금 안정적인 미래 소비에 대한 기대감을 감소시켜 성장보다는 당장 눈앞의 분배에 더 치중하도록 만들며, 이는 결국 경제의 효율성과 신뢰성을 저하시키고 갈등을 증대시켜 경제성장을 저해하게 만든다. 민주주의의 원리이자 핵심 기능인 견제와 균형이 올바로 작동하면 소수의 특권적 전횡에 의한 부정부패를 방지하고 정경 유착을 막을 수 있어 사회적 자원 배분에 대한 합리적이고 공정한 의사결정이 이루어진다. 또한 민주주의의 다수결 원리에 의해 사회적 정당성이 확보된 결정은 강력한 추동력을 확보해 생산성 향상과 경제 발전으로 연결된다.

반대로 권위주의 체제가 경제성장 촉진에 더 긍정적인 영향을 줄 수 있다는 견해는 민주주의 체제하에서의 소모적이고 이기주의적인 경쟁에 따른 중우(衆愚)정치의 폐해를 극복하고 강력한 경제 발전의 추진력을 확보하는 데 장기적인 비전을 추구하는 선의의 독재가 유리하다고 주장한다. 민주주의 체제에서 정치적 권리의 신장과 다수결 원리는 이기적인 이익집단의 로비에 의한 자원의 비효율적인 배분 가능성을 배제할 수 없게 하고, 다수의 근로자들의 미래에 대비한 저축보다는 현재의 소비를 선호하는 단기적·근시안적인 분배 요구에 편승한 포퓰리즘 정책의 난발로 성장 동력을 잃게 만들 수 있다는 약점도 분명히 있다. 민주주의와 경제가 발전할수록 근로대중의 정치적·경제적 영향력은 확대되고 집권 세력이나 도전 세력은 기득권을 유지하거나 새로운 정치권력을 위해 점점 더 근로대중의 요구를 정책에 반영할 수밖에 없게 된다. 불평등을 못마땅해하는 대중은 분배나 복지의 확대를 주장한다. 미래에 대한 투자가 감소하는 대신 높아진 임금 상승률에 따른 물가 상승, 그에 대비한 금리 상승을 통한 화폐가치 상승 및 물가하락 유도 시도는 한국과 같이 수출 주도형 경제를 추구하며 대부분의 소비재를 수입에 의존하는 자원빈국의 경우에 새로운 국내 투자의 인센티브를 재차 감소시켜 디플레이션의 함정에 빠지게 할 수도 있다. 또한 일개 집단이나 지역의 이기적이고 배타적인 이익 추구[님비(NIMBY) 현상]로 공공사업 또는 국책 사업을 추진하기 어려워지는 문제도 결코 간과할 수 없다. 그리고 각 이해 집단이 저마다 정치적 압력을 행사하면 할수록 국가의 정책 결정은 국가의 전반적 발전과 이해관계를 고려한 장기 비전에 부합하기보다 이해 집단의 근시안적이고 편협한 의도대로 흐를 가능성이 높다.

만약 이때 천리안이 있는 현명하고 선한 독재자가 존재한다면 강력한 리더십을 발휘하여 이익집단 개개인의 이해관계가 국가정책에 무분별하고 무원칙적으로 반영되는 것을 막고 미래와 발전에 더 효율적으로 집중할 수 있게 할 수 있을 것이다. 강력한 정치력과 근사한 비전, 상대적인 사회 안정은 경제성장이 분산적인 이해관계 환경의 방해를 받지 않고 선택과 집중을 통해 계획대로 차질 없이 목표 달성을 이룰 수 있도록 도울 것이다. 그러나 이런 견해의 취약점은 독재자가 그의 독점적 권력을 경제성장에 유익한 목적이 아니라 국가의 부를 사취하고 권력을 유지하기 위한 비생산적 투자에 악용할 수 있는 가능성을 원천적으로 차단할 수 없다는 데 있다. 바로 이런 악덕 군주가 출현할지 모르는 위험성 때문에, 그리고 일단 사악한 절대 권력자를 만나면 그 폐해가 너무도 막심하고 되돌리기 힘들다는 이유로, 경제를 막론하고 사회 전 분야에서 권위주의는 민주주의에 비해 대중의 일반적인 선택에서 차치된다.

그러나 일당독재 국가의 극단적인 관치 계획경제를 약화시키고 그 대신 시장경제 원리를 도입하여 확대하는 개혁 작업은 권력의 뒷받침이 없이는 이루어질 수 없고, 오히려 독재적 권력의 결단이 내려지기만 하면 강력한 개혁의 추동력을 얻을 수 있다는 현실적인 이유 때문에, 그리고 한국·싱가포르·대만·중국 등 동아시아 국가들의 경제개발 성공 사례들 때문에, 이 권위주의 체제의 성장 논리를 쉽게 폄하할 수 없는 것도 사실이다. 그리고 실제로 구소련과 동구권에서 발생한 이른바 '충격 요법'에 의한 정치적 자유화와 경제적 자유화의 동시 추진에 따른 급변과 이를 감당하지 못한 사회경제적 혼란과 충격, 추락과 침체의 사례를 감안한다면 계획에서 시장으로, 권위주의에서 민주주의로의 전환 과정에서 우선순위를 두고 선택과 집중에 기초한 순차적인 변화가 바람직해 보인다. 또한 정치적 자유화에 앞서 경제적 자유화가 현실적으로 사람들에게 더 필요한 듯하다. 물론 계획에서 시장으로의 이행을 선행하는 과정에서 꼭 권위주의가 도움이 되는 것은 아니겠지만, 현실적인 이유로 현존하는 권력이 주도적으로 참여해 개혁에 절대적으로 필요한 안정과 추진력을 확보하는 것이 사뭇 중요하다. 따라서 북한 경제의 현대화를 위하여, 시장체제의 도입을 위하여, 북한의 일인지배 체제를 마냥 독재로 폄하하고 의심을 품기보다는 좀 더 중용적인 태도로 새로 등장한 최고 권력자가 계몽 군주로 변신할 수 있도록 아이디어나 이론을 제공하고 집권과 변화의 성공 여부에 대한 확신과 자신감을 가질 수 있도록 제반 환경을 조성해주는 것이 중요하다. 북한이 외부 세계의 선의와 지원을 독재 강화에 악용할 소지가 존재하고 과거 그러한 이력이 있는 것도 사실이지만, 북한이 진정으로 속내를 드러내 보이지 않고 변덕을 부리는 것은 개방개혁에 대한 체제 취약성이라는 자기 콤플렉스와 더불어 상대방의 진의를 신뢰하지 못하는 측면도 있기 때문에 서로가 믿을 수 있는 견고한 신뢰 프로세스를 마련하는 것이 중요할 것이다. 북한이 외부 세계를 믿지 못하여 두려움에 뒤로 물러서며 합의를 뒤엎고 변덕을 부리면 외부 세계는 그로써 다시 한 번 북한에 실망하고 적극적인 관계 확장의 의욕과 동력을 잃고 선행했던 선의의 조치들을 거두어들여 또다시 북한으로 하여금 악수를 두게 하는 악순환이 반복되고 있는 것이다. 시장경제의 도입과 개방이 결코 북한 권력에 해가 되지 않을뿐더러, 순리에 부합하는 선한 정치로 말미암아 집권의 정당성을 확보하고 대중의 지지를 얻게 만드는 길이 될 수 있도록 게임의 틀과 규칙을 만들어내야만 한다. 이상과 대의명분에 집착하기보다는 현실적인 실현 가능성에 초점을 맞추는 지혜가 모두에게 필요한 시점이다. 이상과 현실 사이의 괴리는 불가피하므로 과도한 현실 타협적인 태도로 이상을 향한 도상에서 이탈하거나, 너무 완벽성을 추구한 나머지 현실에서 받아들여질 수 없거나, 지나치게 소심하게 돌다리만 두드리며 늑장을 부리다 아예 경주에서 탈락하지 않도록, 변화의 과정을 관리하는 전략적 지혜와 예술이 필요하다. 북한에 시장경제를 심는 것이 무엇보다 시급한 것은 시장 시스템이 다양한 시장 참여자들 간의 자유로운 경쟁을 전제로 하므로 경세활동 — 자유와 욕망과 유연성의 제약과 같은 북한의 본질적 문제들을 자연스럽게 치유할 수 있다 — 이라는 가장 기본적인 생업이 삶의 방식과 과정을 개선하는 근본적 수단이 될 것이라는 점이다. 이것이 경제적 곤경 탈출이라는 당면한 결과적 이유를 앞선다.

2. 중국 모델론: 중국의 개방개혁 30년

북한의 이웃이면서 공산당 집권 역사를 공유하는 중국의 개방개혁 성공 사례를 연구하는 것은 북한 현대화의 길을 모색하는 데 큰 도움이 될 것이다. 북한이 개방개혁이라는 말에 심한 거부 반응을 보이고 있긴 하지만, 그런 반응을 야기한 근원을 찾아 적절한 비책을 세우기 위해서라도 중국의 성공 비결과 북한의 현실 간의 차이점을 고찰해야 한다. 그리고 나서 배울 것은 배우고 피할 것은 피하면 된다.

오늘날 중국은 'G2'로 불리며 미국 다음가는 세계 제2의 강국으로 부상했다. 중국은 이런 발전을 가능케 한 개방개혁 30년 성과에 대해 경제개혁에서의 핵심 내용인 주요 다섯 가지 전환을 다음처럼 밝혔다(장웨이잉·청쓰웨이 외, 2009).

첫째, 자원 배분 결정 시그널이 계획지표에서 시장가격으로 바뀌었다.

둘째, 경제정책의 결정 주체가 상당수 정부 관료에서 기업인으로 바뀌었다.

셋째, 개인 권익의 기초와 기준이 정부 관직에서 개인의 재산으로 바뀌었다.

넷째, 경제 발전의 추진력이 중앙의 지시에서 지방의 경쟁으로 바뀌었다.

다섯째, 경제 운영 시스템이 폐쇄에서 개방으로 전환되었다.

그리고 개방개혁, 특히 개혁의 핵심인 제도 개혁 과정을 다음 네 가지로 특성지었다.

첫째, 위로부터 시작하여 위의 주도하에 아래로 전개되었다.

둘째, 시기별·부문별로 능력과 수준에 맞게 차등화하여 실행토록 했다.

셋째, 순서를 정하고 순차적·점진적으로 확대해나갔다.

넷째, 개방개혁 과정에 대한 철저한 모니터링으로 목적 경로를 이탈하지 않도록 관리했다.

또한 개혁의 심화 과정에서 다음 네 가지 관계에 집중했다고 밝혔다.

첫째, 법치와 인치 사이의 관계를 조화시켰다.

둘째, 공평성과 효율성의 조화를 추구했다.

셋째, 정부와 시장 사이의 균형과 조화를 중시했다.

넷째, 중앙집권과 지방분권 사이의 관계에서 견제와 균형의 원칙을 지켰다.

이상과 같은 개방개혁의 과정적 특징 및 결과에 대한 중국 스스로의 평가와 더불어 중국의 체제 전환 과정의 특색을 중국 고유의 발전 모델로 보려는 시도들이 이어지고 있다. 그렇다면 '중국 모델론'에 대해 알아보자.

경제개발 및 체제 전환 방식 — 급진적이냐 점진적이냐, 국가 주도이냐 시장 주도이냐, 경제가 먼저이냐 정치가 먼저이냐 — 같은 보편적인 분류 기준에 기초했을 때, 중국 방식은 비교 대상인 구소련과 동구권 및 동아시아의 방식과 이분법적으로 구별하기가 명확하지 않으며 환경과 시기에 따른 변화로 복합적이면서도 독특한 특성을 보여주었다(전성흥, 2008).

구소련 및 동구권과 같이 체제 전환에 목표를 두고 민주화라는 정치적 자유화와 사유화 및 시장화라는 경제적 자유화를 동시에 추진한 것을 급진적 방식이라고 한다면, 중국은 경제 발전과 그에 맞는 체제 개혁에 목표를 두고 정치적 자유화를 유보하면서 경제에 시장 원리의 도입을 최우선 과제로 하여 새로운 사유화 영역을 창출해내고 국유기업의 점진적 사유화를 수반한 시장화를 추진했다. 구소련이 급진적인 체제 전환을 추진했다고 해서 점진적 전환을 택한 중국보다 실질적인 체제 전환 속도가 빨랐다는 의미는 아니다. 급진적이라 함은 정치와 경제 모두에서 자유화와 사유화를 동시에 진행했다는 의미일 뿐, 실제로는 자유 시장에 적응된 체제의 구축에서 중국이 구소련보다 앞서고 있다. 구소련의 정치 민주화도 형식적인 면만 갖추었을 뿐 실질적인 민주주의 구현은 아직 멀어 보이며, 오히려 변형되고 은폐된 형태로 과거의 독재체제로 회귀하는 듯한 모습을 나타내고 있다. 그리고 구소련 및 동구권이 국가 전역에 걸쳐 일시에 개방을 단행한 반면, 중국은 지역적 실험 거점을 정하고 단계적으로 개방을 확대해가는 점진적 방식을 취한 것이 개방의 형태 면에서 상이한 부분이다. 중국은 계획을 포기하기보다는 시장의 도움을 받아 미흡한 부분을 보완하고 시장으로의 전환을 자극하는 한편, 시장의 거시적 조정에 계획을 활용했다. 구소련과 동구권이 서방세계가 지원 조건으로 제시한 '충격 요법'을 체제 전환 방식으로 통째로 받아들인 데 반해, 중국 공산당은 '문화 대혁명'으로 야기된 정치경제적 위기를 극복하기 위해 경제 발전이 절실하다는 대중적인 공감대 아래 전인미답의 체제 개편을 필요하고 가능한 것부터 하나씩 추진해나갔다. 이런 중국의 점진적 개방은 초기부터 의도된 것이기보다는 실천의 경험에 따른 결과론적 인식 및 사후 평가로서 표현된 것이라고 볼 수 있다.

국가 주도의 경제개발 정책을 시행한 동아시아 국가들을 모방해 개방개혁을 밀어붙인 결과 오늘날 중국의 경제적 성과가 가능했다고 보는 견해도 있지만, 중국이 오히려 이른바 '워싱턴 컨센서스'에 근거한 '충격 요법'을 받아들인 중남미, 동구권 및 동아시아 국가들이 겪은 위기에서 교훈을 얻어 1990년대 말부터 시장 자유화에 적극 동참하는 시장 주도의 발전 방식을 택한 것이 성공의 결정적인 요인이라는 분석도 설득력을 얻고 있다. 그리고 지방분권의 오랜 전통을 살려 지방이 자율적으로 시장에 참여하고 자기에게 맞는 제도 개편을 진행하도록 했다는 점과 국가가 주도권을 확보하기 위해 외국인 직접투자(FDI)를 제한하고 차관을 도입하여 전략적으로 배분하는 대신에 외국인 직접투자에 주로 의존하고 내수 시장을 개방하면서 세계무역기구(WTO)에 가입해 세계시장에 진출하기 용이한 수출 주도형 전략을 구사했다는 데서 동아시아 국가들의 차관 도입 및 자국 기업, 내수 시장 보호 위주의 중앙집권적 수출 주도형 개발 방식과의 차이를 찾을 수 있다. 또한 국가 주도이냐 시장 주도이냐 하는 분석 구도보다는 사회주의 계획경제에서 자유 시장경제로의 전환 과정 측면에서, 계획과 시장의 결합 및 조합의 관점에서, 중국 방식에 대한 분석 틀을 설정할 수 있나.

중국은 체제 전환과 개혁 및 발전에서 경제가 먼저이냐 정치가 먼저이냐 하는 이분법적인 접근보다는 경제력 증대와 국민 생활 향상에 초점을 맞춰 그 수단으로서 시장경제 체제를 얼마나 더 잘, 빨리, 효과적으로 구현할 수 있는가에 목적을 두고 정치적·제도적 개혁 및 개편에 집중했다. 우리는 앞서 경제 발전이 정치발전을 전제로 해야 한다든가, 민주주의가 권위주의보다 경제 발전에 꼭 더 유리한 것은 아니라는 점을 짚어보았다. 민주주의적 시민사회가 성숙하지 않은 상황에서 정치적 자유라는 명분만으로 민주주의 정치기구를 무작정 도입하는 것은 문화와 제도의 관성, 인간의 이상과 사회적 현실의 차이를 무시한 성급한 무리수일 수 있다. 즉, 방대하고 복잡한 체제 전환 과정에서는 국가의 정교하고 체계적인 관리가 오히려 더 필요할 수 있는 것이다.

결과적으로 한 국가가 체제 전환 방식을 선택하는 기준은 그 국가의 역사적·정치경제적·사회문화적·국제적 환경의 복합적인 고려에 기초한 다중적이고 다차원적인 것이 될 수밖에 없을 것이다. 모든 국가의 경우에 보편적으로 들어맞는 체제 전환 및 경제개발 모델은 아직 없으며 앞으로도 찾아내기 어려울 것이다.

그럼 이제부터는 좀 더 자세하게 중국의 개방개혁 여정을 돌아보면서 그 특징들을 살펴보자(셰춘타오, 2012).

중국에서 개방개혁의 발전은 세 단계로 나눌 수 있다. 제1단계는 개방개혁의 착수부터 '톈안먼 사건(天安門事件)' 발생까지(1978~1989년) 동아시아 신흥공업국(NICs) 모방에 기초한 발전주의적 국가 주도 개방개혁 개시 단계이고, 제2단계는 '톈안먼 사건'으로 인한 침체와 보수적 반동을 극복하고(1989~1992년) 덩샤오핑의 '남순강화(南巡講話)'를 계기로 개혁과 보수의 타협에 기초한 중국 특색의 사회주의 및 사회주의 시장경제를 표방한(1992~2001년) 개방개혁의 심화단계이다. 그리고 제3단계는 세계무역기구 가입 이후부터 세계화와 신자유주의 사조에 편승해 내수 시장 개방과 외국인 직접투자의 본격적인 도입 및 자유무역 체제로의 편입을 통해 '세계의 공장'으로 변신하고 제조업 대국, 세계 제2

의 경제대국, 미국과 비견되는 이른바 'G2'로 성장한 현재까지의 수출 주도형 시장경제의 본격적인 성장 및 성숙화 단계이다.

중국 공산당은 개방개혁 정책의 추진을 결정하면서 '1개 중심, 2개 기본점'의 기본 원칙을 정했다. '1개 중심'이란 오직 경제 건설 한 가지에만 모든 국가정책의 중심을 둔다는 것이며, '2개 기본점'이란 '4개 항목', 즉 사회주의 노선 견지, 무산계급의 통지, 공산당의 지도 및 마르크스-마오쩌둥 사상의 고수 등을 내용으로 하는 정치 노선의 기본 원리를 견지하면서 개방개혁을 흔들림 없이 추진한다는 것이다. 이렇듯 '1개 중심, 2개 기본점'의 기본 원칙은 공산당의 일당독재 체제를 유지하면서 정치적 안정을 도모하고 경제 건설에 집중해 공산당 주도 아래 경제 발전에 필수적인 개혁개방을 적극 추진하겠다는 의지를 반영한 것이다.

1960~1970년대 중국에서는 마오쩌둥의 극좌적인 '대약진 운동'으로 수백만 명이 아사했고, 이러한 실패에 따른 국민의 증오를 다른 곳으로 돌리려는 의도에서 비롯된 '문화 대혁명'으로 또다시 고급 엘리트 수십만 명이 목숨을 잃거나 숙청되어 산간 오지로 추방되는 등, 인치의 극단적인 실패로 말미암아 민생과 경제는 여지없이 파탄 났고 사람들은 심각한 정신적 후유증에 시달려야 했다. 사회주의와 공산당의 영도에 대한 회의가 극에 달한 상황에서 현실주의적·실리주의적 정치가인 덩샤오핑이 그 유명한 '흑묘백묘론'이라는 실사구시적 사조를 앞세우고 등장했다. 덩샤오핑은 사회주의가 곧 계획경제를 의미하는 것은 아니며, 계획경제이든 시장경제이든 그것은 경제 운영의 수단과 방법론일 뿐 사회주의와 시장경제의 결합이 불가능하지 않다는 화두를 던졌다. 덩샤오핑의 논리는 당시로서는 과히 충격적인 발상이었다. 소련의 사회주의 계획경제를 모델로 한 이론들에 포위되어 있던 중국 공산주의자들에게 이 같은 발상은 격렬한 논쟁을 불러일으켰지만 덩샤오핑은 조금의 흔들림도 없이 이 새로운 아이디어의 정책화에 착수했다. 덩샤오핑은 우선 국가의 정치 노선으로 '1개 중

심, 2개 기본점'의 기본 원칙을 선포했다. 오직 경제 건설에만 국가의 모든 자원을 집중한다는 '1개 중심' 원칙은 사상 개조 운동, 국방 건설 등 필수적이지도 당장에 절박하지도 않은 분야들은 차치하고 선택과 집중의 원리에서 발전이 가장 절실한 경제 분야에 매진할 것을 주문한 것이었다. 그리고 '2개의 기본점' 원칙은 안정과 발전을 동시에 추구하는 노선으로서 현존하는 정치권력과 그 사상적 기반은 흔들지 않고 그것을 이용하여 점진적인 개혁개방을 추진한다는 현실적인 전략과 방법론의 총체였다. 지금 와서 보면 일당제 통치 구조의 한계가 분명히 드러나지만 당시로서는 최선의 선택일 수밖에 없었다. 그때만 해도 공산권 세계관에서는 나오기 힘든 발상이었고 특히나 공산당의 골수 당원들과 권력 기득권층이 자본주의를 받아들이도록 설득하는 일은 보통의 담력으로는 시도할 수 없는 것이었다. 아마도 파리에서 유학하며 자본주의를 체험했고 모스크바 유학 시절 사회주의 계획경제의 폐단을 직감했을 수도 있는 덩샤오핑의 범상치 않은 경력이 이 혁신적인 아이디어의 배경이라고 해도 무리한 추측이 아닐 것 같다.

중국 공산당과 정부는 1987년 제13차 공산당 전국대표대회에서 '3단계 전략(三步走)'을 제시했다. 제1단계에서 국내총생산(GDP)을 1980년보다 두 배 늘려서 국민의 의식주 문제를 해결하고, 제2단계에서는 20세기 말까지 국내총생산을 또 두 배 올려서 국민 생활이 '샤오캉(小康)(중류 생활수준) 사회'에 이르게 하며, 제3단계에서는 21세기 중엽까지 1인당 국내총생산에서 선진국 수준을 따라잡아 현대화를 이룬다는 것이다(이 목표는 앞당겨 실현되었다).

사실 개방개혁이 국가 노선으로 결정되기 이전에 이미 사회의 밑바닥에서는 변화를 추구하는 움직임들이 시도되었고 일정한 성과를 이루고 있었다. 1970년대 '승포제(承包制)'라고 부르는 청부농업생산책임제의 효신이 안후이 성의 한 마을에서 시도되었다. 집단농장 체제 아래 극도의 기아에 더는 견딜 수 없었던 이 마을의 18가구가 경작지를 각자의 영역으로 나누고 국가 수매 할당량을 초과한 산물은 자체로 처분하는 비밀 계약을 맺었다. 효과는 즉시에 나타났고 수확고는 획기적으로 높아졌다. 이 사실이 알려지자 이들의 자본주의적 행위를 처벌해야 한다는 주장이 들끓었지만 덩샤오핑은 오히려 안후이 성, 쓰촨 성 등지에 이 방법을 적용한 시범 단위를 설치하도록 했다. 당연히 성과는 기대 이상이었고 이는 현존 체제에서 자본주의적 방법의 채용 효과에 대한 확신을 심어주었던 것이다. 덩샤오핑은 이와 같은 방식을 적용할 개방 시범 지구로 주장 삼각주 지역을 택했다. 이 지역은 중앙과 멀리 떨어져 있어 중앙으로의 파급력이라는 부작용을 피할 수 있고, 홍콩과 인접해 외부 자본의 도입과 인적 왕래에 유리했다. 중국의 단계적 개방의 특징은 점에서 선으로, 선에서 다시 면으로 확대되었다는 것이다. 주장 삼각주의 선전(深圳), 주하이(珠海) 같은 도시들에서 시작된 개방은 상하이 등으로 확대되었고 이런 개방 도시들을 연결하여 동부 해안선을 개방하고 다시 내륙으로 넓혀갔다.

개방개혁으로 신사조가 범람하면서 대학생 등 젊은 지식계층이 자유화, 민주화를 요구하기 시작했고 이것이 결국 1989년 '톈안먼 사태'를 낳았다. 이런 선택에 대한 중국 당국과 외부의 평가는 엇갈리지만 보편적 가치관으로는 용납하기 어려운 측면이 있다. 이는 물론 덩샤오핑의 결단에 따른 것이었다.

1992년 1월 말부터 2월 초까지 덩샤오핑은 '톈안먼 사건' 후 중국 지도부의 보수적 분위기를 타파하기 위해 상하이, 선전, 주하이 등 남방 도시를 순시하면서 더욱더 개혁개방을 확대할 것을 주장한, 이른바 '남순강화'를 발표했다. 이 담화는 '톈안먼 사건' 이후 다소 소강 국면에 접어든 개방개혁에 박차를 가하여 경제 활성화를 이루고자 하는 내용으로 보수적인 베이징의 지지를 받지 못했으나 지방으로부터의 호응에 따라 동년 10월 개최된 제14차 공산당 전국 대표대회 보고서에 거의 전문이 수록되었고 사회주의 시장경제론을 천명하는 기초가 되었다.

덩샤오핑은 그 순시에서 "개방개혁 정책을 수행할 때 우리가 우려해야 할 것은 다급함이 아니라 주저함이다. 국가는 이 정책이 필요하고 인민은 이것을 좋아한다. 누구든 개방개혁 정책에 반대하는 자는 바로 물러나야 한다"고 단호하게 말했다.

덩샤오핑의 '남순강화' 이후 중국 경제는 다시 고속 성장 궤도에 진입했다. 1989년 8.4%까지 떨어졌던 성장률이 1993년 13.8%로 급등했다. 아울러 덩샤오핑은 독재자에서 구국 영웅으로 극적인 반전의 주인공이 되었고 최고의 전성기를 맞았다. 물론 이러한 성공 배경에는 중국이라는 거대한 시장을 절대 포기하지 못하는 외국자본에 중국의 주도권 우위를 베팅(betting)한 덩샤오핑의 지략이 숨어 있었다. 1992년 10월 제14차 공산당 전국대표대회에서 중국은 경제개혁의 목표를 사회주의 시장경제 체제 확립으로 정했다. 한편 중국은 1991년 12월 세계무역기구 가입에 성공했다. 사회주의 시장경제라는 어울리지 않는 명칭의 조합이자 세상에 처음으로 등장한 이 특이한 체제를 두고 세계는 그 성공 가능성에 반신반의하지 않을 수 없었다.

사회주의 시장경제는 사회주의적 소유제도인 공유제의 토대 위에 여러 종류의 소유제도를 결합한 것이다. 그리고 계획과 시장의 결합이기도 하다. 계획과 시장의 결합은 다른 자본주의 국가들에서도 시행되고 있는 것으로 새로운 것은 아니다. 프랑스의 계획 시장경제, 독일의 사회 시장경제, 스웨덴의 복지 시장경제도 정부의 일정한 계획을 수반한다. 일본은 정부 엘리트 관료에 의해 좌우지되는 관치경제로 유명하며 한국·대만·싱가포르 같은 동아시아 신흥공업국들의 성공도 사실상 정부가 주도하는 시장경제 때문에 가능했다. 따라서 사회주의 시장경제와 여타 자본주의 시장경제의 진정한 차이는 지배적인 소유제의 차이에 있다.

중국은 국가 소유 구조에서 대부분을 차지하는 공유제의 기틀을 유지하면서 하부의 중소 규모 기업이 다양한 소유제를 도입하도록 해 경제의 하부구조에서부터 시장 기능이 작동할 있는 길을 열었다. 사회주의의 유산인 국유기업을 갑자기 사유화할 경우 내부에는 국유기업을 적정한 가격에 살 수 있는 구매 주체도 존재하지 않았을뿐더러, 제품의 시장 경쟁력도 확보되지 않은 상태에서 몇몇 특정의 내국인이나 외국자본이 소유권을 손에 쥐게 된다면 시장경제에 대한 경험 부족과 성숙한 시장 작동 기제의 부재 같은 취약 요소들이 겹쳐 정상적인 제품의 생산 및 판매 순환이 이루어지지 않는 등 국가 경제와 국민 생활에 혼란을 초래할 수 있었다. 경제가 비정상적으로 작동해 경기가 급격히 하락하면 실업자가 대량 양산되고 이는 사회 불안정으로 치달아 자칫하면 의욕적으로 추진 중인 개혁에 부정적인 영향을 줄 수도 있었다. 그리고 구매력이나 기업 경영 능력만 보고 외국자본에 국가의 기간산업 등 거대한 국유기업들을 모두 넘겨줄 수도 없었을 것이다. 그리고 더욱 중요한 것은 중국인들이 사회주의를 부정하고 자본주의로의 전환을 요구할 만큼 이념적 준비가 되어 있지 않았고 '문화 대혁명'이라는 극우로의 급진적 방향 전환은 체제의 관성에 따른 반동으로 역풍을 맞을 가능성이 있었다. 그리하여 중국이 취한 전략적인 선택은 소련이나 동구권 방식의 '충격 요법'이 아닌 점진적 개방개혁이었다.

이른바 '충격 요법'은 일시에 전면적인 개방과 시장화를 추진하고 대부분의 국유기업을 일제히 사유화하는 등 급격한 체제 전환 방식을 권한다. 이 방식에서 정부는 거시 경제의 안정을 유지하는 데만 관여할 뿐 모든 것을 시장에 맡긴다. 이 방식의 위험성은 구소련과 동구권의 시장경제로의 전환 초기에 나타난 극심한 혼란과 경제력 추락에서 여실히 드러났다. 이들 국가의 문제점은 체제만 자유주의로 전환하면 정치에서든 경제에서든 일시적인 충격은 잠시일 뿐, 결국에 저절로 그 능력이 발휘될 것이라고 믿고 아무런 제도적·환경적 준비도 없이 기존의 제도를 허물기 시작했다는 것이다. 체제 전환은 방대하고 복잡하며 새로운 제도를 도입하는 과정에 신구 세력의 대립을 조율하고 조화시키기 위한 타협의 기술을 요하는 능 상당히 어려운 일이며, 따라서 국가의 초기 상황관리 능력이 체제 전환의 승패를 좌우한다고 해도 과언이 아닐 것이다. 체제 전환에서 국가의 정치력과 시민사회의 준비를 간과한 것이 구소련과 동구권의 결정적 패인이었던 것이다.

반면에 중국은 사회주의 제도 자체는 뒤엎지 않으면서 여러 경제주체들에게 개별적 이익이나 소득 추구 및 증대가 가능하도록 자율권을 주고 경쟁환경을 조성했다. 또한 전면적인 시장경제로 나아가는 도상에서 과도 과정으로서 '이중제도'라고 부르는 계획경제와 시장경제의 결합, '이중가격 제도'라고 부르는 계획경제 가격과 시장가격의 공존 방식을 적용했다. 국유기업과 농민들은 정부에서 통일적으로 수매하는 할당량을 채우면 나머지를 상품으로 시장에서 판매할 수 있었다. 중소집단 기업, 사유기업, 합자 기업 등 다양한 소유제의 경제주체들은 경공업 부문에서 직접 시장을 상대할 수 있게 되었다. 이 과정에 이 미시적 경제주체들의 적극성이 높아지면서 경쟁력이 향상되어 비교 우위를 점한 부문에 투자가 이루어졌고 자원 배분의 효율이 점차 높아졌으며 계획경제 체제의 비중이 점차 감소했다. 국유기업과 계획에 의한 공급에 의존하던 상품이 시장에 의한 공급으로 절대다수의 전환을 이룰 때 정부는 가격을 풀면서 완전히 시장에 가격 결정 및 자원 배분을 맡겼다.

이와 반대로 구소련과 동구권은 가격 결정권을 기업에게 내어주지 않고 국가가 전적으로 통제했다. 또한 기업에 임금 결정권을 부여하여 급격한 임금 상승과 인플레이션이 초래되었다. 임금 상승은 시장 수요의 증대를 일으켰고 이에 따른 상품 부족으로 대규모 수입이 불가피해져 결국에는 외채 도입으로 국가 부채가 증가하는 악순환이 일어난 것도 경제적 파국에 크게 일조했다.

중국은 개방개혁이 본격화된 이래 최근까지 10%대의 고성장을 유지했다. 특이한 것은 이런 놀라운 성장의 대부분이 향진 기업 및 외자 기업 같은 비국유 부분에서 창출되었다는 것이다.

중국에서 향진 기업이 이례적으로 선전했던 것은 공업화 수준이 낮아 산업에서 농업 비중이 절대적으로 높았던 그 당시의 경제구조적 배경 때문이라는 분석이 있다. 농촌의 방대한 잉여 노동력을 경제개발에 참여시키기 위한 인센티브로서 시장에서 자유롭게 활동할 수 있었던 향진 기업을 육성한 것이 발단이었다. 구소련이나 동구권에서는 공업화가 상당히 진척된 대규모 국유기업들이 대다수였던 반면에 중국 산업은 농업 위주로 체제 전환 비용의 측면에서 훨씬 부담이 적었고, 사회주의적 배급체계에 의존하던 구소련, 동구권 국유기업 근로자들이 경제 개편 과정상 불가피한 기업 파산 및 구조 조정으로 실업이나 수입원 감소를 우려했던 것과는 달리 중국 인구의 대다수인 농민들에게는 이러한 걱정이 없었다. 사회주의 면모를 갖추었던 기간이 짧아 중국인들이 집단생활과 국가 배급에 익숙하지 않고 오히려 개인적인 자급자족 생활을 더 편하게 여긴 것도 이점이었다. 노력하여 번 것만큼 내 차지가 될 수 있다는 믿음이 생기고 성공이든 실패이든 결과에 책임지는 유한책임공사와 같은 기업 시스템이 갖추어지면서 발화된 향진 기업은 들불처럼 번져 중국 전역을 휩쓸었다.

다른 한편 경제개발에 필요한 자금 조달 방법에서 중국은 내수 시장 개방과 병행해 해외 직접투자 유치를 위주로 했다. 이런 결정을 한 데는 당시의 세계 환경의 영향이 컸다.

1980년 말부터 1990년 초에 이르기까지 중남미 국가들은 과도한 외채 부담으로 심각한 경제 침체에 빠져 있었고 그 피해가 파급될 것을 우려한 서방세계는 이른바 '워싱턴 컨센서스'라고 하는 충격 요법을 시도했다. '워싱턴 컨센서스'는 전형적인 신자유주의적 경제 이론에 근거한 것으로써 상품 서비스 시장 개방 및 대외무역 자유화, 금융 자유화, 외국인 직접투자 자유화, 정부 지출 감축 등 긴축재정 실시, 규제 철폐 등 정부 기능의 최소화, 국유기업의 전면적인 사유화 및 민영화, 노동시장 유연화를 그 내용으로 한다. 그리고 1989년 '대처주의' 출현, 1990년 '레이건주의', 1998년 독일 게르하르트 슈뢰더(Gerhard Schröder)의 연이은 집권 등에 기인한 신자유주의의 세계화 바람은 선 세계를 휩쓸었다. 자유 시장에 의한 효율 극대화, 작은 정부를 추구하는 신자유주의는 당시 환경에서 충분한 명분과 설득력을 갖고 있었다. 1930년대 대공황을 거치면서 출현한 케인스주의는 경제에 대한 국가의 거시적인 조정과 적절한 간섭 및 규제를 가능하게 했고, 제2차 세계대전 이후 전 세계 규모의 안정적이고 급속한 경제 팽창의 이면에서는 국가의 각종 보호주의적 규제와 복지주의 지붕이 빚어낸 국민들의 현실 안주와 나태로 사회의 경제 활력이 저하되고 국가 경쟁력을 좀먹는 폐단이 악성종양처럼 번지고 있었다. 물론 공산권 국가들과의 제도 경쟁으로 자본주의 국가들의 복지제도가 강화된 측면도 있었다. 때마침 불어닥친 1980년대 후반의 구소련과 동유럽의 자유화 바람은 자유주의 신체제로의 즉각적인 전환을 당연지사로 만들었고, 서방세계의 권유와 더불어 이를 이의 없이 전부 수용하게 된 데는 체제 전환 비용을 충당하기 위해 서방의 재정적 지원이 절대적으로 필요했던 사정이 있었다.

그러나 1990년대 후반을 넘어서면서 모든 대내외적 규제 장벽이 제거된 중남미는 막대한 이자 비용과 내부자원 이탈로 경제적 위축에 빠져들었고 러시아 경제는 마이너스 성장을 기록하며 오히려 체제 전환 이전보다도 못한 수준으로 추락해 1998년 모라토리엄을 선언하기에 이르렀다. 동아시아도 예외는 아니었다. 1997년의 동아시아 금융 위기는 한국으로 하여금 국제통화기금(IMF)에 구제 기금을 신청하는 굴욕을 안겨주었다. 금융 자유화에 따라 외국의 단기 투기자금 진입이 허용되고 규제 최소화를 이유로 국가가 금융거래에 대한 관리 감독에 소홀했던 것이 화근이었다.

중국은 해당 국가들에 연구진을 파견하는 등 면밀한 검토를 통해 세계무역기구에 가입하고 내수 시장 개방과 자유무역 체계 도입, 외국인 직접투자 유치 등 세계화의 물결에 편승하면서도 환율 및 외환 거래 등에 대한 금융 통제는 유지했다. 대규모 차관을 도입하는 것은 국가의 채무 부담을 가중시키고 차관 제공의 조건으로 제시되는 개방과 규제 완화 요구를 받아들일 수밖에 없어져 국가의 자율성을 약화시킬 소지가 다분했다. 그리고 국가가 주도적 위치에서 몇 가지 잣대로 하나하나 적정성 여부를 따져가며 자원을 배분하고 사후 모니터링을 하기에 중국이라는 국가는 너무 크고 환경조건도 다양했다. 이는 물론 계획의 축소를 지향하는 중국의 개혁 방향에 배치되는 것이기도 했다. 중국은 분권의 전통을 살려 지방이 자결권을 갖고 각자 그 나름의 인센티브를 제시하여 외자를 유치하고 지방의 특색을 살려 경쟁력을 갖추어가도록 했다. 그 대신 국가는 전체적인 방향 설정과 거시적인 지도 및 통제에 역량을 집중할 수 있었다. 중국의 방대한 내수 시장 개방과 인센티브 제공, 규제 완화, 값싼 인력으로 무장한 노동력 시장, 저렴한 토지의 무한 공급 능력 등은 세계화의 물결을 타고 더 낮은 제조원가, 더 높은 수익률의 실현지를 찾아 제조 및 비즈니스 이전 대상지를 물색 중이던 해외 자본에 더할 나위 없는 경제적 매력을 발산했다. 특히 막강한 해외 화교 자본은 중국의 초기 직접투자에서 절대적 비중을 차지했는데, 대만·홍콩·싱가포르 등 지역의 화교 자본은 그들의 주된 무기인 저렴한 인건비를 앞세운 가공무역이 경제력 성장에 따른 임금 상승으로 점차 경쟁력을 상실하자 새로운 대체 제조 기지를 찾아 나섰고, 때마침 이루어진 중국 대륙의 개방은 그들에게 활로를 열어주었다. 중국이 개방의 시범 지구로 택한 화남 지방은 이 막강한 동아시아 및 동남아시아의 화교 경제권과 지리적으로 가깝고 화교인 대부분의 출신지이며 연고지였다. 그리고 중국은 적절한 금융 통제로 경제에 대한 거시 조정 및 내부적 자본축적을 이룰 수 있었다.

중국의 체제 개혁 특징 가운데 또 하나 중요한 것은 국유기업과 소유제에 대한 처리 방식이다. 중국은 국유기업을 서둘러 사유화하기보다는 국유기업 체제를 유지하면서 시장에 참여해 경쟁력을 기르는 길을 택했다. 정부가 국유기업에 대한 간접적인 경영 통제가 가능한 수준의 지분 참여로 만족하지 않고 적극적으로 기업 경영에 참여하여 경영권을 직접 행사했다는 것, 정부 관리와 기업 경영자 또는 소유자가 명확히 분리되지 않고 복합적인 신분을 가지고 있다는 점이 아주 특이하다. 일반적인 시장체제 국가들에서 정부 관료와 기업 경영인은 확실히 구분된다. 이런 특징은 중국이 개혁과 개편에 따른 기득권층의 이익 상실을 회피하고 보상하기 위한 방편으로 정부 관료와 그 가족들의 직간접적인 경영 참여를 허용해주었던 사정과 기득권층이 개방과 개발로 생겨나는 이익 창출의 기회를 권력을 등에 업고 적극적으로 독점할 수 있었던 것에서 비롯되었다. 이런 구조는 개방개혁이 확대되고 경제력이 증대한 덕분에 강력한 자립 능력을 지니게 되었고, 국가의 관리 통제를 불편해하는 부유층이 아니라 오히려 국가의 정치력과 통제력을 적극적으로 즐기는 관료-기업 일체의 부자 집단을 양산했다. 시장경제가 발전할수록 민주화 요구가 증대된다는 기존의 보편적 논리는 도전을 받게 되었고 부익부 빈익빈의 추세는 큰 제지 없이 날로 기세를 더해가고 있다. 중국은 이런 방식으로 안정과 발전을 이루었지만 그 부작용도 만만치 않아 보인다. 권력과 결탁한 거대 국유기업은 독점적 지위를 남용하여 점점 더 자기 배만 불리기에 여념이 없고 국유기업 종사자와 일반 근로자의 소득격차는 날이 갈수록 벌어지고 있다. 거대한 공룡이 된 국유기업은 그 자체로 중국 경제의 민폐가 되고 있으며 국가 경쟁력을 갉아먹는 장본인이 되고 있다. 이미 비대해질 대로 비대해진 정부 권력과 결탁한 국유기업은 사유화, 민영화 전환의 강력한 반대 세력이 되었다. 물론 시장의 참여 과정에서 경쟁력을 확보한 국유기업들도 없지 않지만 그보다는 기득권을 가진 국유기업들이 시장을 교란하는 측변이 너 강하나. 중국이 후진타오(胡錦濤) 집권체제에 들어서면서 '조화사회[和諧社會]'를 표방하며 빈부격차 해소를 주요 과제로 제시하긴 했지만 이런 초기의 바람과는 어긋나는 결과 앞에서 앞으로 어떤 해결의 묘수를 둘지 주목된다.

그러면 여기서 중국의 특색을 가진 — 개방개혁의 성공 요인이면서 그와 동시에 그늘의 제공인자이기도 한 — 점진적 사유화와 시장화, 중앙집권과 지방분권의 조화, 공산당 통치와 시장경제의 결합에 대한 이데올로기적 정당화, 세계무역기구 가입과 세계의 시장경제 질서로의 편입 등 핵심 내용들을 그 역사적 과정과 함께 좀 더 살펴보자.

우선 중국의 사유화와 시장화의 역사적 과정은 1979~1983년 개방개혁 초기 체제 외적 시장화와 사유 부문의 등장 시기, 1984~1991년 이중 경제체제하의 시장과 사유 부문의 대폭적인 성장 시기, 1992~2000년 체제 내적 시장화 개혁과 공식적 사유화 아래에서의 부분적 탈국유화 시기, 그리고 2001년부터 세계화와 사유재산의 성역화 및 공유 부문에 대한 보호 유지를 함께 추구해온 사회주의 시장경제의 성숙 시기로 나누어볼 수 있다.

개방개혁 초기 중국의 목표는 계획체제를 중심으로 유지하되 시장 기능을 계획체제 밖에서 새롭게 형성하거나 활성화시켜 사유 부문을 등장하게 만드는 것이었다.

1979년 문화 대혁명 기간 농촌으로 하방(下放)되었다 돌아온 도시 청년들의 취업 문제를 해결하기 위해 허용된 '개체호(個體戶)'라고 부르는 소상공업 개체 허용이 발단이 되었고, 인민공사가 해체되고 농가경영책임제가 정착되면서 농민들은 자신의 노동을 지배할 수 있는 인신의 자유를 확보하고 계획 수매 할당량을 초과한 잉여산물에 대해 처분권 및 소유권이 생기면서 사적 재산 축적이 가능해져 사유 경제 부문이 급속히 팽창하게 되었다. 농민들의 자본축적은 향진 기업의 출현과 확대에도 중요한 기반이 되었다. 향진 기업은 집단 소유제를 실시했지만 사유기업은 아니었고 국가계획 외의 시장경쟁 환경에서 운영되었다. 또한 경성예산제약 상태에서 시장의 신호에 따라 움직이며 경제활동의 결과로서 손실과 이익에 대해 자기가 책임을 지는 등 시장 참여자로 적응해가다 보니 점차 공유제적 성격이 약화되어 준사영 기업 또는 집단 소유의 허울만 빌린 실질적인 사유기업으로 상당수 변질되어갔다.

중국의 개방 이후 계획 외의 사유 부문에서 또 하나 중요한 구성을 이루는 것은 외국인 직접투자에 따른 외가 기업들이었다. 개방 초기 「중외합자기업법」이 외자 기업에게 불리하고 사유 부문에 대한 이데올로기적 제약이 크게 작용했던 관계로 외자합자 기업의 수나 투자 규모는 아주 미미한 수준이었다. 당시 중국 헌법에서도 중국의 사회경제 제도의 기반은 국유제와 집체 소유제 두 부분만을 포함한 생산수단의 사회주의적 공유제에 있다고 규정했다.

하지만 개체호와 향진 기업을 위시로 한 사유 경제 부문은 보수파들이 그 자본주의적 성격을 공격했음에도 개혁파 당국의 묵인 아래 본격적인 시장경제 활성화에 필요한 다양한 소유제 구조를 형성하며 급속도로 존재감을 키워갔다.

1984년은 중국의 사유 부문의 성장에서 매우 중요한 기점이 되는 해였다. 향진 기업의 범위에 개체 기업과 연호 기업(聯戶企業)이 포함되었고, 개인 상공업의 합법적 권리에 대한 국가의 보호가 보장되었다. 특히 1984년 10월 중공 12기 3중 전회에서 '선부론(先富論)'이 제시되어 사유재산의 축적이 정당화되었고, 1987년 10월 제13차 공산당 전국대표대회에서 자본소득 같은 비노동 소득이 인정되었다. 1988년에는 헌법 수정안에 사영 경제가 사회주의 공유제 경제를 보충한다고 명문화되었다. 사유 부문에 대한 정치적 인정이 공식화되면서 계획과 시장이 공존하는 이중 경제체제하에서 사유 경제를 위시로 한 시장의 역할은 급속히 확대되어 국유기업과 경쟁체계를 이루었고 국유기업에게 시장을 학습할 무대를 제공해주었다. 하지만 성장 일로를 걷던 사유기업은 1989년 '톈안먼 사건' 이후 규제 강화 및 긴축정책의 영향과 더불어, 1980년대 후반기 향진 기업의 고속 성장과 함께 무분별한 대출에 따른 주기적 인플레이션의 충격으로 점차 정체에 빠지게 되었다.

1992년 덩샤오핑의 '남순강화'는 톈안먼 사건으로 경직되었던 이념적 제약을 해소하고 사회주의 체제도 시장경제를 수용할 수 있다는 새로운 인식을 심어주었다. 1992년 10월 제14차 공산당 전국대표대회에서 '사회주의 시장경제' 노선이 공식화되었고 이제 중국은 계획과 시장이 공존하는 체제를 유지하는 것을 넘어서서 계획에서 시장으로 적극적인 체제 전환을 추구하게 된다. 이는 국유기업의 본격적인 사유화를 의미하기도 한다. 큰 기업은 육성하고 작은 기업은 사유화한다는 정책에 따라 중소 규모의 국유기업부터 사유화에 들어갔다. 1997년 9월 제15차 공산당 전국대표대회에서는 비공유제 부문이 중국 사회주의 시장경제를 구성하는 주요 부문임을 규정하고 주식제도 도입도 결정했다. 중국은 주식회사 방식을 마르크스주의에서 이야기하는 생산의 사회화, 생산수단의 사회적 점유라는 현대적 방식으로 간주할 수 있다고 했다. 이로써 사유 경제 부문의 위상은 국유제나 집체 소유제와 동일한 수준으로 격상되었고 중소형 국유기업에 제한하던 사유화의 범위를 대형 국유기업으로까지 확대시킬 수 있게 되었다. 주식제도를 통해 민간 자본이 국유기업에 참여할 수 있는 길이 열렸고, 전략적 가치가 있어 사유화하기 어려운 핵심 국유기업들에 제한적이면서도 통제 가능한 사유화로 기업 경쟁력 제고를 도모할 수 있게 되었다.

2001년 장쩌민(江澤民)의 '3개 대표론(三個代表論)'에 따라 중국 공산당은 노동자·농민, 지식인 외에 기업가까지 대표하는 정당으로 변신하고 사영 기업가들의 공산당 입당이 가능해졌다. 게다가 2004년에는 '사유재산 불가침' 조항이 들어간 헌법 수정이 이루어져 중국에서 사유화는 이제 되돌릴 수 없게 되었다.

중국의 시장화와 사유화는 1990년대를 기점으로 그 이전과 이후가 분명한 차이를 보인다. 1990년 이전까지는 국유기업과 계획체제 등 사회주의 체제의 기본 틀을 크게 훼손하지 않으면서 사유 부문을 새롭게 등장시키는 체제 외적 시장화와 비공식적 사유화의 과정이었다면, 1990년 이후부터는 계획체제를 해체하는 방향에서 국유기업의 민영화가 시작되는 전면적 시장화, 공식적 사유화 과정이었다고 할 수 있다(전성흥, 2008: 227). 1990년대 중반에 이르러 국유기업의 적자는 심각한 수준에 달해 있었고 따라서 국유기업의 민영화는 더 늦출 수 없는 불가피한 것으로 인식되었다. 그리고 1994년 추진된 법인화(公司化)는 개별 기업을 독립적인 법인으로 전환시켜 그동안 주식제도를 실시하고 있었음에도 모호했던 재산권 관계에 기업의 재산권 범위를 명확히 규정할 법적 근거를 명시하도록 하여 국유기업의 민영화를 가능하게 했다.

다음으로 중국의 분권화는 동유럽과 남미 주요 국가들의 정치 및 시장 분권 방식과 달리 지방으로 행정과 재정의 권한을 위임하는 지방분권의 특징이 있다. 개혁 초기 중국 지도부는 기존 체제의 문제점에 기초하여 경제 발전을 목표로 제시할 수는 있었으나 개혁을 어떻게 추진할 것인지에 대한 청사진은 제시할 방법이 없었다. 따라서 중앙정부는 개혁 정책의 수립 및 집행을 지방정부에 의존하게 되었고 지방정부에 각종 권한과 이익의 유보를 허용함으로써 확실한 동기 부여에 따른 지방의 적극적인 개혁 지지 및 참여를 이끌어낼 수 있었다. 중앙과 지방 간의 이런 협력 과정에서 실험을 통한 사후 추인 방식으로 개방개혁의 노하우를 점진적으로 축적하고 중앙의 정책에 반영할 수 있었다. 중국에서 분권화는 미비한 시장 기제에 의한 시장화 과정에서의 기회비용을 회피할 수 있게 함은 물론이고 거대한 면적의 대륙 국가인 중국의 환경 분산성과 낙후성, 지역적 다양성과 불균형성을 고려하여, 그리고 정치적 안정을 위한 공산당 일당체제의 비효율을 극복하기 위해 지방정부의 보완 역할 강화가 필요했다는 현실적 필요성 아래 채택된 것이다.

계획과 시장의 공존 및 분권체제에서 국가계획의 점진적인 축소와 기업 관리권의 지방화는 지방 관료들에게 직접적인 인센티브를 제공했는데, 물질적인 보상과 더불어 지역 경제와 기업의 발전이 정치적 업적으로 연결되어 이들이 기업가와 기업 집단의 역할을 대체하면서 지방정부가 적극적으로 지역의 경제 발전 과정에서 주체가 되고 참여자가 되었다.

또한 정치, 경제 영역에 걸친 전면적인 분권화보다는 지방에 대한 인사권, 행정권 등 지방을 견제할 수 있는 수단을 중앙정부가 일정 정도 유지하는 집권적 측면과, 자체적으로 입법권과 인사권, 재정권 등 다양한 유인을 통해 지방정부가 지역 경제의 발전은 물론이고 국가적 경제 발전 목표를 달성하기 위해 노력하게 하는 분권적 측면을 적절히 결합했다. 지방에 재정의 수입과 지출에 대한 권한을 부여함에 따라 재정 수입 극대화를 위한 지방정부 간 경쟁이 유발되었고 지방 입법에 대한 분권 조치는 지역 상황에 맞는 법규와 정책 제정을 용이하게 해주었다. 한편 중앙은 중앙이 직접 관리하는 인사권의 범위를 성급으로 한정하는 개혁을 시행했고 지방의 입법에 대한 중앙의 심사제도를 통해 헌법이나 중앙의 상위 법률에 위배되는 지방 법규를 철회할 수 있는 제도적 안전장치도 마련했다.

이렇게 행정 분권과 재정 책임제의 실시는 지방 관료들이 경제적 이익을 중시하는 경제 참여인의 역할을 하게 했고, 그와 동시에 인사권이 중앙에 있는 상태에서 정치적 이익에 민감하게 반응하며 정치적 승진을 위해 다른 지역 관료들과 경쟁해야 하는 정치인이 되게 했다. 지방 관료들에 대한 정치적 업적 평가는 국내총생산 성장률과 같은 경제 실적에 주로 의존했는데, 이는 한편으로 각 지방 간 정치적 업적과 이익을 위한 과다하고 상호 배타적인 악성 경쟁을 유발했다. 국내총생산 우위를 확보하기 위한 지역 분할과 중복 건설 같은 다양한 지방 보호주의 정책은 상품과 서비스의 시장 범위를 제약하는 결과를 가져왔고, 시장 범위의 제약은 각 지역 간의 분업과 전문화 수준을 떨어뜨렸다. 또한 경제성장과 정치적 승진의 연계는 지방정부로 하여금 도시 편향적 발전에 집착하게 하여 도시와 농촌 간의 발전격차를 야기하는 원인을 제공했고, 지방의 공공 서비스 부분에 장기 투자하기보다는 단기 업적에 치중하다 보니 교육, 의료 등 서비스의 질을 저하시키는 요인이 되기도 했다.

중국에서 개혁 초기에 시장 성숙도가 낮아 시장 메커니즘이 효율적인 자원 배분을 할 수 없었을 때는 지방정부가 경제에 직접 관여하는 방법으로 시장체제의 불완전성을 대신했으며 지방의 당, 정, 기업은 공동의 이익을 추구하는 하나의 조직체와 같았다. 지방 관료는 기업의 이사직을 겸임하여 정치인이면서 경제인이었다. 이렇게 시장 경쟁 메커니즘이 미약했던 상황에서는 지방정부가 경제에 대해 적극적인 역할을 맡았고 지방정부 간의 경쟁 등이 시장을 보완하면서 경제성장에 동력을 제공했다.

그러나 1992년 사회주의 시장경제로의 전환을 기점으로, 중국이 세계무역기구에 가입했고 시장경제가 심화되었으며 자유 시장경제 세계화의 영향으로 중국 경제에 대한 시장의 영향이 정부의 영향을 대체하기 시작했다. 지방정부의 정책적 자율성과 정책 도구들이 상당 부분 시장에 의해 잠식되었고 이에 따라 경제체제 개혁 과정에서 경제 발전의 중심 역할을 담당했던 지방정부는 역설적이게도 개혁을 왜곡하거나 저해하는 세력으로 변질되었다. 지방 관료들이 시장으로의 전환기라는 혼란을 틈타 다양한 지대를 추구하는 새로운 권위주의 세력으로, 부패한 관료주의자로 변했다. 특히 2000년 이후 대부분의 기업 형태가 주식제로 전환되거나 민영화되면서 기업의 소유권과 경영권에 중대한 변화가 일어났는데, 관료들은 지방의 국유기업 사유화 과정에서 부당하게 국유 자산을 수중에 넣으면서 새로운 형태의 지대를 추구했다. 이는 정치적 승진에서 탈락한 관료들이 보상을 얻으려는 대체 수단의 성격도 짙었다(전성홍, 2008: 272).

이와 같이 중앙집권과 지방분권의 빛과 그림자를 모두 고려하더라도 집권과 분권은 양자택일의 문제는 아니며 적절한 균형과 조율이라는 관점에서 접근할 필요가 있다는 것을 알 수 있다.

그리고 중국 공산당 일당체제하에서 시장경제의 도입을 이데올로기적으로 정당화하고 개혁의 심화와 경제의 발전 단계별로 그 시기에 적합한 사상이론 체계를 개발하여 사회적 설득을 이루어낸 중국의 '사상해방' 과정은 역사적 초행길을 개척해가면서 실천의 요구로부터 출발하여 현실적 필요에 부응한 실용적 실사구시의 전형을 보여주었다는 데 큰 의미가 있을 것이다.

중국은 개방개혁 착수 초기에 덩샤오핑의 '흑묘백묘론'과 '선부론', 사회주의 시장경제의 전면적 시행 및 개혁 심화 시기에 장쩌민의 '3개 대표론', 시장경제의 본격적 성장 시기에 후진타오의 '과학적 발전관'과 '조화사회' 등 발전 단계별로 시대적 요구에 맞춘 이데올로기 체계의 변신을 구사했다.

덩샤오핑의 '흑묘백묘론'은 사회주의는 계획경제라는 고정관념을 타파하고 사회주의와 시장경제, 그리고 계획과 시장의 결합이라는 신선한 실험을 시도할 수 있게 했고, '선부론'은 공산주의적 평등주의를 과감히 버리고 선택과 집중에 의한 불균형 발전을 허용해 사적인 부의 축적과 재산권 행사를 가능하게 만든 역사적 전환을 정당화하고 있다.

장쩌민의 '3개 대표론'은 경제 발전과 더불어 성공한 기업가들이나 부유계층이 개방개혁 정책의 핵심 선도 그룹으로 활약하고 있는 현실이 공산 이데올로기의 무산계급에 의한 유산계급에 대한 독재 논리와 모순되는 것을 회피하고자 사유기업가 등 유산자계층의 공산당 입당을 허용하고 공산당은 노동자·농민, 지식계층뿐만 아니라 사유기업인의 이익도 대표한다고 함으로써 중국 공산당이 광범위한 지지 기반 위에 설 수 있도록 정체성을 변경시켰다.

후진타오의 '과학적 발전관' 및 '조화사회'는 공산당 일당 통치 및 불균등 발전 정책하에서 시장경제의 성장에 따라 지역 간, 도농 간, 계층 간 빈부격차가 급격히 벌어지고 당정 관료들의 만연한 부정부패로 공산당의 영도적 지위가 훼손되고 위협받을 수준으로까지 사회적 불만이 치닫자 이를 해소하기 위해 양적 성장 위주의 경제 발전 노선에서 사회 전반적으로 인간의 삶을 중시하는 공평하고 질적인 균등 발전 노선으로의 전환을 모색하는 것이었다.

하지만 이러한 노력에도 후진타오 시대에 불평등 해소를 위한 실질적인 진전은 이루어지지 않았고 2012년 11월 새로 출범한 시진핑 체제의 과제로 남겨졌다.

시진핑 체제의 출범과 함께 중국은 중국 공산당의 지도 이념에서 마르크스-레닌주의, 마오쩌둥 사상을 삭제하고 덩샤오핑의 이론인 '3개 대표론'만을 남겼다. 그 대신 '과학적 발전관'을 새 지도 이념으로 격상시키고 '오직 개방개혁만이 중국과 사회주의를 발전시킬 수 있다'는 내용도 추가했다. 시장경제와 법치주의, 정치 민주화 추진에 방해가 되는 걸림돌들을 제거해버린 것이다. 중국이 미래에 어떤 국가가 될지는 알 수 없다. 가능성은 낮아 보이지만 이른바 '중국 모델론'이 보편화되어 '베이징 컨센서스'의 지위를 확보할 수도 있다. 중국이 세계의 보편적 자유 민주주의 시장경제 국가로 접근해갈지, 아니면 사회주의적인 요소들을 간직한 채 중국만의 독특한 체제를 만들어갈지, 그리고 중국에만 국한된 '중국 모델'을 넘어서 새로운 세계적인 체제 모델을 창조해낼지는 현재로서는 알 수 없다. 다만 분명한 것은 중국은 언제 어디서든지 자기의 필요에 의해 실사구시적인 사고체계와 행위 논리를 만들어내고 실천을 통해 다듬어나갈 것이라는 점이다. 이는 그동안 중국이 이룬 개방개혁의 족적을 통해서 확인할 수 있다.

마지막으로 중국의 세계무역기구 가입과 세계시장 질서로의 편입은 시장경제를 향한 개방개혁의 확대와 심화에 따른 빈부격차의 발생, 만연하는 물질만능주의 등 기존의 가치관이 사멸할 위기에 처한 데 불만을 품은 보수 세력들이 개방개혁에 저항하며 노선을 회귀하려는 시도 등의 반동을 차단하고 외부 세력의 힘을 활용하여 개방개혁의 지속적인 추동력을 유지하고 변화를 되돌릴 수 없게 만들려는 의도에서 비롯되었다고 볼 수 있다.

1989년의 톈안먼 사건을 계기로 개방개혁이 침체기를 맞자 중국의 개혁 세력은 위기를 극복하기 위한 대책으로 오래전부터 진행해왔지만 '되면 되고 말면 마는' 식으로 임했던 국제무역기구 가입 협상을 적극적으로 추진했다. 국제무역기구에 신속히 가입하고 세계의 시장경제 질서에 편입되면 국제적인 규칙을 준수할 수밖에 없고 그것이 곧 개혁이자 개방이기도 했다. 또한 세계무역기구 가입으로 방대한 내수 시장을 외국인 직접투자 유치의 유인 수단으로 활용하면서도 제조업 위주인 중국의 수출 주도형 경제에 거대한 수출 시장을 열었다.

2001년 12월 중국은 세계무역기구 가입에 성공하여 경제성장의 결정적 발판을 마련할 수 있었다. 외국자본과 글로벌 기업들이 앞다투어 중국 시장으로 흘러들어 갔고 저렴한 노동력 등 낮은 제조원가 구조에 매료되어 중국을 수출품 제조 기지로 삼았다. 외자 기업들이 알아서 기술과 자금 및 선진 경영기법을 들고 와 중국 경제의 뼈대와 살을 만들었고 뇌와 신경의 역할을 했다. 외자 기업들의 경쟁력 있는 가격 구조와 양질의 제품들은 중국에서 질 높은 신규 시장을 만들어냈고 기존 시장을 자극하여 활성화시켰으며 중국 내자 기업과 국유기업들로 하여금 경쟁에 참여하지 않을 수 없게 했다. 중국에서 외국자본의 자유로운 경제활동을 보장하고 중국과 외국의 자유무역이 원만히 이루어지도록 하려면 세계시장에서 통용되는 보편적인 규칙을 따라야 했고, 국제기구나 서로 거래하는 지역 및 국가들 간에 양자 또는 다자 협약들은 중국의 제도 개혁을 촉진시켰다. 초기에 중국은 자동차 등 주요 기간산업 부문에 대해 외국자본의 단독 진출을 제한했고 중국 기업과의 합자나 합작 형태만을 허용하여 선진 기술 습득에 유리한 환경을 조성했다. 또한 외국의 첨단 기술 기업들에 획기적인 우대 정책을 장려해 중국으로의 적극적인 진출을 유도했다. 중국의 내수 시장은 거의 모든 글로벌 기업들의 각축 전장이 되었고 중국 대륙은 거대한 제조 기지로 변모해 '세계의 공장' 역할을 하고 있다. 중국은 장쩌민 시대에 9.3%, 후진타오 시대에 10.7%의 연평균 경제성장률을 달성할 수 있었다(≪조선일보≫, 2012.11.12, B7). 중국 최남단 하이난 섬에서 북부의 창춘까지 끝없이 펼쳐진 공장의 바다, 빌딩의 숲을 보면서 '남의 손으로 코를 푸는' 중국인들의 재주에 감탄하지 않을 수 없다.

그리고 세계무역기구 가입은 경제 영역에서뿐만 아니라 언론, 문화 예술, 스포츠, 교육 등 다양한 사회 영역에 개방과 자유의 확대를 가져다주었다. 그리고 점차 정치 영역에서도 기층에서부터의 민주주의적 시도들을 실험하기에 이르렀다.

중국이 추진한 개방개혁의 요소들 – 공산당의 일당 통치, 국유기업 유지, 지방분권, '선부론'에 따른 점진적 개방, 수출 주도형 경제성장 전략 채택 – 은 중국 경제의 경이로운 발전을 가능하게 했지만 무작봉노 반반지 낳아서 시속 싱상과 품 녀 성숙된 단계로 나아가는 사회 발전에 중대한 도전이 되고 있다.

견제가 없는 공산당의 장기간 일당 통치는 시대적으로 긍정적인 역할을 수행했음에도 부정부패의 만연으로 빛이 바래고 있다. 경제성장보다 더 빠른 속도로 확산된 당정 관료들의 부정부패가 공산당의 집권 기반을 뒤흔들고 있는 것이다. 관료들이 부정으로 축재한 재산을 암암리에 해외로 빼돌리고 자식들을 유학 보내 해외에 정착시킨 후 은닉한 불법 재산을 세탁하는 행위가 보편화되다시피 했다. 경제개발 기회의 선점과 독점, 국가적 보조나 지원 또는 부당한 특혜 취득, 국유재산 탈취, 인허가 권한의 남용, 불법·편법 행위 뒤봐주기 등과 같은 온갖 비리들이 기득권층 내부를 급속도로 부패시키고 있다. 중국 공산당 기율검사위를 위시해 여러 사법 감찰 기구들이 설치되어 있지만 만연해 있는 부패 풍조를 다잡기에는 역부족이다. 오히려 정치권력으로부터 독립적이지 않은 이런 기구들이 공산당의 통치 명분을 훼손시키지 않는 선에서, 그리고 정적 제거 등 정치적 동기를 겸해 선택적인 사정을 하고 있는 실정에서 현존 권력이 스스로의 부패를 척결하고자 하는 의지는 퇴색할 수밖에 없을 것이다.

시가총액의 74%, 국가 자산의 84%를 차지하고 있는 국유기업 또한 앞에서도 짚어보았듯이 거대한 기득권 세력이 되어 개혁의 심화 발전을 가로막는 반개혁 세력이 되고 있다. 안정을 도모한 타협으로 국유기업 제도를 유지시키는 데 막대한 비용이 들어간 것도 문제이지만 이제 와서 이런 사태를 바로잡으려 한들 정부에게는 권력과 일체화되다시피 한 국유기업을 원하는 대로 다룰 힘이 없다. 아니, 정부가 이 공포스러운 벌집을 건드릴 용기나 있는지 궁금하다. 국유기업을 개혁해 민영화하려면 국유기업을 장악한 4,000명 이상의 기득권 세력인 태자당(중국 공산당 원로의 자제들)이 권리를 포기하게 만들어야 하는데, 이는 공산당의 권력 약화를 가져올 수 있어 중국의 역대 지도자들도 말로만 분배 개선을 주장하면서 실행하지는 못했던 것이다(≪조선일보≫, 2012.11.12, B7).

지방분권 체제가 시장경제 발전에 큰 기여를 한 것이 사실이지만 지역 이기주의로 중앙과 국가적인 이해관계에서 충돌하는 현상도 잦아지고 있고 중앙의 지도를 무시하는 경향도 증대하고 있다. 지방이 자율적으로 도입한 규정제도가 정부의 규제와 모순되고 상호 충돌을 일으키면서 중앙의 간섭이 미치지 않는 지방 영역이 점점 더 넓어지고 있다.

먼저 개방된 남부 및 동부 연안 지역과 나중에 개방에 들어간 내륙 지역의 경제력 격차는 크게 벌어져 내륙 지역에 거주하는 소수민족과 동쪽의 한족 간의 빈부격차도 정도를 넘어서고 있다. 내륙의 농촌 지역 출신이 대다수인 '농민공(農民工)'은 남부 및 동부 지역의 개발에 저렴한 노동력으로 공급되었지만 도시민들에 의한 차별과 사회보장 제도로부터의 소외, 낮은 임금과 열악한 노동환경 등 비인간적 처우에 불만이 축적되어 최근 들어 빈번히 일어나는 소요들의 주체가 되고 있다. 중국에서 지역 간, 도농 간, 계층 간 빈부격차는 심각한 수준에 달하여 중국은 세계적으로 가장 불평등한 국가 중 하나라는 오명을 쓰고 있다. 중국은 상위 20%가 50%의 부를 장악하고 하위 20%는 겨우 5%의 부를 가져 지니계수가 0.5에 근접하는 소득 불평등 국가이다(지니계수는 0에서 1까지 표시되며 1에 가까울수록 소득 불평등이 심하고 0에 가까울수록 그렇지 않다). 중국의 과거 역사를 보면 지니계수가 0.5 이상일 때 폭동이 일어났다. 1940년대 국민당 정권 당시가 0.53이었고, 청나라 말기 태평천국의 난이 일어났던 1850년대가 0.58이었다(≪조선일보≫, 2012.11.12, B7).

향진 기업과 외국인 직접투자에 의한 가공무역 위주의 수출 주도형 경제 발전 전략으로 '세계의 공장'이 되어 막대한 흑자를 내고 내부 자본 및 외화를 축적했지만 점차 상승하는 인건비, 내국 기업에 대한 역차별 해소 차원에서 외국 기업에 대한 혜택 축소, 그리고 도를 넘은 대외무역 적자에 불만이 큰 미국, 유럽의 집중적인 견제, 신자유주의 퇴조와 보호 무역주의 등장, 세계적인 경기 침체 등의 복합적인 요인으로 중국 경제는 수출 경쟁력과 수출 시장을 상실해가고 있다.

중국에서 새로 출범한 시진핑 체제의 주요 도전 과제는 바로 빈부격차 해소,

소득 재분배 및 정치 개혁일 것이다.

중국은 심각한 빈부격차를 해소하고 새로운 경제성장 동력을 확보할 목적으로 내수 위주로 경제구조를 전환하는 한편, '서부 대개발' 등 내륙 지역, 농촌 지역의 집중적인 개발 정책을 추진하고 있다. 충칭, 청두, 시안 등 서부 내륙과 동북 3성, 내몽골 등 북부 내륙의 낙후된 지역을 개발함으로써 새로운 내수 수요를 창출해 경기를 부양하고 지역경제를 키우고 새로운 일자리를 만들어 내륙의 소외된 사람들의 소득수준을 끌어올릴 수 있을 것이다. 또한 어떤 방법으로든 국유기업을 개혁해 그들에게 편중된 소득을 재분배하고 시장경제를 더욱 활성화시켜 나갈 것이다.

아울러 시간이 좀 걸리겠지만 언젠가는 정치에서 민주주의적 요소를 확대하고 독립적인 사법제도를 구현하여 고질적인 부정부패를 해결하고 새로운 정치 발전을 이룩해낼 수 있을 것이다. 그리고 이런 정치 개혁은 중국이 경제대국을 넘어 정치 선진국, 문화대국으로 가는 길을 터줄 수 있을 것이다.

3. 북한식 현대화 모델은 없는가

사람들은 중국의 성공적인 개방개혁을 보면서 북한은 왜 그렇게 하지 않는지 무엇 때문에 모방조차 못하는지 힐난하며 안타까워한다. 실제로 북한이 중국처럼 못하는 것도 맞고 하지 않는 것도 맞다. 그렇다면 그 이유는 무엇일까.

1) 북한과 중국의 차이

북한은 중국과 달라도 너무 다르다.

첫째, 중국은 일인독재 기간이 마오쩌둥 통치 말기 동안으로 짧았고 집단지도 체제가 독재 기간을 전후해서 비교적 길게 자리 잡고 있었다. 그리하여 중국에서는 일인독재 체제에 비해 상대적으로 의사결정의 민주성과 유연성이 있었고 과오를 비판하고 시정하기가 용이했다. 마오쩌둥 사후 덩샤오핑은 마오쩌둥의 공과 과를 분리하여 다루었고 공을 이용해 정치체제의 단결과 안정을 도모하면서도 과를 분명히 하여 개혁의 명분을 확보할 수 있었다. 마오쩌둥은 신격화된 존재가 아니었기에 잘못을 범할 수 있고 그로써 비판받을 수 있는 인간이었다. 반면 북한의 수령은 오류란 절대 있을 수 없는 완벽하고 전지전능한 신이었다. 당연히 비판은 불가했고 의심은 불경이었으며 그의 '교시'나 '말씀'은 곧 법이었다. 따라서 수령의 영도에 따른 결과가 나쁘게 나타났다 해서 수령을 탓할 수 없을뿐더러 그것은 오히려 수령이 아닌 신하들의 불충과 불결 때문이다. 개방에 따라 외부로부터 객관적 정보가 유입되면 지금까지 은폐되고 왜곡되었던 많은 진실들이 드러나고 수령은 실책의 책임에서 벗어나기 어렵겠지만 그는 신성한 존재이기에 잘못을 시인하거나 변명할 수 없다. 그리고 더욱이 세습 후계자가 선대를 부정하기란 쉽지 않을 것이다. 이렇듯 과거의 실정을 부정하는 것부터가 불가하니 시정을 논할 여지가 없는 것이다.

둘째, 중국은 대만이라는 정치적·이념적 적이 있지만 영토나 인구 등 국력에서 비교 상대가 되지 못할 정도로 현격한 우위를 점하고 있었다. 그리하여 개방 후 자본주의적 사조를 도입하더라도 자본주의 선진국인 대만에게 압도당하거나 점령당할 위험은 없었다. 중국(본토)은 대만과 떨어져 있었고 미국 등 대만의 동맹국들이 넘보기에는 덩치가 너무 컸다. 오히려 미국은 중국을 소련 견제에 이용할 심산으로 유화적으로 나왔다. 반면 북한은 인구 두 배, 국내총생산 기준으로는 30배가 넘는 월등한 국력의 한국과 대치하고 있다. 북한이 도발한 동족 간의 전쟁은 남북 모두에게 씻기 어려운 마음의 상흔을 남겼다. 서로 사회주의와 자본주의의 양 극단을 향해 질수해본 과반세기 동안 이념 대립은 극심해졌고 삶의 방식은 천차만별로 벌어졌다. 남북은 아직 휴전 상태로서 서로가 상대의 영토를 수복할 권리를 헌법에 명시해놓고 있다. 남은 북에 의한 적화통일을, 북은 남에 의한 흡수통일을 두려워하고 경계하고 있다. 현격하게 벌어진 남북 간 국력 차이는 북한으로 하여금 순간의 방심이나 조그마한 틈도 허용치 않고 고슴도치처럼 웅크린 채 한국과 외부 세계를 향해 가시를 세우게 한다.

셋째, 북한은 중국에 비교가 되지 않을 정도로 영토가 작아 수비의 종심(縱深)이 깊지 않다. 변두리부터 시범적으로 개방하더라도 그 영향이 상대적으로 중심부에 빨리 미치게 되므로 변화의 동향으로부터 일정한 거리를 두어 독립적 여유를 가질 수 있는 완충지대가 협소하다. 기득권층이 개방을 망설이는 이유는 개방 지역이 블랙홀처럼 막강한 흡인력으로 전 지역을 빨아들여 급변이 야기할 수 있는 상황을 두려워하기 때문이다. 지금처럼 철저히 거주 이동을 제한하고 조직망을 통제하는 상태라면 시장경제를 작동시킬 수 없기 때문에 일정한 통제 완화 및 자유화 조치가 불가피하다. 거주 제한은 당장 풀 수 없을지라도 시장경제에 필요한 노동력을 원활히 공급하기 위해서는 이동의 자유와 일자리 선택의 자유가 필수 불가결하다. 따라서 현재처럼 전민을 조직에 소속시켜 통제하는 통치 방식은 유지될 수 없다. 이동의 자유는 개방 지역의 정보를 실시간 내부로 전파시킬 것이고 철저한 진입 통제로 가능했던 평양의 안정은 어느 정도 흔들리게 될 수밖에 없을 것이다.

넷째, 북한은 개방과 변화의 과정에서 중국처럼 자기 속도를 유지하며 해외 자본을 성공적으로 유치하기가 쉽지 않을 것이다. 중국은 14억 명의 인구를 거느린 방대한 내수 시장과 노동력 시장으로 외국자본에 강력한 흡인력을 발휘했다. 해외 자본은 거대한 내수 시장의 존재 때문에 중국의 편익을 지향하는 규제를 어느 정도 감수할 수 있었고 값싼 노동력의 대량 공급 가능성은 외부에서 대규모 제조 기업이 진입하는 것을 가능하게 했다. 반면 북한은 내수 시장이 협소해 외국 자본을 유인할 수 있는 요소가 상대적으로 부족하다. 따라서 북한이 원만하게 외부 자본을 유치하려면 외부의 입맛에 맞춘 제도적 배려를 시행해야 하는 탓에 결국 북한이 자기 이익에 충실한 속도를 유지하기가 쉽지 않을 것이다. 북한이나 외국 자본이 북한에서 제조 활동을 통해 부를 창출하려면 수출을 지향할 수밖에 없고, 중국이나 베트남 등 주변 개발도상국보다 경쟁력 우위를 확보하려면 관세나 소득세 감면 같은 세제 혜택을 제시하고 상대적으로 저렴한 임금수준을 유지해야 한다. 그리고 규제를 완화해 편리한 행정 서비스를 제공하는 등 좀 더 시장 친화적이고 외국 자본이 진입하기 유리한 조치를 시행해야 한다. 하지만 중국보다 훨씬 더 체제가 경직된 북한으로서는 안정을 위협받지 않으면서 외부에 더 큰 자유와 혜택을 제공하기가 그리 쉽지 않을 것이다.

다섯째, 현재 북한은 핵 개발, 인권유린, 테러, 금지품의 불법 거래 등으로 국제사회로부터 불량 국가로 낙인찍혀 엄격한 봉쇄 및 제재를 받고 있다. 특히 국제사회와 한국으로부터 핵 개발 중단 및 핵무장 포기에 대한 강력한 압력에 직면해 있지만 북한이 최후의 생존 보장 수단으로서 정권의 명운을 걸고 장기간 막대한 국가 자원을 투입하여 만든 핵무기를 집권의 확실한 미래 보장도 없이 포기하지는 않을 것이다. 중국은 개방개혁 추진 전야에 미국 리처드 닉슨(Richard Nixon) 대통령과 화해 분위기를 조성하고 서방세계에 접근할 수 있는 정치적 환경을 조정했다. 이렇게 대내외적으로 안정성과 신뢰성이 마련되어야만 개방이 실속 있게 추진될 수 있고 개혁을 자신 있게 밀고 나갈 수 있다. 북한이 국제사회와 화해하고 신뢰를 얻어 개방과 현대화를 원만히 추진하자면 핵 문제를 어떻게든 풀어야만 한다. 하지만 북한으로서는 핵이 없을 때 외부의 군사적 공격을 억제하고 정권 유지가 담보될지 현실적으로 알 수 없기 때문에 안전에 대한 확신이 설 때까지는 핵을 포기할 수 없다는 입장이다. 이런 딜레마가 북한의 개방과 현대화 착수에 큰 걸림돌로 작용하고 있는 것이다.

여섯째, 북한의 경제구조와 사회조직 구조도 중국과 많이 다르다. 북한은 중국보다 공업화가 진척되어 농업에 비해 공업 부문이 경제에서 절대적 비중을 차지하고 있고 공업에서도 경공업보다는 중공업이 대부분이다. 그리고 '협동적 소유', '전 인민적 소유'라고 하는 사실상의 국가 소유제인 점을 감안하면 거의 100% 국유화가 이루어졌다고 볼 수 있다. 이런 사정으로 북한은 농업이 경제의 대부분을 이루고 공업 부문 국유기업이 상대적으로 적었던 중국보다 더 많은 체제 개혁 또는 전환 비용이 필요할 것이다. 낡을 대로 낡고 파손되어 거의 쓸모가 없는 중공업 공장들을 복구 및 구조 조정, 개편, 정리, 청산하는 과정에 필요한 비용을 조달하는 것도 어렵겠지만 과연 그중 몇 개나 쓸 만한 것을 건질 수 있을지도 의문이다. 다 버리고 새로 시작하면 좋겠지만 그 막대한 자금을 구할 길도 없을 테니 북한은 국가 경제의 대부분을 차지하는 중공업 공장들에 대한 선별 및 취사선택에 골머리를 앓게 될 것이다. 사회조직 구조에서도 중국은 전민적 체계가 갖추어져 있지 않았고 북한에 비해 조직 통제의 강도가 낮고 조직 생활 기간도 훨씬 짧았다. 육체가 정신을 구속한다는 말이 있듯이 조직에 얽매여 활동의 자유가 제약을 받는 병영 생활이 장기간 지속되면 인간은 체념하고 속박된 현실에 순응하면서 수동적이고 피동적인 생활 태도가 몸에 배게 된다. 개개인의 이런 성향은 사회적 성격을 띠게 되고 문화에도 반영된다. 문화적 요인은 한 사회를 평가하는 주요 요소로서 그 사회의 관성, 유연성, 적응성, 민첩성 등의 사회적 체질을 형성하는 데 절대적 영향력을 미친다. 환경 변화에 재빨리 적응하는 사회는 그만큼 생존 경쟁력이 있는 것이다. 이런 측면에서 볼 때 세상에서 가장 경직된 조직 문화를 가진 북한은 중국에 비해 자유화 및 시장경제 도입에 더 큰 어려움이 따를 것이다. 1990년대 후반부터 국가의 배급체계가 붕괴된 이래 일반 국민이 자급자족적인 생활환경에 어느 정도 적응하고 조직 통제의 그물에도 일부 구멍이 뚫렸으나 아직도 북한은 절대 부분에서 강력한 조직 통제를 유지하고 있으며 일부 누실이 있을지라도 절대 포기한 것은 아니다.

일곱째, 북한에는 장기간에 걸친 계급투쟁과 정치적 탄압 및 숙청, 철두철미한 주민 감시와 통제로 수많은 정신적·육체적 피해자들이 양산되고 축적되었으며 체제에 적개심을 가진 사람들도 부지기수이다. 정치범 수용소에는 수십만 명의 '정치범'들이 인권을 박탈당한 채 금수보다도 못한 학대에 죽어가고 있고, 어느 순간 누구라도 이 지옥에 떨어질 수 있다는 가능성이 전 주민들에게 공포심을 심어주고 있다. 게다가 세습된 권력은 과거와의 단절이나 차별화를 어렵게 만든다. 중국은 마오쩌둥의 사망으로 새로운 길을 시도하기가 용이해졌고 숙청 당사자들이 신속하게 복권될 수 있었다. 하지만 북한은 과거와의 관계를 잘 정리하고 새롭게 출발하기 위한, 내부의 '적'을 자기편으로 만들고 세습 집권의 도덕적 정당성을 인정받기 위한, 과거와의 과감한 대화라는 어려우면서도 필수적인 난제를 안고 있다는 점에서 중국의 개방개혁 당시 환경과는 다르다고 할 수 있다.

여덟째, 중국은 사회주의와 시장경제를 결합하는 개방개혁을 추진하면서 전인미답의 길을 하나하나 개척해야 했고 성공 여부도 알 수 없는 선발 개척자였던 것에 반해, 북한은 구체적인 환경에서는 다르지만 일당체제를 유지하면서 경제 발전에 성공한 중국의 모범 사례와 기타 구사회주의권 국가들의 체제 전환 및 개혁의 성공 노하우 또는 실패의 교훈이 되는 실증적인 경험 자료들을 참고하여 각각 방식의 장단점을 취사선택할 수 있는 후발 주자로서의 이점이 있다는 것이다. 이 점은 개방과 변화의 착수에 주저하는 북한에게 특히 중요한 것이다. 북한은 후발 주자로서 선행 사례들의 성공과 실패 요인을 면밀히 분석하고 북한의 특수 환경에 맞게 개선된 방식으로 창조적 적용을 시도하기에 유리하다. 그리하여 변화의 과정에서 실패를 줄이고 경로를 단축하며 선행 경험으로부터 새로운 영감과 아이디어를 얻어 좀 더 독창적인 혁신과 진보를 이루어낼 수 있을 것이다.

이런 관점에서 북한이 모색하는 개방과 현대화의 길은 중국과의 유사점/차이점에 대한 고려에 기초하여 중국으로부터 배울 수 있는 부분, 중국의 경험을 참고하되 차별화가 필요한 부분, 북한에는 필요하지만 중국에는 없거나 여의치 않았던 부분 등을 명료하게 구분하여 접근하는 것이 후발 주자의 이점을 살리는 데 무척 중요해 보인다.

2) 중국으로부터 배울 수 있는 것들

(1) 하향식 중앙집권 위주로 상향식 자유 선택을 결합한 변화

앞서 짚어본 바와 같이 북한처럼 강력한 권위주의 체제에 순응된 경직된 사고체계, 수직적인 상명하달식 운영체계, 장기간 절대 부분을 차지해온 계획경제 체제, 생산과 판매 및 소비의 순환이 거의 마비된 경제 현황 등을 감안한다면 말단에 자유를 부여하는 것만으로 자생적인 회복과 발전을 꾀하기는 어려워 보인다. 중앙의 명확한 비전과 실천 의지에 기초해 통일된 로드맵을 순차적으로 실행해야 할 것이다.

경제에서 시장의 역할과 영역의 점진적인 확대를 꾀하자면 경제구조의 하부에서부터, 시장 원리를 도입하기 용이한 분야에서부터, 자유로운 시장 참여의 길을 열어주어야 한다. 그러나 현재 기형적으로 편중된 중공업 위주의 경제구조에서 중공업 등 기간산업과의 유기적인 연계를 이루면서 선순환 사이클을 작동시키려면 계획과 시장의 적절한 조합이 불가피하고, 특히 변화 초기에는 국가의 적절한 중앙집권적 관리 통제가 변화의 진척과 효율 제고에 훨씬 유리해 보인다. 또한 시장의 확대 과정에서도 더 광범위하고 전면적인 시장 기제를 적용하는 데 그 규모나 복잡성 면에서 시장 운영의 전문 지식과 정교한 노하우가 요구된다. 국가정책 수립 등 사회의 각 분야에서 필요한 운영 능력이 저절로 축성될 가능성은 적고, 특히 개방의 정도를 일정 부분 제한할 수밖에 없는 변화의 초기 단계에서는 더욱 그러하므로 국가가 주도해 전문 엘리트를 집중적으로 육성하고 적절하게 활용해야 한다. 국가는 현대화의 두뇌와 손발이 될 골간 그룹을 집중적으로 육성해 아래로 보내고 현장에서 단련되고 그 능력이 입증되면 다시 중앙으로 흡수하여 운영의 수준을 높이는 선순환 구조를 만들어야 한다. 그리고 국가는 올바로 설정된 국가 비전에 맞는 단기, 중장기 현대화 계획과 실행 로드맵을 만들고, 그것이 시장화의 진척 현황에 유연하게 반응할 수 있는 계획과 시장의 유기적 조합 과정을 구현해야 한다.

　북한 현대화의 최종 목표는 선진국 수준의 경제 발전과 시장경제를 이루어내는 것이고, 이를 향한 발전 도상에서 선택과 집중과 강력한 국가적 추진력을 통해 변화의 속도와 효율을 높이려는 의도와 더불어 공유제가 주를 이루는 소유 구조의 영향도 고려하여 과도적으로 사회주의 시장경제를 채용하는 것이라면, 발전의 방향은 결국 계획에서 시장으로, 공유제에서 사유제로의 점진적인 전환이 될 것이므로 국가 주도로 계획과 시장의 조화를 꾀하는 과정에 반드시 이런 전환의 진척 관계가 반영될 수 있어야 한다. 국가 주도의 경제개혁 과정에서 특히 경계해야 할 것은 관치경제, 계획경제의 본질적인 병폐가 시장경제로의 전환을 저해하지 않도록 하는 것이다. 경제가 발전하면서 규모가 커지고 구조가 고도화되며 관계가 복잡 다양해질수록 계획은 현실을 제대로 반영할 수 없을뿐더러 시시각각 달라지는 변화의 양상을 미처 따라갈 수 없다. 그래서 계획은 초기 또는 기존의 세부적이고 직접적인 방식에서 벗어나 더 큰 틀에서 간접적인 방법으로 방향을 잡아주는 방식으로 변해갈 수 있어야 한다. 시장이 '보이지 않는 손'의 도움으로 환경 변화에 민첩하고 능동적으로 대응하게 하면서도 자유 시장이 방종으로 흐르지 않고 독점이 자유로운 공정 경쟁을 위축시키지 않도록 계획과 규제를 적절히 배합하는 것이다. 그리고 국유기업이 점차 시장 질서에 적응하면서 계획이라는 보호의 울타리에서 벗어나 시장에서 생존 경쟁력을 갖출 수 있도록 하는 한편, 국유화가 불가피하거나 더 효율적인 부문을 제외하고는 모두 사유화시켜 가는 방향으로 계획을 수립해야 한다.

북한은 자본, 기업의 자체적인 육성을 고려해 국유기업의 사유화나 내부 시장 및 내부 경제주체의 경쟁력을 키우는 과정에서 국가에 의한 일정한 보호주의적 조치가 불가피할 것이다. 전략적 가치는 있지만 경쟁력이 없는 국유기업의 급진적 사유화는 기업을 파산에 내몰게 만들 것이며, 경쟁력이 어느 정도 있는 기업이라 할지라도 내부의 구매 능력 부재를 이유로 무턱대고 해외 자본에 매각하는 것은 전략적인 국가 경쟁력 육성에 도움이 안 될 것이다. 북한은 내부의 자본과 기술 축적을 도모하는 방향에서 국유기업의 주식회사 전환이나 합자, 합작 관계 수립 등 중국의 선행 경험을 참작할 수 있을 것이다.

북한과 같이 민주적이고 (정부에) 독립적인 입법 기구가 존재하지 않는 체제에서 현대화를 위한 법제도 수립은 민의가 반영되기보다 국가 의지에 의존할 수밖에 없으며 수립된 법제도도 일정 기간의 과도기에는 국가의 정치력에 의해 담보된다. 중국과 마찬가지로 북한은 일당정치 체제로서 집권당에 사회조직 전체에 대한 영도적 지위가 있으므로 현대화 추진이라는 정치적 안정을 위해 잠정적으로 이 체제를 크게 흔들지 않는 조건이라면 당과 그의 지도를 받는 국가 행정력에 의한 정책 및 법제도 수립이 불가피한 것이다. 사실 북한의 형식적 입법기관인 최고인민회의는 당과 정부의 결정에 대한 거수기 역할을 하는 데 지나지 않으므로 현대화를 향한 정책 및 법제도의 수립은 당과 정부라는 실질적인 국가 정치력을 떠나서 생각할 수 없다.

북한 정권은 현대화를 성공적으로 추진하기 위해(현대화의 내용이기도 하지만) 스스로 권력 남용을 막고 경제 개체의 재산권과 합법적인 이익이 보호될 수 있도록 정권에 독립적인 입법 및 사법제도를 수립해야 한다. 권력이 스스로를 규제한다는 것이 가당치 않아 보이지만, 북한은 이런 제도의 수립이 북한의 가장 치명적인 문제점인 신뢰성 결핍을 극복하는 데 필수적인 과정임을 명심하고 반드시 실행하여 자기 절제의 의지를 보여주어야 할 것이다.

하향식 중앙집권적 변화의 방향이 사회 하부의 자유와 권리를 점차적으로 확대시켜 경제 분야에서부터 시장체제를 성장시키는 데 있다면, 시장의 활성화는 개별 경제주체의 재산권을 비롯한 경제적 이익의 보장과 보호가 담보되는 것을 전제로 하며 그 담보는 오직 법치제도 수립을 통해서만 가능하고 신뢰성을 확보할 수 있다. 그리고 일단 확립된 법치제도는 개별 경제주체의 부에 대한 의욕과 재산권에 대한 믿음을 심어주어 경제력 향상으로 추동되며 증대된 경제력은 개별 경제주체로 하여금 권익 관계의 보호와 개선의 의지를 북돋고 정치력을 키운다. 그 결과 강렬한 민의가 이루어지고 이는 위로의 추가적인 개선 요구로 이어지며 중앙은 다양한 민의가 합리적으로 조화되도록 정책과 법제에 반영할 수 있을 것이다.

중국은 개방개혁 이후 지금까지 입법 및 사법 기구에 대한 당의 영도 내지는 간섭을 포기하지 않아 인치에서 법치로의 전환이 늦어진 아쉬움을 남겼다. 이 부분은 북한이 반면교사로 하여 중국과 분명하게 차별화해야 할 교훈이기도 하다. 여기에 대해서는 제3항(중국과는 달리 해야 할 것들)에서 좀 더 자세히 이야기해볼 생각이다.

앞에서도 살폈듯이 북한에서는 여러 가지 현실적 여건상 점진적인 변화 방식이 불가피해 보이므로 북한의 중앙집권적 통치력은 순차적이고 질서가 잡힌 변화를 이끌어내는 컨트롤타워의 역할을 해야 한다. 자유화와 시장화 조치를 적용할 때 용이한 분야부터, 준비가 된 부문부터, 꼭 필요한 부분부터 우선순위를 정해 착수하고 변화의 과정에서도 시기상조의 극단적이고 급격한 변화 요구에 방향을 이탈하거나 사회적 수용 정도를 넘어서지 않도록 제어할 수 있어야 한다. 농업, 수산업, 경공업, 상업, 서비스업 등 분야에 시장 원리를 먼저 적용하고 여기서 확보한 자본을 점차 중공업, 광업 등 대규모 기간산업 개선에 투입해 경쟁력을 높이며, 이로써 품질 및 가격 경쟁력이 향상된 원부자재 공급이 다시 기타 산업의 경쟁력 제고로 이어질 수 있을 것이다. 특히 북한처럼 중공업이 경제에서 절대 비중을 차지하지만 거의 자생력을 상실했을 정도로 망

가진 상황이라면 중공업과 관련된 국유기업들을 처리하는 데는 더더욱 국가의 개입이 필요하다. 오랫동안 가동이 중단되어 녹슬고 낡고 파손된 중공업 설비들은 폐기하는 게 더 경제적일 것 같다. 즉, 북한의 중공업은 복구하는 것보다 규모 축소나 정리 해체를 통해 대규모 구조 조정을 선행하고 경공업 등 캐시카우(cash cow)가 되어줄 관련 산업에 도움이 되도록 새로 구성하는 것이 더 바람직하다. 기업의 구조 조정 및 개편에 따른 대량 해고가 가져올 사회적 불안정을 우려해 국유기업 구조 조정 및 사유화를 뒤로 미루었던 중국과 달리, 북한에서 기업들은 실질적인 생산 활동을 멈춘 지 오래이고 배급체계가 붕괴해 근로자들은 사실상 실업 상태이므로 전략적 필요 대상 이외의 기업들을 정리하는 것은 그리 문제가 되지 않을 것 같아 보인다. 오히려 이런 정리 과정은 외국의 원조나 직접투자 및 국내의 신생 기업가들에 의해 신설되는 기업에 경쟁적인 조건에서 인력 공급이 가능한 노동력 풀(pool)을 형성하는 데 도움을 줄 것이다.

중공업을 육성하려면 대규모의 자원과 자금이 소요되기 때문에 국가 차원의 정책적·재정적 지원이 필요하며, 국가 경제의 중장기 비전에 맞춘 발전 계획과 이를 실현하기 위한 국가의 정치적·행정적 역량이 뒷받침될 때 비로소 추진 효과를 볼 수 있다. 국가는 재원을 조달하기 위해 정책, 법규 등 제도를 정비하고 적극적으로 대외 관계를 개선하여 투자 유치와 경제적 지원 및 활동에 편리한 환경을 조성해야 한다. 그리고 조달한 자원을 국가 목표에 부합하게 합리적으로 배분하고 산업 부문 간의 균형을 잡아야 한다.

토지, 생산수단 등에 대한 재산권 및 소유제의 제도적 정비와 관련해서도 국가의 역할이 아주 중요하다. 북한에는 개인 소유의 토지가 없다. 토지는 중요한 생산요소로서 북한으로 기업을 유치할 때 저렴한 가격의 토지 공급은 주효한 유인 요소가 될 수 있다. 국가가 국유지를 일정 기간 유지하면서 공단이나 개발 단지를 조성하고 기업에 토지를 무상 임대하거나 저렴한 가격에 제공한다면, 또는 토지 자산을 기업 지분 참여에 활용한다면 투자 유치에서 경쟁력을 확보할 수 있을 것이다. 해방 후 남북에서 모두 토지개혁이 실시되었기 때문에 북한에서 토지개혁으로 토지소유권을 상실한 지주들의 토지 반환 요청을 들어주기는 어렵다는 것이 대체적인 중론이다. 북한 정권이 현존하는 상황에서는 더욱 그렇다. 하지만 북한에서 토지개혁은 무상몰수의 방법으로 실행되었기 때문에 개인의 재산권을 심각하게 침해한 원죄가 있는 것도 사실이다. 그러므로 북한은 향후 토지 사유화 과정에서 토지개혁 이전의 토지소유권자들이 원한다면 그들에게 매입 우선권을 부여하는 배려도 검토할 필요가 있을 것이다. 북한은 토지소유 제도와 관련해 다음을 참고해야 한다. 시장경제가 고도화되고 토지 임대 만기일이 가까워지면서 중국처럼 토지의 일체 사유화를 허용하지 않고 기업에 장기 임대(주로 50년)하거나 건물주나 토지 수요자에게 토지 사용권만 제공하는 정책에 대해 우려가 증대되고 있는 점이다. 중국은 토지 사용권의 매매를 허용하는 한편, 토지 사유화도 검토하고 있지만 토지 시장이 부재해 토지의 시장가격이 형성되어 있지 않아 토지 가격을 설정하는 기준을 마련하는 데 상당한 논란이 따를 것이다. 토지의 지상권만 보유한 상태로는 지상의 건물에 진정한 재산권을 행사하기 어렵고 토지를 포함해 모든 생산요소와 생산수단, 자산의 사유화가 가능할 때 비로소 명실상부한 시장경제가 된다. 북한은 이런 점들을 참작해 초기부터 국유지 유지 대상과 사유화 가능 대상으로 분류된 국토 개발 및 운용 종합계획을 수립하고 처음부터 사유화를 단계적으로 실행하여 토지 시장과 시장에 의한 토지 가격의 형성을 도모하고 시장경제 아래에서 재산권의 온전한 활용 기제를 축성하는 방안을 검토해야 할 것이다.

그리고 북한에서 언젠가는 실행해야 할 국유기업의 사유화와 관련해서도 사유화가 가능한 시점까지는 경쟁력이 부족한 국유기업을 보조하고 매각 가능한 가치를 확보하도록 돕는 데 국가가 일정 역할을 해야 하는 불가피성이 존재한다. 국가의 기간산업을 보호하고 경쟁력을 육성하는 데 국가의 역할은 더 말할 것도 없겠다. 국유기업의 사유화 방식을 기업 수준과 시장 형편에 맞게 정하고 사유화 과정의 투명성과 공정성을 관리하고 감독할 책임 역시 국가에 있다. 국유기업이 어느 실력자에게 헐값으로 넘어가거나 배타적으로 매입권이 부여되는 현상, 기업 내부자들이 비대칭적인 정보독점을 이용한 내부 거래로 합당치 않은 가격에 재산을 독점적으로 가로채는 현상, 불투명하고 불공정한 사유화 과정에서 관련 당사자들의 지대(rent) 추구 행위 등 구소련과 동구권의 국유기업 사유화 과정에서 나타났던 문제들을 반면교사로 삼을 수 있다.

북한에서 하향식 중앙집권적 변화가 주가 되어야 할 필요성과 관련해 앞서 거론된 것들 외에도 여러 가지가 있겠지만 상기 요인들만으로도 그 당위성이 충분해 보인다.

사회구조의 하부에서부터 자유 선택에 의한 변화를 가능하게 하는 것은 자유화와 시장화 그리고 사유화와 민영화를 향한 전환의 자생적 흐름을 만드는 데 필수적이고 필연적인 환경이다. 이런 환경을 만든다는 것은 북한의 현존 계획경제 구조 외에 새로운 사유 또는 혼합 소유 경제주체와 시장화된 경제 운영 기제의 출현을 허용하고 장려한다는 의미이기도 하다.

농업에서 협동농장을 폐지하고 중국처럼 농가책임경영제를 도입하는 것이 그 예일 것이다. 경공업, 서비스업, 수산업 등에서 사기업을 허용하고 국가가 재정적·제도적으로 적극 지원하는 것도 한 방법일 것이다. 외자 기업에 차별을 두지 않고 외자 기업의 경제활동에 편리한 행정 서비스를 제공하는 것도 포함될 것이다. 독점과 지대 추구 등 부정부패를 차단해 공정하고 투명한 경쟁환경을 만드는 것도 중요할 것이다. 기층의 자유가 국가의 기본 가치와 충돌하지 않도록 가능한 한 유연한 사고의 틀과 넓은 활동의 장을 조성하는 것도 절실해 보인다. 사유재산의 불가침성과 시장화의 불가역성을 보장할 수 있는 법적·제도적 수단을 마련하는 것은 기본이다. 사회조직 체계를 혁파하여 국민을 조직적 구속에서 해방시키고 육체적·정신적 자유를 주는 것은 필수이다. 폭압과 공포에 기반을 둔 통치를 중단하고 인권을 최대한 보장하면서 연성 권력에 의거하는 정치로 전환하는 노력도 시급한 과제이다. 계급투쟁과 정치적 숙청이 낳은 사회적 적대 관계를 해소하는 과거와의 대화해는 사회적 통합과 자유의 증진을 위해 불가피한 요구이다.

북한은 중앙과 지방과의 관계 설정에서도 중국의 지방분권 사례를 참고할 수 있을 것이다. 지방에 재정권과 행정권, 입법권을 전부 또는 일부 부여하여 재정적 지출 및 수입 권한을 나누어주고 이익을 일정 부분 유보할 수 있도록 하면서 지역의 실정에 맞게 경쟁력을 고려하여 법규를 제정하고 행정 서비스를 제공할 수 있도록 하면 지방정부의 자율성과 적극성을 높일 수 있고 지역 간 경쟁도 활성화시킬 수 있을 것이다. 한국의 '새마을운동'도 좋은 모범 사례가 될 것이다. '새마을운동'의 핵심 취지는 마을 주민들이 주인이 되어 스스로 마을의 현대화를 이룩하도록 하며 열의가 있고 성과가 있는 곳을 더 집중적으로 지원해 잘하는 곳은 더 잘되게 하는 동기 부여에 있다. 중국도 지방을 지원할 때 될 만한 곳에, 잘하는 곳에 집중해 개방개혁의 본보기를 만들 수 있었다.

북한에서도 상기와 같은 노력들이 따라준다면 처음은 미미하겠지만 시장은 스스로 성장해 결국에는 계획의 영역을 대부분 대체할 것이고 시장 주도하에 계획이 보완 역할을 하는 형국을 맞게 될 것이다. 그리고 자유는 아래에서 위로, 경제에서 정치·사회 영역으로 점차 자연스럽게 확대되어갈 것이다.

다시 말해 북한도 중국과 마찬가지로 중앙의 주도하에 하부의 점진적인 자유 확대를 기할 때 현대화를 향한 대전환의 노정에서 혼란과 우여곡절을 줄이고 지름길로 달려갈 수 있을 것이며, 이는 이미 검증된 사실이다.

(2) 경제 발전을 선행하는 점진적·단계적 변화 지향

구소련이나 동구권, 그리고 중국과 마찬가지로 북한의 현대화는 경제에서는 계획에서 시장으로, 정치에서는 권위주의에서 민주주의로, 사회문화에서는 속박에서 자유로 향하는 전면적인 대전환 과정이다. 이처럼 한 국가의 체제와 사회 전반에 걸친 대변화를 일시에 동시다발적으로 실행하는 것이 체제나 문화의 큰 관성을 고려할 때 현실적인 선택이 되긴 어려울 것이다.

선행 사례를 놓고 보아도 구소련이나 동구권이 선택한 이른바 '충격 요법'에 따라 정치 및 경제 분야에서 동시적으로 자유화 개혁에 착수하는 방식은 중국이나 베트남의 정치적 자유를 유보한 경제적 자유화 선행 방식과 주로 비교되곤 한다(양운철, 2006).

사회주의 계획경제 체제에서 민주주의 시장경제 체제로 전환하는 방식은 크게 두 가지이다. 즉, 전면적·동시적이냐, 아니면 단계적·점진적이냐로 분류된다. 정치적 자유화와 가격 자유화, 사유화 같은 시장경제의 핵심 요소들을 동시에 추진하는 전자의 방식은 체제 전환의 과도기에 소요되는 과거 체제의 유지 및 점진적 전환과 관련된 보조 비용이 많이 소요되어 국가가 재정적 부담을 지는 문제점을 피해가면서 전환 초기부터 온전한 규칙에 따라 새롭게 시작하여 구체제의 관성을 약화시키는 장점이 있는 반면, 급격한 체제 변화에 따른 사회적 무질서와 혼란, 대규모의 기업 파산 및 실업 등에 따른 경제적 소득 추락을 잠정적으로 감수해야 하는 단점도 있다. 반대로 후자는 정치적 자유화를 잠정적으로 유보함으로써 그에 따른 사회 안정의 도움을 얻어 경제력 향상에 주력할 수 있고 가격 자유화와 사유화 조치들을 단계적으로 시행하여 경제적 충격을 완화시킬 수 있는 장점이 있는 반면, 국가가 비효율적이고 경쟁력이 없는 구체제를 일정 기간 유지하고 전환 가능한 수준에 도달하는 시점까지 보조하는 데 들어가는 비용 때문에 재정적 부담을 지게 된다. 또한 구체제의 집요한 관성 때문에 자칫 잘못하면 개혁을 저해하는 반동을 맞을 수 있다는 단점도 있다. 그리고 양자 모두 체제 전환 과정에서 기득권층의 부정을 완전히 차단할 수는 없는데, 전자는 국가 기능의 갑작스러운 최소화에 따른 관리 감독의 부실로 국유재산의 사유화와 경제체제 재편 과정에서 사취, 부당 취득, 지대 추구,

배타적 독점 등과 같은 불공정 행위를 허용했고, 후자는 엄존하는 감시와 견제를 받지 않는 국가권력을 등에 업고 권력을 남용해 경제개발 기회를 독점하고 지대를 추구하는 등의 부정부패를 막을 수 없었다.

북한의 경우 앞에서도 여러 차례 언급한 바와 같이 일인통치 체제 유지라는 현실적인 이유 때문에 '충격 요법' 방식이 아니라 점진적 방식만 선택할 수 있다. 그리고 점진적 방식은 다른 여러 여건들에 비추어 보아도 북한에 적합한 선택일 수밖에 없다. 북한은 경제 분야에서부터 ─ 그중에서도 경공업, 농업, 서비스업 등과 같은 국민 생활과 직접 관련되는 부문부터─ , 중소 규모의 기업에서부터 가격 자유화와 사유화 등 시장화에 착수하는 것이 바람직해 보인다. 경제부터 살려서 경제력 향상에 따른 국력 상승이 이루어져야 외부의 위협 우려로부터 자유로워지고 자신감을 얻어 개방 확대와 변혁의 심화로 전진해갈 수 있을 것이다. 이런 부분에서 중국은 좋은 귀감이 되어줄 수 있을 것이다. 대규모 국유기업 사유화에서도 러시아, 동구권 및 중국의 사례를 참고할 수 있다. 대규모 국유기업 사유화 방식은 소유권을 기업 내외의 누구에게 넘기는가에 따라 외부자 사유화와 내부자 사유화로 구분할 수 있고, 개별 수요자들에게 매각하는 개별적 사유화와 대중에게 지분 소유권(쿠폰)을 분배하는 대중적 사유화로 분류되기도 한다. 기타 여러 가지 측면에서 접근한 다른 분류법들이 있지만 기본적으로 사유화 방식을 채택하는 데는 효율과 공평이 판단과 결정의 주요한 기준이다. 사유화 전환 비용을 최소화하고 단기간에 최대 효과를 기대하면서도 특정 기득권 집단에 의한 독점화를 막고 대중에게 기회를 균등하게 배분하는 형평성 문제도 고려해야 한다. 어느 것에 좀 더 비중을 둘 것인가는 정부와 국민이 판단할 몫이겠지만 분명한 것은 사회적 효율과 형평성 중 어느 것 하나도 포기할 수 없는 개혁의 가치라는 점이다.

소규모 사유화에서는 수요자에게 직접 소유권을 이전하는 방식이 일반적인데, 경매, 공매, 경쟁입찰, 직접 협상 등 여러 방법이 통용된다. 대규모 사유화에서는 국유기업의 소유권 이전에서 주식회사로 전환하는 방식이 보편적이다. 기업 외부자와 내부자에게 지분을 분할하여 배분하는 데서 내부자의 독점을 방지하기 위해 지분 한도에 제한을 두고 다른 한편으로는 내부자 우대 차원에서 할인된 가격에 제공하기도 한다. 물론 대규모 국유기업도 경매, 공매, 경쟁입찰 등의 매각 방식으로 소유권 이전을 할 수 있다. 구매자가 없을 정도로 기업 상황이 나쁜 경우에는 파산, 화의, 청산 등 방법으로 정리 수순을 밟는다. 국유기업 사유화 과정에서 기업 가치를 합당하게 평가하는 것은 매우 중요하다. 기업 매매 시장이 형성되어 있지 않고 기업 평가 시스템이 미비한 상황에서는 기업 가치가 필요 이상으로 부풀려지거나 과도하게 평가절하되지 않도록 해야 한다. 기업의 내부 정보가 공개되어 있지 않고 기업 가치를 평가하는 과정도 불투명한 상황에서 기업 경영자와 정부 관리 등 극소수가 기업 정보를 비대칭적으로 독점하면 그들의 이해관계에 따라 기업 가치가 의도적으로 절상되거나 절하될 수 있다. 그리고 그 과정에 기득권 세력이 지대를 추구하게 된다. 특히 점진적 시장화 과정에 사유화를 관리하는 국가기관의 권력 남용과 부정부패를 관리 감독할 독립적인 기구체계가 필요할 것이며, 이것이 정치권력에 독립적인 사법 기구가 필요한 이유 중 하나이기도 하다.

북한은 중국처럼 계획과 시장이 혼합된 체제로 경제에서 계획의 비중을 점차 줄이면서 시장의 역할 확대를 장려하는 전략을 선택해야 할 것이다. 생산 활동이 중단되거나 가동률이 저조한 대규모 중공업 공장들 중에서 전략적 가치가 없으면서 경쟁력이 없는 공장들은 전부 정리하고, 아직 쓸모가 있거나 전략적으로 필요한 공장들만 구조 조정하는 등 경쟁력 제고 프로세스를 가동해 시장환경에 적응시켜나가면 될 것이다. 이때 계획은 초기에는 가능한 한 시장의 수요에 부합하면서 한편으로는 품질이나 가격 면에서 시장 경쟁력을 확보하지 못한 상태로 공장 운영을 유지해나가는 정도의 역할을 할 수밖에 없을 것이다. 시장가격과 국정 가격이 공존하는 이중가격 제도하에서 국정 가격은 기업의 가격 경쟁력이 향상됨에 따라 점차 시장가격에 수렴해가다 결국에는 시장가격으로 대체될 것이며, 이때 계획은 미시적인 효력을 상실하고 시장에 자리를 내어주는 것이다. 그 대신 계획은 거시적인 영역에서 국가에 의한 시장의 조정 수단으로 역할을 바꾸어 존재할 수 있겠지만 이때는 이미 그 성격이 과거와는 다른 것이다. 중소 규모 기업들은 즉시 또는 최단 기간 내에 시장체계로 전환될 수 있을 것이다. 새로 탄생하는 사유기업, 외자 기업, 합자 기업 등이 시장 영역의 확대로 주도적 역할은 맡게 되는 것은 자명한 일이다. 시장은 그 메커니즘이 작동할 수 있는 환경만 주어진다면 자생적으로 성장한다. 시장의 엄청난 욕망과 생명력은 역사적 검증을 거쳐 세간에 인정된 것이고, 오히려 극단적인 방종과 약육강식으로 흐르지 않도록 적당히 제어해야 한다는 것이 오늘날의 대체적인 인식이다.

북한에서 시장경제에 적합한 경쟁력 있는 소유 구조를 만드는 과정도 공유제와 사유제 또는 혼합 소유제 등 다양한 소유 형태를 만들고 이들이 적절한 균형과 조화를 이루도록 하는 방식으로 진행될 수 있을 것이다. 이런 소유 구조 개선 및 개편에는 국유기업의 매각 또는 주식회사 전환, 유한책임회사 형식의 사기업 허용, 개인 농가나 개인 상공업자 등 자영업자들에 의한 사유기업 장려와 같은 여러 가지 방법이 있을 수 있다. 북한도 중국처럼 대규모 기업은 점차적으로 소유 구조를 개선하도록 하면서 중소 규모 기업은 즉각 또는 최단 기간 내에 사유화하는 것이 좋을 것이다. 하지만 토지에 대해서는 중국과 달리 처음부터 사유화 가능한 대상과 국유화 유지 대상을 구분하고 토지 사유화를 점차적으로 진행해 토지 시장 및 토지 시가의 형성을 도모하도록 검토해볼 필요가 있다. 국가적 전략개발대상 지역, 기업유치대상 지역 등 국가적 요충 지역 또는 보호 구역은 국유화를 유지해 국가가 기업에게 경쟁력 있는 가격에 토지를 제공할 수 있는 능력을 보유하도록 하면서 실내농사, 임야, 도시의 주택 및 상업 지구 등 일반 시민의 주거 생활이나 경제활동 또는 재산권 행사와 직접적으로 연관된 지역은 초기부터 사유화 가능 지역으로 만들어 시장화하는 것이 시장경제의 조기 발전 및 성숙에 유리할 것이다.

북한은 중국이 개방개혁 정책을 펼치면서 국가정책의 중심을 경제 발전 한 가지에 집중한 사례처럼 군사 제일주의를 접고 경제 제일주의로 신속히 전환 하는 결단을 내려야 할 것이다. 한번 부여된 기득권은 그것을 유지하기 위해 끊임없이 그럴듯한 명분과 논리를 만들어내며 과도하게 자원을 소비하고 권력 을 과시할 공간을 넓혀간다. 그것이 세상의 이치이고 권력의 생리이다. 북한에 서 의도적으로 과장된 군사적 긴장을 빌미로 과도하게 편중되고 비대해진 군 사 권력은 북한의 온갖 비생산성, 비합리성의 온상이 되고 있다. 북한의 중공 업은 그 구성에서부터 군수산업이 절대 부분을 차지하고 있고 군수 분야에 주 된 역량이 투입되고 있다. 군수산업의 민수산업으로의 전환을 제외하고서는 중공업과 국유기업의 구조 조정 및 개편은 생각할 수 없을 것이다. 북한의 재 래식 군수산업 기술력과 경쟁력은 너무 뒤처져 있어 사실상 쓸모가 없고 쌓아 놓은 재래식 무기도 처치가 어려워 보인다. 북한은 이미 효용을 잃은 재래식 군사력을 대대적으로 감축하고 민수산업으로의 전환을 단행하여 세계를 향해 평화의 의지를 보여주는 전략적 선택을 할 수 있을 것이다. 북한에 시장경제가 활성화되고 기업 진출이 확대되면 적정한 인력을 수요에 맞게 원활히 공급할 수 있는 노동시상이 함께 발전해야 한다. 현재 북한의 민수 기업 인력만으로는 기술 수준은 물론이고 양적 수요도 감당할 수 없을 것이다. 군수 기업에는 숙 련된 기술 인력이 많아 그들을 잘 활용하면 경제 발전에 크게 기여할 수 있다. 그리고 경제성장에 필요한 대규모 인력 수요를 감당하기 위해서는 병력 감축 에 따른 제대군인들을 흡수해서 군축 이후 대량 실업으로 야기될 수 있는 사회 적 불안정을 해소하고 군 복무에 따른 인력 낭비를 없애며 젊은 인력을 경제 발전에 투입하여 기업에 활력을 불어넣을 수 있을 것이다. 북한은 스스로 군사 적 긴장을 해소하는 조치를 선행하여 국제사회에 평화와 경제 발전에 대한 의지를 분명히 하고 신뢰를 심어주어 대규모 투자 유치와 지원을 이끌어내야만 지금의 역경에 벗어나 도약으로의 대반전을 기약할 수 있을 것이다. 북한이 재래식 전력을 감축하고 대외적으로 경제 관계가 확대되고 심화되어 평화적 환경이 성숙되면 국제사회의 다자적 보증을 통해 평화체제가 구축될 것이다. 그리고 그와 동시에 북한 핵무장 문제가 완전히 해결될 것으로 예상된다. 북한이 지금까지 보여준 사고방식과 행태를 감안한다면 핵무기 포기를 전제로 대외관계를 개선해나가리라 생각하기는 어렵다. 북한이 과도한 안보 불감증에 빠져 있는 것은 사실이다. 한국과 미국이 자신을 공격할 수 있다고 가정해왔고 그 가정은 어느덧 믿음이 되어버렸다. 그리고 북한에게 핵무기는 약자 콤플렉스를 보상해주는 유일한 자존심이다. 북한이 핵무기를 가졌다고는 하지만 사용과 동시에 멸망을 초래할 수 있다는 점에서 사용 가능성은 희박하다. 즉, 공격자가 있어 사용할 기회가 생기지 않는다면 사실상 핵무기의 가치는 방어용에 그칠 뿐, 전쟁을 가상하지 않는 한 일상 환경에서는 주변 강국들에 비해 경제나 체제 경쟁력에서 취약하므로 북한은 절대적 약자나 마찬가지이다. 북한이 한반도를 적화통일하는 데 공격 무기로 핵을 쓸 수 있다는 우려도 있지만, 한미 동맹을 위시로 한 국제사회에는 충분한 억제력이 있으며 북한이 재래식 전력 감축으로 공격 능력을 먼저 줄인다면 북한 공격에 대한 우려는 불식될 수 있다. 북한 정권이 자기 체제도 구제하지 못하는 상황에서 모두가 전멸할지 모르는 불장난을 할 만큼 비이성적인 존재라는 견해에는 동의하기 어렵다. 그렇다고 북한의 핵무장이 북한 입장에서 필요하거나 불가피한 선택이었다는 말은 아니다. 사실 북한에게 방어용으로써 핵무기는 필요 없다. 한반도와 그 주변국들이 북한을 상대로 전쟁을 할 유인 요인은 전혀 없다. 북한에 욕심을 낼 만한 천연자원이 있는 것도 아니고 북한을 점령해 무슨 큰 정치적·경제적 이득을 챙길 일도 없다. 오히려 북한 붕괴에 따를 재정적 부담(부양 및 혼란 수습 비용)을 피하고 싶어 한다. 그리고 설사 북한을 점령했다 하더라도 민주국가는 현지 주민에 의한, 현지인의 이익에 부합하는 정치를 할 수밖에 없기 때문에 점령으로 큰 이권을 독차지할 수 있는 것도 아니다. 따라서 북한의 핵무기는 과잉 수단이고 국력 낭비이며 북한의 경제 형편상 무리한 지출이다. 북한이 경제 발전을 위해 세계시장에 본격적으로 진입하려면 언젠가는 핵 문제를 떨어내야만 하는 순간에 직면할 것이다. 여하튼 평화체제를 구축하는 과정도 점진적인 단계를 밟을 수밖에 없을 것 같다. 물론 북한이 외부의 군사 침공에 대한 과도한 불안을 떨쳐낼 수 있다면 핵 문제는 급진전을 이루게 될 것이다. 북한이 진정으로 두려워해야 할 것은 외부의 과격 반응이 아니라, 그러한 반응을 야기할 수 있는 북한 정권 스스로의 비현실성인 것이다. 북한이 아직도 대남 적화통일이 가능하다고 여기는 것은 아니리라 믿는다. 또한 자신이 한번 으름장을 놓고 한두 군데 연기만 피워 올려도 외부 세계에서 아늑한 평화가 깨지는 것을 두려워해서 또는 일이 커질 것을 우려해서 조공을 바칠 것이라고 믿고 있지 않기를 바란다.

북한의 정치 및 사회체제 개혁도 경제 발전에 중심을 두고 시장경제가 성장하는 데 편리하도록 제도적 환경과 사회조직 체계를 부단히 개선해나가는 점진적 과정이 될 것이다. 경제가 잘 돌아가도록 시장과 계획을 조화시키는 과정은 필연적으로 북한의 경직된 정치체제나 사회조직 체계를 좀 더 유연하게 변화시킬 것이다. 시장이 경제 발전의 조건이고 수단이라면 시장의 발전은 경제 주체의 자유를 전제로 한다. 점차 조직적 속박을 풀어주고, 진취적인 정신 활동의 자유를 주며, 각종 강압적·비합리적 제도와 규제를 철폐하거나 개선해나가게 될 것이다. 대외 관계를 개선하고 대외 거래를 활성화하기 위해서도 세계 수준에 맞는 제도를 정립해야 할 것이다. 한국 등 외부 세계로부터 대대적인 직간접 투자를 유치하려면 인명 및 재산권 안전 보장에 대한 믿음을 줄 수 있는 정치적·제도적 환경을 구비해야 하고 자유로운 경제활동이 가능한 경제적·사회적 환경과 거래 신용을 확보할 수 있는 신뢰 관계를 축성해야 한다. 이런 과정의 화룡정점이 될 북한의 세계무역기구 가입은 국제사회와 세계시장의 보편적인 질서와 규칙을 따르게 된다는 점에서 북한의 시장화와 현대화에 중대한 기회이자 수단이 될 것이다.

북한이 수령체제와 일당통치 체제를 유지하는 체제 개혁 및 전환 과정에서 경계해야 할 것은 중국의 사례처럼 견제가 없는 권력과 기득권이 경제 발전의 열매를 독점하고 부정부패에 길들여져 현대화의 저해 세력으로 변질되는 필연적인 부패화 현상이다. 고인 물은 썩기 마련이다. 특히 북한이 지배층과 피지배층 간의 사회적 지위와 경제 수준의 격차가 현격하게 벌어져 있고 장기간 차별이 유지되어온 극히 불평등한 사회라는 점을 감안하면, 현존하는 권력체계와 기득권 세력의 지지와 참여를 이끌어내면서도 개방개혁에 따르는 경제적 성장의 기회를 가능한 한 공평하게 배분하고 또 한편으로 기득권 상실에 대한 보상도 가능하도록 하려면, 변화의 속도와 추동력을 확보해야 할 뿐만 아니라 견제와 균형을 이룰 수 있는 정치력과 제도 수립 능력 및 실행 기술을 조화시켜야 하는 것이다. 이에 대해서는 기득권 세력이 변화의 주인이 되어 개방개혁에 적극 동참하도록 이권을 부여하는 등 인센티브를 제공하면서도 특권적 전횡이 적정선을 넘지 못하도록 권력으로부터 독립된 견제 기구를 제도화하는 길밖에 없다는 것을 중국 등 선행 국가들의 사례가 이미 반증하고 있다. 이제 북한 지도층의 현명한 판단과 과감한 결단, 그리고 지혜로운 정치력이 요구되는 시점이다.

북한은 경제 분야에서부터 변혁을 시작해 경제 발전을 이루고 그 과정에서 유연성을 회복하고 인간의 경제적 욕구를 충족시킴으로써 국민이 자유와 행복 추구에 자신감을 갖게 해야 한다. 그러면 이에 따른 여유를 정치와 사회문화 등 다른 분야의 발전으로 돌릴 수 있을 것이다.

(3) 일당체제와 시장경제의 결합 및 과거-현재-미래를 아우르는 사상적 기반 구축

앞에서도 보았듯이 권위주의 체제와 시장경제는 양립할 수 있고, 계획과 시장은 공존하며 서로를 보완할 수 있다. 그리고 북한에서 정치적 자유화를 시도한다는 것은, 곧 일인지배 체제의 전복이나 붕괴를 의미한다. 이 점이 바로 북한이 개방개혁에 착수하지 못하는 가장 큰 이유이다. 실제로 북한 주민의 생활의 질을 개선하는 데 물질생활 향상이 가장 절박하고, 경제 발전에서 시장경제는 꼭 필요하지만 그것이 반드시 민주주의 원칙을 동반해야 하는 것은 아니다. 북한이 점진적인 변화의 길을 택한다면 정치적 안정이 필요하며, 선택과 집중을 통해 체제 전환의 기간과 비용을 최소화하고 발전을 가속화할 수 있도록 정치력이 주도적 역할을 해야 한다. 중국은 북한과 유사한 공산당 집권체제로서 사회 전체에 대한 당의 영도를 정치체계의 골간으로 한다. 이런 점에서 중국 공산당이 개방개혁으로 사회주의 시장경제 체제를 구현하는 과정을 통해 보여준 처신과 변신의 행적은 북한에게 좋은 참고 사례가 될 것이다. 중국은 경제 발전에 당 활동의 초점을 맞추고 경제문제를 효율적으로 풀어가는 데 당이 역량을 발휘할 수 있도록 꾸준한 조직체제 개편과 개선을 추진해왔다. 경제적 자원 배분에서는 중앙의 시도와 하부의 자율을 조화시키고 중앙집권과 지방분권을 효과적으로 안배했다. 중국 공산당은 개방개혁과 사회주의 시상경제를 지향한 새로운 사조를 만들어 전파하고 변화의 진척 상황에 맞는 사상체계와 정치 논리의 합리적인 변신을 구가해왔다. 중국은 혁신적인 전환사고 체계로 무장한 엘리트들을 집중 육성해 전진 도상의 고비마다 흔들림 없는 추동력을 발휘하게 했다. 그 결과 오늘날 중국은 경제대국의 위업을 이룩하고 정치 선진화를 향한 민주화 논의에 본격적으로 진입해 중국 공산당의 지도 이념에서 마르크스-레닌주의, 마오쩌둥 사상 등을 삭제했다. 그리고 덩샤오핑의 이론, 장쩌민의 '3개 대표론'만 남기고 후진타오의 '과학적 발전관'과 '조화사회'를 추가할지 논의하기에 이르렀다.

이것은 북한에도 시사하는 바가 크다. 북한은 주체사상을 응용한 체제를 과감하게 시도하는 등 변화를 합리화하고 이에 알맞은 정신적 양식을 제공하는 지혜가 필요하다. 여기서 막강한 선전 노하우와 수단을 가진 당의 주도적 역할이 기대된다. 또한 당의 영도 원칙은 유지한다 하더라도 지금처럼 사회조직 전체를 망라하는 조직체계가 사회의 자율적이고 창조적인 시도들을 억누르고 경직을 야기하는 요인이 되고 있다는 점에서 조직 구조와 범위 등의 전반적인 축소 개편이 절대적으로 요구된다. 북한은 시장경제하에서 사기업의 자유로운 창업과 폐업이 가능하도록 현재와 같이 모든 기관 단위에 조직을 두고 전민이 반드시 조직 생활을 하도록 하는 체계를 과감히 폐지하는 등 사회조직 구조를 전면적으로 뜯어고쳐야 한다. 기관, 기업마다 당위원회를 꼭 두어야 할 필요도 없으며 그 존재를 주요 국가기관이나 국영기업에 국한하고 그 역할도 정책 방향에 대한 지도에 집중하고 기업 운영이나 인사, 행정에 대한 개입을 없애야한다. 그래서 기업 경영자와 구성원에게 기업 운영과 행정 및 인사에 최대한자율권을 행사할 수 있도록 하고 기업 경영자에 대한 인사권은 경영 성과와 기업 구성원 및 외부 고객 등의 평가에 기준해 해당 기업보다 상위의 당조직에서하도록 하면 될 것이다. 이런 사회조직 구조의 개편에도 통치 집단의 정치적결단이 필요하다.

또한 북한은 시장경제를 학습할 수 있는 대외 채널을 대폭 개방하고 해외 유학, 해외 연수, 해외 인재 초빙 및 고용, 대학 교육과정 개편, 온-오프라인 강좌개설, 연구 팀 또는 태스크 포스 팀(TFT) 신설, 자격 및 학위제도 개편 등 다양한 수단과 방법을 활용해 전면적인 시장체제 학습 분위기와 환경을 조성해주어야 한다. 그리고 그 토대 위에서 시장경제 건설을 앞장서 끌어갈 수 있는 엘리트를 양성하는 데 국가적 역량을 집중해야 될 것이다. 모든 일의 흥망성쇠는사람에 달린 것이므로 인적 역량 육성이 북한 현대화 성공의 선결 과제가 되는 것이다. 특히 외부와 고립되어 살아온 북한 사람들에게 정교하게 발달한 거대 시장경제의 지식과 노하우를 단기간에 학습시키는 것은 쉬운 일이 아니다. 그러므로 인재 육성에 국가의 최고급 역량을 투입해야 하며, 이때 정치 논리를 배제하고 경제 논리에 집중해야 한다. 이렇게 육성된 엘리트들은 북한의 현실과 외부의 선진 지식을 적절히 결합하여 북한에 맞는 실용적 지식을 창출해낼 것이며 현대화의 진척 상황에 맞게 사상이론과 방법 논리를 개발해 정치적 안정과 사회 발전에 기여하는 정신적 기반을 구축할 것이다.

북한에서 일인지배 및 일당통치 체제와 그를 변호하는 사상체계는 북한의 과거이자 현재이며 앞으로도 존재할 미래이다. 그래서 현재의 요구로부터 출발한 미래의 변화를 추구하는 데 권력과 사상의 과거와의 연속성과 불연속성, 지킬 것과 버릴 것 사이에 조화와 균형을 이루고 과거와 현재 및 미래를 연결하는 접점을 만들어주는 것이 아주 중요하다. 과거의 잘못을 떨쳐 버리고 현재를 박차고 미래로 나아가는 데 당위성을 부여하고 자신감과 믿음을 심어주기 위해서는 과거의 공과를 명백히 하고 미래 노선을 명확히 해야 한다. 중국의 덩샤오핑은 개방개혁 정책을 선언하면서 마오쩌둥의 공과를 '공칠과삼(功七課三)'으로 평가하고 계승할 것과 시정할 것을 가렸다. 그리고 경제 발전에 집중한다는 '1개 중심'과 공산당 지도하에 개방개혁에 매진한다는 '2개 기본점'을 정치 노선으로 제시했다. 북한의 통치사가 선대를 부정하기 쉽지 않고 체제 특성상 수령에 대한 비판이 가능치 않다는 점을 감안할 때 과오를 인정하기는 어려울 것 같다. 하지만 최소한 시대가 달라졌고 과거의 가치관은 더 이상 현재와 미래에 어울리지 않다. 따라서 새로운 가치관을 받아들이고 만들어가야 한다는 노선 전환의 당위성을 명확히 천명해야 한다.

북한은 구시대적 산물인 유일사상 체계와 '생활총화' 제도를 과감히 폐지해 전 국민에 대한 조직적·사상적 족쇄를 풀고 정신적·육체적 활동의 자유를 주어야만 한다. 특히 전대미문의 비인간적인 '정치범' 제도를 즉각 폐지하고 정치범 수용소를 해체해야 한다. 북한은 재판도, 온전한 변호도 없이, 단지 사상이 의심되는 발언이나 행동 하나만으로 당사자나 그의 가족들을 정치범 수용소에 가두거나 가혹하게 고문하거나 공개 처형하는, 미개사회에서나 가능한 야만적인 폭력 행위를 당장 중지해야 한다. 통치와 사회질서를 유지하는 데 공포를 활용하는 것은 어느 정도 필요하다. 그러나 선진 문명세계는 합법적 테두리 안에서 법의 규제에 따른 공포만을 허용하고, 인권 보장을 최우선의 가치로 삼아 인간의 존엄성을 유린하는 가혹 행위를 금지하고, 인명을 빼앗는 것을 최대한 제한하며 불가피한 경우에는 엄격한 허용 기준을 적용하고 있다. 북한이 정치적 안정을 위해 어느 정도 사상적·정치적 행위를 통제할 경우가 필요하더라도 반드시 그에 해당하는 법을 만들고 그 법에 준해 공식적인 재판과 변호 과정을 거쳐 유죄가 확정될 때 형을 내리는 형식을 취해야 한다. 그러나 사실 사상적 행위는 보편적 인권 기준에서 죄가 될 수 없으며, 국가 안보를 크게 위협하고 사회 안정을 깨뜨릴 소지가 있을 경우라도 형량이 그리 무겁지 않은 것이 민주 사회에서의 일반적 추세이다. 한국의 「국가보안법」이 좋은 예일 것이다. 그리고 오늘날 물리력에 의한 하드파워(hard power) 통치보다는 정신적·도덕적 가치에 호소하는 소프트파워(soft power) 정치가 선진 문명사회의 상징으로 되어 가고 있는 흐름도 감안해야 한다.

북한은 시대의 변천에 적응하고 스스로 변신해서 갈등 요소와 체제 위협 요인을 원천적으로 제거할 수 있을 것이며, 엄존하는 공권력에는 무리하고 과도한 체제 도전의 요구를 통제할 힘이 충분하다는 것을 알게 될 것이다. 또한 선의에 기초해 합리적으로 공권력을 사용한다면 국민의 용인과 사회적 인정을 얻을 수 있을 것이다. 지금은 북한이 두려움을 떨치고 과감히 미래를 향해 도전할 용기가 필요한 시점이다.

(4) 외국인 직접투자에 의거한 제조업 위주의 수출 주도형 경제 추구

북한의 자금 조달은 중국의 경우를 참고했을 때 외국인 직접투자가 주가 되고 국제사회의 원조 및 차관이 부가 되는 방식이 가장 적절해 보인다. 차관 제공 조건이 아무리 우호적이라 할지라도 북한처럼 경제적 기초가 빈약하고 금고가 거의 비어 있는 상태에서는 채무 상환 능력의 상한선이 낮을 수밖에 없어 채무 가능 한도가 얼마 되지도 않을뿐더러, 적정선을 넘어선 채무는 정부의 재정 부담을 가중시키고 차관 제공의 조건 제약에 묶여 정부의 정책 자율성 및 추진력을 훼손시킬 수 있다. 따라서 북한에 소요되는 방대한 자금 조달 수요를 충족시킬 수 있는 방법은 외국인 직접투자를 적극 유치하는 길뿐이다. 중국이 개방 초기에 화교 자본을 적극 유입해 큰 도움을 받았다면 북한에게는 한국이 있다. 북한이 신뢰성 있는 정치·경제환경을 구축하고 국제분업에서 지정학적 위치를 고려해 적절한 경제적 위치를 선정하는 데 성공한다면 한국 자본을 대량으로 유입하는 것은 얼마든지 가능하다. 국제사회의 원조도 도움이 될 것이다. 북한이 진정성을 가지고 인권을 개선하고 국제사회의 일원이 되고자 노력하는 모습을 보인다면 국제연합을 비롯한 국제사회는 얼마든지 북한을 원조하기 위해 나설 것이다.

북한도 중국과 마찬가지로 제조업에 기초한 수출 주도형 경제로 나아갈 수밖에 없을 것 같다. 사실상 경제개발 초기에는 제조업에 기대지 않고서 온전한 경제적 수입을 기대하기 어렵다. 북한은 자원부국도 아니며(한국에서는 북한에 천연자원이 많다고 회자되고 있지만 자원으로 중장기 국가 경제를 꾸려갈 정도는 아니다) 당장 지식산업을 일으킬 수 있는 수준은 더욱 아니다. 뒤에서 자세히 다루겠지만 북한의 경쟁력은 저렴한 인건비와 토지 비용, 강력한 후원 배경(동족 국가이며 경제강국인 한국의 대규모 자본과 선진 기술을 배경으로 할 수 있다), 지정학적 이점(중국과 러시아라는 거대 시장 사이에서 대륙과 해양을 연결하는 통로에 위치한다)일 것이다. 북한이 중국과 기타 동남아시아 개발도상국들에 비해 제조 경쟁력에서 우위를 차지하기 위해서는 상기한 이점들을 잘 살려야 하는데, 인건비와 토지 비용은 경쟁력 측면에서 경쟁 상대국들보다 우위를 점하기 어렵고 경제 발전 단계에 따라 차이가 좁혀질 것이므로 큰 의미가 없다(경쟁력 향상에 따라 인건비 격차는 빠르게 축소될 것이고 지정학적 이점에 따라 토지 비용도 급격히 상승할 것이기 때문이다). 결국 남는 것은 지정학적 이점뿐이다. 북한에게 한국이라는 존재는 현재로서는 가장 위협이 되는 대상이지만 북한이 마음먹기에 따라서, 또는 사고의 전환만 가능하다면 게임의 환경과 규칙은 얼마든지 변할 수 있고 북한에게 한국이 최고의 백그라운드가 될 수 있다. 그리고 북한이 한국을 협력자, 동업자로 만드는 것은 단순한 선택 사항이 아니라 북한 경쟁력의 절대적·결정적인 부분으로서 필수 불가결한 사항이라는 것을 알아야 한다.

다시 말하지만 북한이 스스로 무너지지만 않는다면 북한을 붕괴시키고자 하는 외부 세력은 어디에도 없으며, 따라서 향후 모든 일의 귀추는 북한의 판단과 행동 여하에 달려 있다. 즉, 이미 공은 북한에 넘어가 있는 것이다. '목마른 자가 우물을 판다'고 했듯이 북한은 스스로 변신해야 하고, '하늘도 스스로 돕는 자를 돕는다'는 말이 북한의 믿음이 되게 해야 한다. 일단 한국이라는 발판을 얻고 나면 북한은 눈을 세계로 돌려 세계무역기구 가입을 서둘러야 한다. 북한이 진정 기댈 수 있는 경쟁력 요소는 지정학적 위치이다. 이 이점을 붙잡아 세계시장에 편입할 수 있는 제도적 경쟁력, 소프트파워를 키워야 한다. 제도적 경쟁력은 생산성 향상과 사회적 효율을 높이는 데 근본이며 외국자본의 유치와 수출 시장 확보 경쟁력을 갖추는 데도 결정적인 요소이다. 북한에게는 세계무역기구에 가입하기 위한 제도적 조건들을 갖추는 것이 곧 현대화의 길이며, 세계무역기구 가입에 성공한다면 이미 세계 경제 권역에서 방대한 경제 영토를 확보하고 있는 한국과 유기적으로 연계해 직간접적으로 거대한 수출 시상을 확보할 수 있게 되는 것이다.

북한이 계획경제 부분을 일부 유지하면서 시장경제로 나아가는 데 경계해야 할 것은 중국이나 베트남과 같이 국유기업들에 대한 개혁과 개편에 주저하다 시점을 놓쳐 국유 부문이 거대한 기득권 집단으로서 변화의 반대 세력으로 변질되는 문제이다. 중국이나 베트남에서 대형 국유기업들은 경제 발전을 정체시키고 성장률을 떨어뜨리는 등 온갖 불합리와 비효율 및 부조리의 온상이 되고 있다. 당장의 정치적 불안정을 회피하려다 사족이 묶이고 마는 우를 범하지 말아야 한다. 다행히도 북한의 많은 대규모 공장들은 이미 문을 닫은 것이나 마찬가지여서 정리나 개편에 상대적으로 수월한 측면이 있다. 군수공업이 민간화 과정에서는 중국이나 베트남의 문제점을 반면교사로 삼을 수 있을 것이다. 그리고 이 문제에서도 역시 세계무역기구 가입은 세계시장과 국제사회의 표준을 따르는 과정에서 북한의 변화를 촉진시키는 외부 동력이 될 수 있을 것이다.

북한이 '남의 손으로 코 푸는' 중국의 재주를 잘 배우기만 한다면, 중국이 30년 이상 걸린 지금의 현대화 수준을 북한은 15년 내지 20년 이내에 달성할 수 있다고 감히 장담한다.

3) 중국과는 달리해야 할 것들

앞서 살펴본 바와 같이 개방과 현대화를 향한 선환에서 북한이 저해 있는 환경은 중국과 많이 다르다. 그래서 북한은 중국과 차별화된, 북한에 맞는 방식을 모색해야만 할 것이다. 즉, 중국의 실책을 반면교사로 삼아 좀 더 진보한 방식을 탐구하고, 과제는 같지만 중국과 환경이 달라 다른 방식의 적용이 불가피한 경우(중국에 애당초 존재하지 않았던 북한만의 특유 과제 등)를 필히 고려해야 한다.

북한에서는 70년 가까이 지속된 계급독재와 거의 반세기에 걸친 유일사상 및 유일지도 체계가 철두철미하게 확립되었고 그것이 유지되는 과정에서 극단적인 정치 탄압이 수반되었다. 그리하여 공포정치하에서 극도로 경직된 사회 분위기는 국력의 침체와 퇴보를 야기했으며 지금도 상황은 점점 더 악화일로로 치닫고 있다. 세계의 보편적 가치관과 유리된 채 이념적 대립과 적대 관계를 지속하고 있는 북한은 스스로를 더욱 고립시키고 거동의 폭을 제한하고 있는 것이다.

남북 간의 장기적 대치 상황에서 한국을 우위로 한 남북한의 현격한 국력격차는 북한으로 하여금 더욱더 문을 굳게 닫아걸고 몸을 사리게 하고 있다. 그런 두려움에 원인을 둔 북한의 핵무장화는 국제사회의 강력한 제재를 불러왔고 미국이 주도하는 압박은 사방에서 북한을 옥죄고 있다.

북한은 지정학적 위치를 제외하고는 투자 인센티브 요소가 없다. 좁은 영토와 작은 내수 시장, 품질이나 가격 면에서 그다지 경쟁력이 없는 지하자원, 게다가 국제자본 측면에서도 중국보다 경제적 매력도가 떨어진다.

물론 경제구조에서도 중국과 많은 차이가 있다. 중국은 농업이 공업에 비해 훨씬 큰 비중을 차지하는 후진적 경제구조였던 반면, 북한은 상대적으로 공업화가 상당 수준 진척되어 공업이 농업에 비해 절대적 우위를 점하고 있다. 더욱이 북한의 공업은 중공업 위주의 구조이며 오랫동안 갱신을 위해 투자하지 못하고 비정상적으로 가동되거나 가동 중단함으로써 대부분의 설비가 낡고 녹슬고 파손되어 고철 덩어리 신세로 전락해 있다. 이는 북한이 (중국에 비해) 중공업의 구조 개편 및 가동 정상화에 막대한 추가 비용을 소요하게 될 것임을 의미하며 농업 분야에서부터 개혁에 착수하고 공을 들인 중국과는 달리 북한 현대화의 비중이 공업 분야 위주가 될 것임을 뜻한다. 그리고 더 중요한 것은, 중국은 대규모 국유기업 사유화를 보류하며 안정을 꾀했지만 북한은 이미 파산한 것이나 마찬가지인 대규모 중공업 공장들을 손쉽게 정리할 수 있고 필요하면 사유화시킬 수도 있어 국유기업의 사유화가 중국에 비해 상대석으로 용이하며 시기도 앞당길 수 있다는 점이다.

중국과 비교할 때 북한의 또 하나 중요한 차이는, 중국은 사회주의 시장경제 모델을 처음으로 시도하면서 장래의 귀추를 확신할 수 없어 차근차근 실험을 거치며 개방개혁을 추진할 수밖에 없었지만 북한은 중국이나 베트남 등 선행 모델들의 경험과 교훈을 참고할 수 있는 후발 주자의 위치에 있기 때문에 개방과 변화를 시도하는 데 너무 소심하게 임하기보다는 좀 더 대담하고 다방면적으로 접근할 수 있을 것이라는 점이다.

이상과 같이 이러한 북한만의 숙제를 풀기 위해서는 하나하나 그 근원적인 문제에 수술칼을 들이대야 한다. 어떤 과정을 거쳐야 할지 살펴보자.

(1) 과거와의 대화해, 과감한 미래지향적 관계 설정

지금 북한으로 하여금 현대화를 향한 개방개혁을 주저하게 만드는 가장 큰 장애 요소는 바로 과거 문제이다. 삼대 세습이 현실로 되면서 더더욱 과거와의 관계 정리가 어려워졌다. 그러나 이 문제를 풀지 않고서는 북한 변화의 의미 있는 진전을 기대하기 어려운 것이 현실이다. 북한은 스스로 과거와의 대화해를 통해 악연을 정리하고 미래지향적인 새로운 관계를 설정해나가야 한다.

북한에게 과거와의 대화해는 대내적으로는 계급투쟁과 유일지도 체제 확립 과정에서 단행된 숙청과 억압을 중단하고 그 후유증을 치유하는 것이며, 대외적으로는 한국에 대한 전쟁 도발과 테러 및 납치 행위들을 사과하고 한국 사람들에게 남은 깊은 상흔을 지워주는 것이다. 아울러 미국, 일본 등 한반도 문제 관련국들과의 적대 관계를 청산하는 것도 포함된다.

북한이 내부적으로 과거사를 정리하는 문제는 앞에서도 여러 차례 언급했고 북한 당국도 스스로 무엇을 해야 할지 잘 알고 있을 것이다. 문제는 그들이 두려워하는 것, 행동하기를 주저하게 만드는 것이 사실 그리 겁먹을 일이 아니며 얼마든지 큰 동란 없이 해결할 수 있는 것들이라는 점이다. 북한은 (앞으로 좀 약화될 수밖에 없다 할지라도) 여전히 막강한 공권력을 보유하고 있다. '정치범'

등 화해를 요청받은 상대방이 풀려나서 과거의 원한을 떨치지 못하고 반격을 시도한다 할지라도 그 역량은 정권에 도전이 될 정도는 아닐 것이다. 또한 상대의 화해 요청에 마냥 거부하는 모습은 외부 세계의 지지나 동정을 얻기도 어렵다. 오히려 화해를 요청한 상대의 대범함과 아량만을 부각시켜 화해를 거부하는 쪽은 옹졸한 존재로 치부되는 등 불리한 처지에 놓일 수 있다. 그리고 화해에 따른 진심이 어린 배려 조치는 시간이 좀 걸리더라도 피해자의 마음의 상처를 아물게 할 것이다. 그래도 수십만 명에 달하는 '정치범'들을 한꺼번에 풀어주기 두렵다면 국제사회의 도움을 받을 수 있을 것이다. 정치적 망명을 허용하여 피해자들이 원하기만 한다면 가고자 하는 나라로 보내주고 국제사회는 인도주의적 차원에서 이들을 받아들여 깊은 상흔을 치유해줄 수도 있을 것이다. 북한의 '정치범 수용소'에서의 비인간적인 인권유린 행위는 이미 세상에 너무도 잘 알려져 있다. 따라서 북한이 과거의 잘못을 감추기보다는 공개하고 진심으로 사죄하는 조건으로 처벌보다는 용서를 요청한다면 국제사회도 좀 더 관대한 아량을 보여줄 것이다. 북한이 인권개선의 의지를 행동으로 보여준다면 한국을 비롯한 국제사회로부터 대대적인 지원을 얻어낼 수 있을 것이며 국제사회의 일원으로 편입되어 정상적인 국가로서 대접받을 수 있을 것이다. 북한은 계급정책에 따른 '사회성분' 분류 및 차별제도를 폐지하는 데도 두려워할 필요가 없다. 정책적 과오를 꼭 언급하지 않더라고 미래를 향한 차별 철폐 조치들은 억눌리고 발이 묶였던 많은 계층에게 내일에 대한 희망을 주기에 충분할 것이며 '적'을 동지로 돌리는 효과를 보게 될 것이다. 북한은 현대화를 향한 개방개혁에 착수하기 위해서라도 반드시 사전에 내부적으로 과거 문제를 정리하고 가야 한다. 그렇지 않으면 사람들은 과거의 일관성 없는 국가정책을 떠올리며 언제 다시 과거로 되돌아갈지 모른다는 두려움 때문에 적극적으로 변화의 흐름에 동참하지 않을 것이다. 정부의 현대화 개방개혁 의지에 대한 신뢰를 심어주려면 국가는 필히 과거와 현재, 미래의 관계를 선명하게 제시해 국민이 일관된 미래 변화상을 머릿속에서 그릴 수 있게 해야 한다. 시장경제는 개인의 자유를 전제로 하기에 억압과 속박은 어울리지 않으며, 따라서 '정치범' 제도와 각종 사회적 차별 제도는 시장을 향한 변화를 위해 반드시 먼저 제거해야 한다.

북한이 대외적으로 과거 문제를 정리하는 것도 대내적인 것 못지않게 중요하다. 한국을 '적'이 아니라 북한 현대화의 최대 우군으로 만들기 위해서 반드시 짚고 넘어가야 하는 사항인 것이다. 역사적 진실은 감출 수 있는 것이 아니다. 또한 어물쩍 넘어갈 수 있는 것도 아니다. 그러기에는 너무도 역사적 증거가 명명백백하고 남겨진 상혼이 크고 깊다. 과반세기 이상 지속된 적대 관계로 남북 간에는 엄청난 상호 불신의 벽이 생겼으며 이를 해소하기는 쉽지 않아 보인다. 한국이 김대중, 노무현 정부를 거치면서 관계 개선의 성의와 행동을 보였지만 북한은 마음속 깊이 잠재되어 있는 불신과 흡수통일에 대한 두려움을 떨치지 못하고 겉과 속이 다른 행동으로 한국을 북한 체제 강화에 이용함으로써 한국 국민을 실망시켰다. 북한의 계속되는 협박과 도발은 한국의 6·25전쟁 세대와 보수계층에게 적대적 감정을 되새겼고, 북한에 비교적 유화적인 진보계층에게도 경계심을 심어주었으며, 북한과 전혀 인연이 없는 세대에게는 북한을 불편한 이웃, 귀찮게 구는 못난이, 두려운 폭력배로 연상하게 만들었다. 삼대를 넘기는 오랜 분단은 한국 주민으로 하여금 대체로 북한 사람에 대해 동족으로서의 동질감보다는 이질감이 더 눈에 띄게 만들었고, 통일에 따른 편익보다는 부담이나 불편을 더 의식하게 했다. 그리고 세계시장을 주름잡고 있는 글로벌 한국 국민들은 시시각각 급변하는 환경의 소용돌이 속에서 중심을 잡기에 여념이 없으며 그들의 관심과 열정을 앗아갈 대상이 지구 곳곳마다 너무도 많다. 그만큼 북한은 날이 갈수록 한국 사람들의 관심에서 멀어질 수밖에 없다. 한국이 북한을 '흡수통일'한다는 발상은 이미 철이 지나도 한참 지난 먼 과거의 개념이며, 이는 그저 북한의 트라우마(외상 후 스트레스 장애) 증상일 가능성이 높다. 따라서 한국이 북한을 침공하거나 북한 붕괴를 유도할 유인이 없는 상황에서 높은 수준의 민주주의를 누리고 있는 한국에 점령당하거나 모든 것을 빼앗긴다는 가정은 비현실적인 것이다. 결국 북한이 진정으로 두려워해야 할 것은 한국의 자유와 풍요, 현란한 현실이 북한 사람들에게 여과 없이 개방되었을 때 북한 사회가 받을 충격과 이를 완화할 만한 적절한 설명이 궁색하다는 것, 이런 외부에 의한 강력한 정신적 충격으로 북한 체제의 사상적 골격이 일시에 무너져 내릴지도 모른다는 것이다.

북한이 이런 두려움에서 벗어나려면 신속하게 과거의 불미스러운 일들을 정리하여 적대 관계를 청산하고 새로운 미래 관계로 전향해야 한다. 과거가 어느 정도 정리되면 대부분의 사람들은 새로운 틀 아래 일과 이해관계에 더 관심을 나타내기 마련이다. 과거의 일 때문에 미래의 이익이 손상될 것 같으면 얼른 과거와 인연을 끊어버리는 것이 인간의 심리인 것이다. 북한의 막강한 선전 수단까지 동원된다면 사람들은 미래에 대한 꿈과 희망 또는 인간의 물질적 욕망이나 원초적인 욕구를 자극하는 말에, 그리고 외부에서 온 것인지 아니면 내부에 있었던 것인지 잘 구분이 가지 않을 만큼 엇비슷하게 뒤섞인 언어에 혼을 빼앗기고 새로운 일에 심취하고 몰두하게 될 것이다. 인간은 망각의 동물이고 나쁜 일보다는 좋을 일을 더 많이 기억하도록 진화된 것 같다. 북한이 적절한 조치로 과거를 청산하고 미래에 좋은 일들을 많이 만든다면 얼마 세월이 흐르지 않아 사람들은 좋았던 과거만을 기억하고 오늘이나 내일에 치중하게 될 것이다.

북한은 미국이나 일본 등 한반도 문제의 관련 당사국들과 적대 관계를 청산하는 데도 마찬가지 방법을 쓸 수 있을 것이다. 북한이 미국과의 관계를 개선하지 않고서는 할 수 있는 일도 별로 없고 될 일도 없다는 것을 북한 스스로도 잘 알고 있다. 미국과 관계를 정상화하면 다른 나라들과의 관계 개선도 쉬워질 것이며 국제사회의 전폭적인 지원이 가능해신나. 북한은 일본과 국교 징싱과 교섭이 이루어지면 그 대가로 일제의 식민 통치 배상금을 챙길 수 있다고 판단해 노력 중이지만 일본인 납치 문제와 핵 개발 문제, 그리고 미국과 국제사회의 제재에 가로막혀 진전을 보지 못하고 있다. 한국도 원하지 않는 마당에 미국 같은 나라가 북한에 대해 영토적 욕심을 낼 일도 없고, 북한 정권 스스로가 국제사회에 위협이 되지 않도록 변한다면 외국에 의한 군사적 공격이나 레짐 체인지(regime change)에 대한 우려는 기우가 될 것이다.

한국, 미국과 대결 구도를 추구함으로써 고립 속에서 군국화의 길로 무리하게 나아가다 오늘날의 지경에 빠진 북한은 대결을 가상해서는 앞으로 어떤 일도 풀어갈 수 없으며, 화해를 통한 평화적 환경의 조성만이 북한 정권도 살고 북한 국민도 살고 한국 등 국제사회 모두가 편해지는 길이라는 것을 잘 알고 있을 것이다. 이제 남은 것은 북한의 결단뿐이다. 앞서 살펴본 바와 같이 가능한 한 빨리 과거와 화해하고 새로운 미래의 틀로 관련 당사자 모두를 이끌어가는 것이 최선이다.

(2) 지역 개방에서 전면적·동시적 개방 추진

북한은 영토가 크지 않고 인구도 많지 않으며 북한에 직접적인 영향력을 미치는 중국이라는 대국과 경제강국 한국 사이에 끼여 있다. 이러한 지정학적 특징 때문에 방대한 영토와 인구, 지역별 다양성을 지닌 중국과는 다른 방식으로 개방이나 현대화에 접근하게 될 것이다.

북한의 소극적인 개방 시도는 한국의 존재를 강하게 의식한 데 따른 불가피한 측면도 없지 않지만, 앞서 본 바와 같이 북한의 근원적인 문제들을 건드리지 않고 그저 관리 가능한 소규모로 개방해서 생기는 금전적 수입만으로는 경제를 살리기는커녕 장기적으로 보았을 때 체제도 유지하기 어려울 것이다.

북한에서 개방과 현대화의 점진적 추진은 개혁이나 개편의 범위, 규모, 내용에서는 부득이하겠지만 지역별로 분리 개방하거나 또는 순차적으로 진행하는 방식은 불필요하고 효율적이지 않으며 가당치도 않다.

북한이 개방과 현대화에 진정으로 착수하려면 북한의 치명적인 약점들, 즉 과거 유산의 정리 및 대내외 적대 관계 청산, 내부의 경직된 사상 및 조직체계 개편, 그리고 인권개선 등을 통해 국제사회의 정상적인 일원이 되려는 의지와 노력이 전제되어야 하며, 그렇다면 진정한 의미의 개방과 변화가 시도되는 시점은 북한이 우려하는 체제 위협 요인들이 이미 제거되거나 많이 약화된 상태일 것이다. 따라서 정권 안보에 영향을 미칠 수 있는 충격완충 지대 유지라는 지역 제한 또는 선별적 개방의 목적이 사라지거나 무의미해진다. 오히려 이럴 경우 지역별 제도적 차이와 지역 간 연계가 원만해지지 못해 생기는 손실이 더 부각될 것이다. 북한은 중국과는 달리 지역적 경제 수준이나 문화의 차이가 거의 없고 영역도 중앙의 시야에 모두 들어올 만큼 작다. 그리고 중국은 초행길을 걸었기 때문에 시범이 필요했지만 북한은 후발 주자의 이점이 있다. 따라서 북한에서는 전체 지역을 일시에 전면적으로 개방하여 현대화의 진척 속도를 높이고 효율을 올리는 것이 더 유리할 것이다. 세계 수준에서 뒤쳐져도 너무 많이 뒤처진 북한으로서는 그만큼 현대화의 속도와 효율이 중요하다.

북한의 지금까지의 시도, 즉 금강산 지구, 개성 지구, 나선 지구, 신의주 지구 등 외곽을 선택적으로만 개방하는 소극적이고 수비적인 자세로는 결코 북한의 경제 회생에 도움이 될 만한 유의미한 수준의 경제적 메커니즘이나 결실을 이룰 수 없을 것이며 시간만 낭비하는 꼴이 되고 말 것이다. 현재 북한의 경제 회생을 위해 절대적으로 필요한 외국인 투자 유치에는 도처에 장애물이 깔려 있다. 한국, 미국과의 적대 관계 및 군사적 대치 상태가 해소되지 않은 데 따른 정치적 불안정 및 거래 제한, 북한이 시장경제 도입을 지향한다는 확실한 증거가 없는 상황하에 경제 거래 및 재산 관계에 대한 신뢰 부재, 사상 및 조직체계의 경직성이 주는 부자유 및 비효율, 국제적 고립-지정학적 이점 상실-투자 인센티브 약화로 이어지는 악순환의 고리 붕은 앞에서노 주요하게 짚어보았다. 북한이 대규모 외국인 직접 투자를 유치해 제조업 중심의 수출 주도형 경제를 성공적으로 건설하려면 이러한 제약 요소를 우선 제거하거나 약화시킨 다음에 북한 지역 전체에 전면 개방을 추진할 것을 진지하게 검토해야 한다. 북한이 이러한 개방 방식을 택해야 하는 가장 주된 이유는 북한의 경제 회생과 현대화에 절실한 외국인 투자 유인에서 제일가는 매력 요인인 북한의 지정학적 이점을 잘 살릴 수 있기 때문이다. 해양과 대륙을 지리적으로 연결하고 해양 세력의 자본과 기술, 대륙 세력의 자원과 잠재 시장을 잇는 통로 내지는 합류 마당의 역할을 제대로 하자면 필히 북한 전역에서 물류는 물론이고 모든 경제적 거래나 활동의 흐름에서 막힘이 없어야 한다. 아니, 그러한 수준을 넘어 최대한 원활성을 추구해야 한다. 북한 전역을 물류 기지로, 제조 기지로, 교역 시장으로 만들어 우선은 동북아시아 지역의 물류, 제조, 교역의 허브(hub)로 키우고 더 나아가서는 태평양과 유라시아 대륙을 아우르는 중심지로 발전시켜야 한다.

현실적인 제약들 때문에 지역 전면 개방의 전제 조건들을 만드는 데 시간이 걸린다면 현재 선택된 지역들에서만이라도 '모기장식 개방'이 아니라 제대로 된 개방 모델을 만들어야 한다.

결과적으로 북한에서 제도 개혁이나 시장 개방은 점진적으로 하되 지역 개방은 전면적으로 한다는 것이 중국과의 근본적인 차이가 될 것이다.

(3) 대규모 국유기업의 구조 조정 및 개혁을 초기부터 사유화와 병행해 추진

북한은 과거와의 화해를 통해 적대 관계를 청산하고 평화적 환경을 조성해 외국인 투자 유치에 어느 정도 성공한다면 지체 없이 중공업 공장 등 대규모 국유기업들에 대한 구조 조정과 개혁에 착수해야 할 것이다. 북한에서는 이미 대부분의 공장이 가동을 멈추었거나 정상적인 생산 순환이 이루어지지 않아 사실상 폐업 상태이다. 근로자들은 임금은 물론이고, 배급체계가 붕괴되어 식량 배급을 받지 못한 지 오래이다. 사실상 실업 상태에서 15년 이상을 시장에 기대어 살고 있는 것이다. 가동 중단된 공장 설비들은 고철 덩어리나 다름없고 성한 설비마저도 기술적으로 낙후된 것이어서 현대의 대외 시장에서 경쟁력 있는 제품을 만들어낼 수 없는 것이 대부분이다. 이런 실정은 북한이 대규모 기업들을 구조 조정하고 개편하는 데 중국의 유보적인 방식과는 다르게 현대화를 향한 개방 초기부터 적극적으로 나서야 할 필요성을 나타내며 중국에 비해 용이하고 유리한 측면이 있음을 드러낸다. 따라서 북한은 전략적으로 필요하거나 국제시장에서 경쟁력을 확보할 가능성이 있는 부분을 제외하고는 개방 초기부터 대규모 공장들에 대한 전면적인 구조 조정 및 개편을 단행해야 한다. 공장 폐쇄, 매각, 업종 전환 또는 제품 갱신, 규모 축소 그 밖에도 통폐합, 주식 제도 도입, 합자합작 회사 전환 등 적합한 방법은 얼마든지 있을 것이다. 아울러 중공업 중심에서 경공업 중심으로의 잠정적인 산업구조 개편과 연계해 제조업 위주의 수출 주도형 경제 건설이라는 경제 현대화에 발맞추어야 한다.

개방 초기부터 적극적으로 기업의 구조 조정 및 개편을 추진하는 것은 북한에서 시장경제의 기반을 닦고 시장을 활성화시키는 데 큰 도움이 될 것이다. 우선 계획경제의 폐단과 부정적 유산을 신속히 털어내고 경쟁력이 없는 국유기업을 유지하는 데 소요되는 국가의 재정적 지원 부담을 경감시키면서 낭비 없이 효율적으로 산업구조 개편을 이루어낼 수 있게 한다. 다음으로 공장의 매각이나 주식회사, 합자합작 회사로의 전환 등을 통해 경제의 소유 구조를 다양화하고 시장 참여자가 될 경제주체를 만들고 늘린다. 그리고 구조 조정이나 개편 과정에서 생기는 여유 인력은 외국인 투자나 다양한 소유제의 창업에 따른 신생 기업들에게 노동력을 자유롭게 공급할 수 있는 원천이 된다. 또한 계획을 축소하고 시장을 확대하는 전환 속도를 높이고 시장의 질서를 따르는 경제주체의 수를 증가시켜 시장의 활성화를 촉진한다. 이와 함께 공유제를 유지하는 기업의 경우라도 선진 기술과 경영 기법으로 무장한 외국 기업들을 비롯해 시장의 여러 경제주체와 경쟁하는 과정에 시장환경에 맞는 국유기업 운영체계의 개혁이 뒤따르게 된다. 마지막으로 중요한 것은 국유기업의 사유화가 현대화를 위한 사회구조의 대대적인 개혁 개편 과정에서 불가피하게 발생할 수밖에 없는, 기득권 상실을 보상하는 수단이 되어 개혁에 대한 저항을 무마시킨다는 것이다. 실제로 중국에서는 당과 정부의 관료가 사유화의 적극적인 추동 세력이 되어 직간접적인 최대 수혜자가 될 수 있었다. 물론 그 과정에서 권력이 국가재산을 불법으로 부당하게 사취하고 지대를 추구한 행위가 문제가 되었지만 구더기가 무서워서 장을 못 담그라는 법은 없다.

(4) 정치권력에 독립적인 사법제도 수립 및 법치주의를 조기에 구현

북한의 문제점 가운데 신뢰성 부재를 다루면서 보았듯이 북한의 가장 치명적인 약점은 북한 체제가 대내외적으로 신뢰를 받지 못하고 있다는 것이다. 그 이유는 북한이 세상에서 가장 극단적인 인치 국가이기 때문이다. 지도자 한 사람의 기분과 입맛에 따라 국가 구성원 전체의 운명이 좌우지되고, 수령이라는 통치자 한 사람에 대한 봉사가 국가의 존재 목적이라고 공공연히 말한다. 수령에 대한 절대복종과 충성이 최대의 미덕인 국가에서 수령의 보신주의적인 변덕에 따르는 것 외에 다른 길이란 있을 수 없다. 당연히 수령의 존엄과 권위는 신성불가침이고 수령의 교시와 말씀은 곧 법이며 헌법을 상위한다. 수령에게 과오란 있을 수 없고 수령과 당의 '현명한 영도'에 토를 달 수 없다.

북한은 어떻게든 이런 상황을 바꾸어야만 한다. 수령체제와 일당영도 체계를 유지하는 것이 북한에서 불가피하다 할지라도 사법제도만큼은 권력에서 독립시켜 법치주의로의 전환 기틀을 만들어야 한다.

중국의 교훈에서도 그 필요성은 자명해진다. 중국은 권력에 대한 사법체계의 감시와 견제가 제대로 이루어지지 않아 당과 정부 관료들 사이에 부정부패가 만연했고 이로써 국민들은 공산당 집권에 대한 회의를 넘어 공산당을 부정하는 단계까지 이르렀다. 그 결과 공산당 일당집권 체제가 심각한 도전을 맞고 있다. 중국은 감찰과 사법 및 공안을 관장하는 당중앙기율검사위와 정법위 최고 책임자를 당정치국상무위원으로 둘 만큼 사법 감찰을 중시하는 듯하지만, 사법 감찰에 대한 당의 영도를 유지하는 이상 팔은 안으로 굽는다고 공산당의 통치력에 위협이 될 소지를 만들지 않는 선에서 적당히 넘어가는 식이고 경우에 따라서는 정적 제거의 명분으로 활용하기도 하는 등 다분히 정치성을 배태하고 있다. 이렇게 정치권력의 직접적인 영향력 아래에 있고 그 자체가 정치권력이기도 한 감찰 및 사법 기구가 자기의 권력 스스로를 온전히 감찰하고 견제하거나 정죄한다는 것은 누구에게라도 가당치 않아 보일 것이다. 시진핑 집권체제의 출범 첫 화두가 부정부패 척결 및 빈부격차 해소가 될 정도로 오늘날 중국의 권력 부패 현황은 정말 심각하다.

북한은 중국의 현실에서 교훈을 얻어 결국에는 법치주의의 구현만이 권력의 부패를 막고 정치체제와 경제제도의 신뢰성을 확보할 수 있다는 점을 명심하여 정치권력에 독립적인 사법제도를 반드시 구축해야 한다. 사실 북한에서 한국 등 민주주의 국가의 사법체계를 도입하지 못할 이유는 없어 보인다. 입법, 행정, 사법의 삼권분립이 민주주의 국가체제의 핵심 내용이다. 북한이 수령체제와 일당영도 체계를 유지하는 탓에 행정과 입법의 실질적인 분립이 어렵고, 현대화의 과정에서 중앙집권적 지도가 맡게 될 주도적 역할 때문에 행정과 입법의 통일적인 관리가 어느 정도 불가피한 측면은 있을 수 있지만, 이것이 결코 사법이 독립하지 못할 이유는 아니다. 오히려 사법제도를 독립시켜야만 입법된 법규대로 당과 행정 권력이 일하고 있는지 제대로 감찰할 수 있고 법을 집행하는 데도 정치권력에서 상대적으로 독립하여 공정성과 일관성을 발휘할 수 있다.

북한은 당의 사법 기구 지도를 포기하고 한국 등 민주주의 국가의 사법체계를 참조하여 독립적으로 자생할 수 있는 사법 생태계를 조성할 수 있을 것이다. 법학 분야에서 교육과정을 개편하고 해외 유학, 해외 연수, 해외 인재 초빙 등 다양한 방법으로 선진 사법체계를 학습할 수 있을 것이다. 사법고시 제도 등 독립적인 사법 인재 발탁 시스템을 만들고 유능한 판사, 검사, 변호사 들을 양성하여 신뢰할 만한 사법 능력을 갖추도록 해야 한다. 북한에서 개방에 따른 외자 기업 진입 시, 시장체제 도입 시, 해외시장 진출 시 많은 법률 지식이 소요된다. 이는 제대로 된 법률 전문가들을 육성해야 하는 또 다른 이유이다.

한국에서도 사법 기구가 정치권력에 절대적으로 독립적인 것은 아닌데, 헌법재판소장, 대법원장, 법무부 장관, 검찰총장 등 주요 사법 기관장에 대한 대통령의 임명권이 있기 때문이다. 하지만 각 기관의 독립적인 업무 수행에 대해서는 대통령을 비롯한 외부의 간섭이 엄격히 금지되어 있다. 사법기관은 헌법과 법률이 정한 권한과 책임에 준해서 각자의 역할을 수행한다. 그러나 법 집행에서 정권의 정치적 성향으로부터 완전히 자유롭다고는 말할 수 없다.

북한이 사법 분야에서 우선 법치주의를 확립하는 것은 외자 유치와 시장체제 도입에 절대적으로 필요한 조건이다. 북한이 아무리 매혹적인 법제도로 외국자본에 러브콜을 보낸다 할지라도 그 법이 일관되고 공정하게 집행된다는 보장이 없다면 무슨 소용이 있을까. 정치권력이 법을 만들지만 일단 만들어진 법은 합법적인 법 개정 절차를 밟지 않고서는 정치권력의 시기적인 이해관계에 따라 법을 어기거나 변경할 수 없다. 그리고 입법된 법의 집행은 사법 기구가 감찰한다. 따라서 정치권력에 독립적인 사법제도를 구현하는 것은 외국자본을 비롯한 잠재적 시장 참여자들에게 그 국가의 시장체제에 대한 예측 가능성과 신뢰성을 제공하는 가장 확실한 방법이다. 독립적인 사법 기구가 공정하고 일관되게 법을 집행하면 권력의 부정부패를 막고 공정하고 투명한 시장환경을 담보할 수 있다. 자유로운 재산권 행사가 가능하고 공정한 규칙에 따라 자유경쟁이 이루어지는 시장이 투명하게 관리될 때 비로소 글로벌 기업 등 대규모 외국자본이 북한에 진출할 수 있을 것이다. 이것은 한국의 대기업들이 북한 진출을 검토할 때 고려하는 가장 중요한 대상 중의 하나이기도 하다. 북한은 나진-선봉 지구의 투자 유치 실패에서도 마땅히 교훈을 얻어야 한다.

(5) 수령체제와 민주적 요소의 결합, 일당 중앙집권과 기층 민주주의의 조화

북한의 문제점들을 살펴보면서 알 수 있었듯이 북한 체제의 경직성, 비합리성, 비효율성, 비인간성은 사회주의 계획체제와 더불어 수령 절대주의에서 비롯되었다. 일인통치 체제를 구축하고 강화해가는 과정에서 정당성을 확보하기 위해 신격화된 수령을 만들어낸 것은 어떻게 보아도 너무 지나친 것이었다. 사회주의 국가의 공산당 집권체제의 특성상 영도적 지위의 공산당 수령이 국가의 원수가 되기 때문에 권한의 집중이 불가피한 측면이 있지만 이러한 권한 집중이 장기간 이어지면서 독재 권력으로 변질하는 것이 세상 이치이다. 북한이라고 새삼스러울 것이 있겠냐 하겠지만, 북한의 독특한 면은 바로 권력 세습을 준비하는 경쟁과 정치투쟁 과정에서 권력자에 대한 충성 경쟁과 아부가 지나쳐 결국 신격화에까지 이른 것이었다. 그나마 조금 존재하던 당내 민주적 요소들이 철저히 말살되고 철두철미한 유일지배 체제 및 유일사상 체계가 구축되면서 북한에서 수령은 신격화된 절대 권력자가 되는 동시에 사실상 북한의 모든 책임을 직접적으로 떠안아 막중한 업무 부담을 자초했다. 한 국가의 방대한 업무를 한 사람의 결재를 통해서만 처리한다는 것은 과욕일 뿐 타당하지 않다. 국가가 발전할수록 처리할 일의 양은 증가하고 그 내용도 다양해지기 마련이다. 그리고 세상은 발전할수록 발전 속도가 기하급수적으로 빨라지고 더 복잡해진 요소들이 복합적으로 작용해 수시로 예측 불가능한 변화를 야기한다. 아무리 천재적인 수령이라 할지라도 수많은 업무에서 모든 경우의 수를 고려하여 수시로 변하는 환경에 맞게 올바른 결정을 내리기란 쉽지 않을 것이다. 실제로 북한에서 유일지도 체제에 따라 지도자의 결재를 얻는 과정에 많은 일이 몰려 일이 지체되거나 각각 기관들의 이해관세가 상충하는 결새가 이루어지지 번복과 혼란을 야기했던 사례가 많다. 그리고 지도자의 기분과 입맛에 따라 일의 전문적 판단을 무시한 결정들이 내려지고 수시로 변덕이 생기는 데 따라 일의 효율성이 떨어지고 낭비가 초래되었다. 한 사람이 모든 것에 관여하고 모든 결정을 내리는, 권한 위임이 안 되고 최고 지도자가 너무 세세한 부분까지 참견하는 모양새는 전형적인 중소기업형 리더십이지 국가원수로서의 리더십은 결코 아니다. 권력은 혼자 다 틀어쥐고 쥐락펴락해야만 생기는 것이 아니며, 무슨 일이라도 자기가 관여해야만 안심할 수 있다는 생각은 자아도취나 남을 믿지 못하는 심리적 장애에서 비롯된 것이라고 볼 수도 있을 것이다.

국가의 통치는 그 일의 규모에서나 복잡 다양성 측면에서나 적절한 권한 위임과 분업이 불가피하며, 통치자는 국가라는 생명체에 큰 골격만 제공하고 거기에 장기와 살을 붙이고 생명을 유지하는 일은 각각 전문 영역의 소임자가 알아서 하도록 해야 한다. 그리고 적재적소에 합당한 위임자나 책임자를 발탁하는 일도 아래서부터의 민주적인 의견 수립과 선발제도에 기반을 두고 최고 권력자는 최종 승인만 하는 식이 바람직하다. 수령의 권위는 유지한다 하더라도 권한과 책임은 대폭 아래로 이양하거나 위임하고 민주주의적 의사결정 체계를 적절히 배합하는 것만이 수령체제를 안정적으로 유지하면서도 국가의 발전을 도모하여 체제 정당성을 확보할 수 있는 길이다. 권력은 타인의 생사여탈권을 쇠우지하는 힘에서만 생기는 것이 아니며 권위가 권력을 만들기도 한다. 권위는 권력에 기대는 경우도 있지만 진정한 권위는 그 사람의 됨됨이와 업무 능력, 리더십에 따른 결과로서의 업적에서 생기는 것이다. 리더는 차가운 머리와 뜨거운 가슴을 가져야 한다는 말이 있듯이, 진정으로 부하들을 신뢰하고 위하는 마음이 있으며 냉철한 판단을 내릴 수 있을 때 부하들의 가슴으로부터 우러나오는 존경과 추종을 받을 수 있고 결국 그것이 리더의 권위로 연결되는 것이다. 폭력과 공포를 동반한 강제적 물리력에 기대어 권력과 권위를 추구하는 것은 구시대적 유산이며 세상은 과거의 하드파워 대신 지식 정보화 시대의 도래와 함께 과학기술 지식과 문화 콘텐츠 등에 근거한 소프트파워에 권위와 권력을 이양하고 있는 추세이다. 북한의 지도자가 그 위상에 맞는 권위를 원한다면, 진정한 권위에 근거한 정당한 권력을 추구한다면, 그 권력이 안정되고 지속되기를 기대한다면, 북한이 진정으로 현대화에 성공하기를 바란다면, 반드시 수령체제와 민주적 요소의 결합 및 조화에 성공해야 할 것이다. 앞에서도 보았듯이 민주적 의사결정 과정이 일의 합리성과 효율성을 반드시 보장하는 것은 아니지만 그렇게 될 확률은 높일 수 있고 설사 잘못된 선택이었다 하더라도 수정할 수 있으며, 적극성과 창조성을 높이고 다양한 경쟁의 길을 열어준다는 측면에서 경직된 권위주의적 의사결정 체계보다 경쟁력이 있다는 것은 이미 역사를 통해 실증되었다. 일반적으로 저개발국보다는 시장경제의 규모와 질적 수준이 일정 단계를 넘어선 중진국 이상의 국가들에서 민주주의가 권위주의에 비해 우위를 확보하고 있다. 그래서 북한은 장래의 일정 수준을 넘어선 발전의 기반을 닦는 목적으로도 민주주의 요소의 도입과 실험에 주저하지 말아야 한다.

집권당 내 민주주의 요소의 도입은 중국의 집단지도 체제를 참작할 수도 있을 것이다. 중국과 북한 모두 공산당식 직급 및 조직체계로 유사한 부분이 있다. 중국처럼 정치국 상무위원 7명이 각각 자기가 맡은 분야를 책임지고 타 분야는 간섭하지 않는 원칙을 지키되, 북한의 수령체제 유지라는 특성을 감안하여 국가주석, 당제1비서, 군 통수권자 지위는 최고 권력자에게 남겨두면 될 것이다. 최고 권력자도 자기 분야 외에 타 분야를 직접 관장하거나 간섭하지 말아야 한다. 그리고 최고 권력자를 제외한 나머지 정치국 상무위원은 임기를 두어 경쟁하게 하고 민주적 절차에 의해 상향식으로 발탁하도록 하며 최고 권력자는 승인만 하는 제도를 검토할 수 있을 것이다. 물론 특수한 예외는 있겠지만 대부분의 다른 직책들도 경쟁과 민주적 절차에 따라 발탁되게 할 수 있을 것이다.

지방 그리고 인선과 관련해서도 도당비서나 도도지사, 군당비서나 군수는 처음에는 중앙에서 인선을 하다가 지방의 자치 능력이 어느 정도 갖추어지면 도지사나 군수는 민주 선거로 뽑는 방식으로 전환할 수 있을 것이다. 그리고 기층 조직부터 시작해서 민주적인 선거제도 및 의사결정 제도를 도입하여 실험하면 좋을 것이다.

북한은 당의 영도체계를 유지하더라도 당과 행정, 당과 기업 경영 사이에 명확한 분업을 실시해야 한다. '대안의 사업체계'는 대규모 국유기업과 국가 주요 기관에 한한 것으로 적용 범위를 축소하고 당간부의 지도 범위도 정책적 지도 수준으로 압축해서 명확히 해야 한다. 당의 인사권도 국유기업 당비서나 경영자에 한해서 상급 당기관에서 행사하도록 하고 해당 기업의 내부 인사는 당이 아니라 경영자가 직접 임명하도록 개편하는 것이 필요하다. 당간부는 기관 내부의 인사권은 잃지만 경영자에 대한 정책 과제 수행평가 등을 통해 간접적인 권한을 행사할 것이다. 그 대신 기업 경영자는 인사를 포함하여 기업 경영의 전 과정을 직접 책임지고 성과로 평가받아 결국 연성예산제약 체계에서 경성예산제약 체계로 전환하면서 도입되는 국유기업책임경영제와도 조화를 이루게 된다. 국유기업이 시장에서 사유기업과 경쟁하는 과정에 국유기업의 운영체계가 사유기업의 경영 기법과 비교되고 경쟁하게 되는 것은 불가피하며 따라서 당과 경영자의 업무 영역을 변화된 환경에 맞게 조정하는 것도 국유기업 개혁의 중요한 내용이 될 수밖에 없을 것이다.

이처럼 북한의 수령체제는 생존하기 위해 민주주의라는 모순되는 갈등 요소를 스스로 품어 면역을 키워가야 하는 역설적인 현실을 직시하고 결단에 나서야 한다. 북한은 역사적 전환의 기로에 서 있는 것이다.

(6) 언론 자유화를 통한 소프트파워적인 사회적 감시 및 견제체제로의 전환

표현과 언론의 자유는 집회와 결사의 자유와 더불어 인권의 핵심 내용이다.

민주국가의 열린사회에서 정보화 시대의 언론은 그 중요한 기능과 막중한 역할로 말미암아 나날이 막강해지고 있다. 오히려 언론의 권력화를 우려해야 할 정도이다.

북한의 언론은 어용, 관제 언론이긴 하지만 그 영향력이 막강하다. 이데올로기적 프로파간다(선전)에서 철두철미와 능수능란함의 절정을 구사하고 있는 국가가 바로 북한이다. 북한은 외부 세계의 정보를 철저히 차단시킨 폐쇄적 환경에서 국민의 눈과 귀와 입과 뇌를 체제 유지에 유리하도록 통제하고 조종해왔다. 전국의 구석구석까지 뻗어 있는 당선전기구의 막강한 역량은 북한 주민의 감각과 감정, 인식과 상상을 통제하고 주입시키고 오도하고 조정하기에 충분했고, 북한 조직 전체를 망라하고 있는 당조직망과 정보 및 치안 기구들은 주민들의 언행 및 사상 동향을 이중 삼중으로 감시해왔다. 즉, 북한의 언론은 북한 통치자의 우상 숭배와 절대적 지배 권력 수립을 위해 복무하며 정권과 체제를 찬양하고 미화하는 역할을 전제해서만 존재한다. 반대로 진실을 찾아 알리고 부정에 대한 감시와 비판을 통해 사회에 자정 능력을 키우고 권력을 견제하는 언론의 일반적이면서도 중요한 기능과 역할은 북한에서 절대 상상조차 할 수 없다.

하지만 이제 북한은 변해야 한다. 북한의 현대화는 외부의 선진 문물을 받아들이고 북한의 실정에 맞게 적용하는 과정으로써 외부 세계에 대한 정보 개방은 필수이다. 또한 북한 현대화는 북한의 체제 유지 패러다임의 변화를 의미하기도 한다. 과거에는 한 가지 잣대를 기준으로 사회의 인위적인 획일화를 통해 체제 안정을 도모했다면 미래에는 발전에 도움이 되는지, 발전에 얼마만큼 기여했는지를 기준으로 체제의 적합성이 평가되고 당위성이 부여될 것이기 때문이다. 권위와 권력은 오직 실천을 통해서만 인정되고 부여될 것이다. 따라서 인위적인 사상 주입과 체제 선전을 위한 언론도 당연히 설 자리를 잃을 것이다.

북한의 언론은 현대화 과정에서 본연의 보편적인 기능과 역할을 수행하는 진정한 언론으로 거듭나야 한다. 물론 북한은 수령체제와 일당통치 체제를 유지하는 중앙집권적 힘에 기대어 현대화를 추진하게 될 것이므로 관제 언론을 완전히 포기할 수는 없을 것이다. 다만 관제 언론 이외에 자유 언론을 허용하고 다양한 언론 매체가 독립적으로 자생할 수 있는 환경을 만들어 관제 언론과 자유 언론이 서로 경쟁하도록 하면 될 것이다. 북한은 현대화 추진과 관련해, 체제 안정을 위해, 당과 정부의 전략과 정책 및 그 성과에 대해 그 나름대로 정립한 사상적 기반에 따라 관제 언론의 힘을 빌려 주장할 수 있을 것이다. 반면 자유 언론은 사회의 구석구석까지 세밀히 살펴 사실을 밝히고, 다양한 시각에서 현상을 분석하며, 이중 삼중의 눈으로 부정과 비리를 감시하고 비판하는 등 사회의 다양성 경쟁과 창의력 발양을 지원하고, 오직 통치 권력과 체제 유지에만 초점을 맞춘 국가의 정치조직이나 공안 기관에 의한 감시를 대체해, 더 다양한 사회적 가치와 이익을 위해 권력은 물론 사회 전체를 감시하고 견제하는 역할을 수행하게 될 것이다.

언론 자유화의 당위성과 필요성은 중국의 사례를 보면 더 부각된다. 정치권력은 언제나 언론을 껄끄러워하거나 두려워한다. 그래서 언론을 독립적으로 놓아두기보다는 장악하려 한다. 언론을 장악하면 권력은 여러모로 편해진다. 실책에 따른 잡음을 피할 수 있을 뿐만 아니라 아예 실책을 미봉할 수 있고, 사실의 은폐를 넘어 진실을 오도하고 권력에 유리하게 여론을 끌어갈 수 있다. 또한 부패와 비리를 눈감아주거나 덮어줄 수도 있다. 중국은 개방개혁 추진 과정에서 한편으로는 관제 언론을 정책 선전에 잘 활용했지만 다른 한편으로는 언론의 자유를 제한하고 심사를 거쳐 허가한 내용만 매체에 실을 수 있도록 했다. 인터넷도 철저히 감시하면서 불리한 기사를 삭제 또는 접속 차단하고 당국을 불편하게 하는 키워드는 아예 검색을 원천 봉쇄하기까지 했다. 이런 행위는 국가의 내부적 통일과 단결을 위해서라는 명분으로 정당화되었지만 언론이 본연의 기능과 역할을 제대로 수행하지 못해 감시나 비판을 받지 않은 권력의 권위주의적·관료주의적 부정부패가 만연했다. 그러나 중국 당국의 집요한 언론 통제에도 해외의 화교 언론을 위시해 국내의 지하 언론이나 비공식 여론 등을 통해서 권력층의 부정과 비리가 속속 드러나고 있고 이를 감추려는 당국의 노력은 국민들의 비난과 조롱의 대상이 되고 있다. 그리고 문제는 점점 확대되어 최근 들어서는 정치적 민주화 요구가 빈부격차 해소 요구와 더불어 중국 공산당의 집권을 위협하는 수준으로 발전하고 있다. 시진핑 지도부가 부패 척결과 인권개선 관련 조치들을 집권의 첫 과제로 추진하고 있는 것만 보더라도 사태가 더 이상 방치할 수 없는 정도에 이르렀다는 것을 알 수 있다. 이렇게 놓고 보면 지금까지 중국은 언론을 통제함으로써 공산당 치하의 개방개혁 30년 세월을 무난히 넘겼다고 위안할 수도 있을 것이다. 그러나 현재는 언론 통제에 따른 부작용이 치명적인 결과를 초래할 수도 있는 시점이다. 견제되지 않고 물갈이되지 않는 권력의 자정 능력에는 필연적으로 한계가 있기 마련이고 그런 권력은 반드시 부패한다. 이것은 진리이다. 중국이 언론의 도움 없이 권력 그 자체만으로 그 방대한 영내의 곳곳에 깊이 뿌리내리고 서로 얽히고설킨 부패의 가시덩굴을 모두 걷어낼 수 있을 것이라 기대하는 이는 그리 많지 않다.

따라서 북한은 중국의 교훈을 참작해, 언론의 자유가 꼭 권력에 부담이 되는 것은 아니며 정의로운 권력에는 오히려 큰 도움이 된다는 전환적 사고와 개방적 마인드를 가질 필요가 있다. 한계가 있을 수밖에 없는 권력으로 권력 자체에 대한 공포를 동원해 하드파워적 감시와 통제를 실시하는 대신, 언론이라는 소프트파워직 감시와 견제로 전환하여 북한에게는 가히 혁명적이라 할 수 있는 '언론의 자유화'라는 이미지 개선 프리미엄을 얻으면서 언론의 힘을 빌어 체제를 좀먹는 부정 요소의 발생을 미연에 방지하는 일거양득의 효과를 추구할 수 있을 것이다. 진실은 감출 수도 감추어지지도 않는 법이다. 북한이 과거에 연연하며 불편한 진실들이 알려지는 것을 막으려고 하는 애초부터 가당치 않은 일에 집착해 정보 개방과 언론 자유화에 주저하기보다는 과거와의 대화해를 선행한다는 전제하에 오히려 과거를 적극적으로 공개하고 그 유산을 깨끗이 청산하려는 노력을 보여준다면 과거는 이미 과거일 뿐 미래에 대한 약속과 기대로 사람들은 북한을 과거의 속박으로부터 풀어주게 될 것이다. 아울러 북한 통치자는 세습에 따른 정통성 대신 미래를 약속하는 대변자로서 정당성을 확보할 수 있을 것이다.

이 밖에도 자유로운 언론은 북한 현대화에 필요한 세상 모든 정보의 매개체로서 기존 북한에서는 상상할 수 없었던 막중한 역할을 하리라는 것은 의심의 여지가 없다.

(7) 시장경제에 맞는 사회조직 체계의 개편

모든 일은 결국 시스템과 그를 구현하는 조직이 결정한다고 볼 수 있다. 따라서 북한의 근본적인 문제들을 해결하기 위해서는 결국 체제와 시스템 개혁 및 그에 따른 사회조직 체계의 개편이 불가피하다. 하지만 북한이 오랫동안 심혈을 기울여 구축한, 유일지도 체제와 유일사상 체계로 일컬어지는, 세상에서 가장 치밀한 통제적 사회조직 체계를 스스로 허물고 시장경제에 맞게 더 자유롭고 경쟁적인 체제로 조직을 개편하는 것은 북한에게 가장 근본적이면서도 어려운 과제가 될 것이다.

중국과 달리 북한은 전민이 한 사람도 예외 없이 조직에 묶여 있다. 북한 사람들에게 조직 생활은 선택 사항이 아니고 숙명이다. 이중 삼중의 조직적 감시와 통제에 기반을 둔, 공포가 강요하는 규율에 의해서만 유지되던, 경직되고 수동적인 질서가 인간의 욕망과 이성에 따른 자율성과 적극성에 기초한 질서로 대체되었을 때 이런 유연하고 능동적이면서 경쟁적인 사회를 경험한 적이 없는 북한 사람들은 큰 심리적 부담을 느낄 수 있다. 공포를 수반한 통제에 의존한다는 사실 자체가 북한 통치자 스스로도 북한 사회가 사상적 신념에 따라 수령에 대한 자발적인 충성과 열정으로 돌아간다고 생각하지 않는다는 방증이다. 그렇다면 문제는 이 같은 통제와 공포를 제거하고 사람들에게 자유와 권리를 주었을 때 수령체제에 대한 도전으로 이어지거나 무질서와 방종으로 흐르게 되지는 않겠느냐는 것이다.

결론부터 이야기한다면 현대화는 경제의 시장화를 필수로 하고 시장화는 자유화와 사유화를 전제로 하기 때문에 북한식 시장경제에 맞는 사회조직 체계의 자유화 개편은 불가피하며, 중앙집권적 관리하에서 자유화를 잘 조화시킨다면 체제적 리스크는 걱정하지 않아도 되고 오히려 수령체제를 붕괴로부터 자유롭게 해줄 것이라는 점이다. 조직이 경직성과 수동성을 타파하지 않고서는 욕망 제약, 비유연성, 인권유린 같은 북한의 근본적 문제들을 해결할 수 없고 개방과 시장화를 원만하게 추진할 수 없다. 조직을 유연하고 능동적인 경쟁체계로 바꾸어야만 사람들이 의욕을 가지고 매사에 적극적으로 임하게 할 수 있고 나아가 사회 분위기와 시장을 활성화시킬 수 있다.

사회조직 체계의 개편은 경제의 시장화 및 사유화와 진도를 맞추어 병행되어야 한다. 갑작스럽게 모든 조직체계를 허물고 풀어주기보다는 시장화와 사유기업에 맞는 조직체계를 허용하고 국유기업의 사유화 전환과 동시에 조직체계도 전환하는 방식으로 범위를 점차 확대해나가면 될 것이다. 또한 국유, 국영체제를 유지하는 기업이나 기관에 대해서도 퇴직의 자유를 주고 구성원들이 정치조직이나 기타 조직에 조직원으로 남아 있을지 아니면 탈퇴해서 자유인이 될지를 선택한 자유를 주어 조직 규모를 줄이고 개인의 자유를 늘릴 수 있을 것이다. 조직 탈퇴의 자유를 준다고 해서 조직이 일시에 무너지는 것은 아니다. 국가의 엘리트가 되기를 원하는 이들에게는 조직이 필요할 것이고 이런 핵심 인원들로 조직을 정예화하는 것이 오히려 국가 통치에서 조직 활동의 효율을 더 높일 것이다. 국가는 불필요한 인원을 끌어안고 방대한 조직을 관리하는 데 필요 이상으로 자원과 정력을 소비할 것이 아니라 정예 인원에 집중해 이들을 현대화 리더 그룹으로 신속히 육성해내는 편이 더 이득일 것이다. 기존의 조직에서 벗어난 자유인들은 사유기업이나 외자 기업 등 갖가지 형태의 시상 참여 경제주체로 흡수되어 새로운 시장체제에 적응할 것이므로 개방과 사유화 및 시장화의 진척과 사회조직 체계의 개편 속도를 적절히 맞춘다면 사회적으로 큰 충격이나 혼란 없이 자유화로의 전환을 이룰 수 있다.

북한에서 사회조직 체계의 개편은 수많은 새로운 형태의 조직들을 출현시킬 것이다. 수령체제와 일당통치 체제의 안정과 효율을 위해 정치 분야에서는 새로운 조직체 출현의 허용을 잠정적으로 유보할지라도 기타 경제, 사회문화, 종교 등 전 분야에서 자율적인 조직 결성과 활동의 자유를 보장하는 것은 현대화를 진척시키기 위해 불가피할 것이다. 경제 분야에서 다양한 형태의 기업 조직은 물론, 부문별 이익 단체 등 각종 영리/비영리 조직이나 다양한 정부/비정부 기구(NGO)가 생겨날 것이며 여기에는 종교 단체들도 물론 포함된다. 북한의 유일사상 체계 아래서 종교 행위는 철저히 금지되어 있는데(북한에 있는 몇 개의 종교 시설은 대외 관계를 고려한 전시용이며, 몇 명의 종교인은 대학에서 종교학과를 나온 종교 지식 전문가들일 뿐 진짜 종교인이 아니다. 또한 종교 관련 조직도 관제 기구에 지나지 않는다) 현대화에 따른 사상 개방은 종교 허용도 포함할 것이다. 북한에서 수령은 신이나 마찬가지이기 때문에 다른 신을 믿는 종교를 극도로 혐오하지만 현대화 시대에 수령은 더 이상 신일 수 없으며 신이어서도 안 되기 때문에 종교를 개방하지 못할 이유가 없어 보인다. 그리고 종교의 자유 보장은 인권의 중요한 내용 중 하나로서 북한이 사상과 신념의 자유를 진정으로 구현할 의지가 있는지를 판단하는 시금석이 될 것이다. 즉, 종교 개방은 이해관계의 유불리를 떠나서 인권 차원에서 접근해야 할 당연한 사안이다. 종교의 사회적 역할에 대해서는 긍정과 부정 양측의 주장이 엇갈리고 있는바 사견 따위는 무의미할 것이고, 북한의 현실에서만 본다면 북한 구석구석의 허약한 육신들과 상처 깊은 영혼들을 치유하고 보살필 수 있는 종교의 세심한 손길은 북한 사회를 안정시키는 데 큰 도움이 될 것이다. 종교는 시장경제의 치열한 경쟁 과정에서 불가피하게 발생한 낙오자들을 보듬고 자포자기와 방랑, 극단적인 사회 증오와 반항으로부터 보호할 수 있을 것이며 다른 한편으로는 경쟁의 승자들이 그들이 받은 축복을 즐겁고 감사한 마음으로 사회에 환원하게 해줄 것이다[막스 베버(Max Weber)의 '프로테스탄트 윤리와 자본주의 정신'에 따르면 각자에게 부여된 능력은 신의 선택을 받은 증거라는 믿음으로 그 능력 발휘에 노력한 결과로서의 성공은 신의 축복을 받았음을 의미하며, 따라서 그 축복에 감사를 돌려야 마땅하고 그렇게 할 때 신은 더 큰 축복을 내려준다고 믿는 것이 프로테스탄트 직업윤리이고, 이것이 근대 자본주의 정신을 형성하는 데 중요한 근원이 되었고 자본주의 발전의 밑거름이 되었다]. 이렇게 북한의 새롭고 다양한 조직들은 국내와 해외를 망라해 복합적인 관계의 네트워크를 구축하고 북한 정부가 미처 보지 못했던, 일일이 손길을 미칠 수 없었던, 감히 엄두를 낼 수 없었던, 다양하고 다차원적인 분야의 문제들을 자율적으로 해결하게 될 것이다.

북한에서 시장화와 사유화에 따라 출현하는 새로운 기업 조직은 북한의 조직체계 변화를 대표하고 선도할 것이다. 기업부터 살아나야 경제가 일어나고 현대화도 성공 가도에 들어설 수 있는 것이다. 기업은 사회적 부가가치의 직접적인 창출 대부분을 도맡고 있고 기업의 역량과 경쟁력은 국력과 국가 경쟁력의 결정적인 부분을 이룬다. 그리고 북한의 현대화에서는 국유 계획경제에서 계획과 시장의 조합을 통한 절충 과정을 거쳐 시장경제로 전환하는 경제체제 전환이 핵심 내용이고 그러한 경제체제 전환에서는 국유기업의 사유화 내지 시장화 개편이 주요 내용이 될 것이며 또한 그런 기업 개편은 기업 조직의 개편을 주된 내용으로 삼을 것이다. 시장경제에 적합한 기업 조직 형태는 북한에 진출하는 외자 기업을 보고 본받을 수도 있겠지만 겉으로만 보아서는 다 알 수 없고 가장 일반적인 형태의 조직도 국민성이나 생활 습관, 문화 전통, 정치경제적 역사 배경 등 나라마다의 구체적인 환경에 따라 변형되며 시장환경과 기업의 시장 포지션 및 역량 변화에 의해 수시로 변신을 거듭하게 된다. 시장에서 살아남기 위해, 남을 누르고 이윤의 피라미드의 정점에 서기 위해, 필사적으로 경쟁해야 하는 자본주의 기업 조직이야말로 가장 역동적이고 효율적인 조직일 수밖에 없다.

　오랫동안 폐쇄된 환경에서 사회주의 계획경제만을 배우고 경험해온 북한 사람들이 시키는 대로가 아니라, 자기가 알아서 선택하고 행동해야 하는, 자유와 책임이 전적으로 자기 본인의 것인 시장의 환경을 잘 이해하고 고도화된 시장경제 체제에서 개인과 기업의 생존 노하우를 배우기란 그리 쉽지 않은 것이다. 물론 국가배급 체계의 붕괴가 장기간 지속되어 사람들이 시장에 의지하여 연명하는 기술을 어느 정도 익혔고 시장환경에 적응된 마인드를 적으나마 가질 수 있게 되었지만 그런 지엽적인 장사 요령은 체계적인 시장경제 지식과는 거리가 멀다. 시장경제를 제대로 배우려면 소극적이고 소심한 태도에서 과감히 탈피하여 적극적이고 대범하게 외부의 지식 세계를 받아들여야 한다. 사람들이 당국의 눈치를 보게 만드는 일체의 정치적 가이드라인(제한이나 지침)을 완전히 폐지하고 배움과 사고의 자유를 주어야 한다. 그런 다음 정예 인력을 선발해 해외로 내보내고 수학하도록 하는 한편, 국내로 해외 인재들을 초빙하여 기업, 대학, 연구소, 정부 기관, 국가기구 등 전 분야에서 시장 지식을 전면적으로 교육해야 할 것이다. 꼭 돈을 들이지 않더라도 외부 세계는 북한에 선진 경영기법과 기업 시스템을 교육할 의향이 충분히 있으며 해외와 북한의 대학, 기관 등 각종 양자 또는 다자간 파트너십이나 자매결연을 맺는 방식으로 도움을 받을 수도 있을 것이다.

　그렇다면 이상의 요건들을 만족시킬 수 있는 북한의 국가기구 및 정치조직 분권화 개편 구상을 개념도와 함께 설명하겠다.

　〈그림 1〉은 북한 국가기구의 분권화 개편 개념도이다. 이 아이디어의 핵심 콘셉트는 수령체제의 분권화, 정치 행정·입법·사법체계의 분리 및 독립이라고 할 수 있다.

　〈그림 2〉는 북한 정치체계의 분권화 개편 개념도이다. 수령은 당의 지도자로서 제1비서 직함을 갖되 제1비서는 당정치국상무위에서 국방분과와 조직분

과만을 맡고 기타 분과는 해당 담당 비서에게 전권을 주는 대신 연대 책임만 진다. 당정치국상무위원은 해당 분과의 최고 책임자로서 관련 분야의 모든 일을 총괄하고 그 결과에 책임을 진다. 해당 분과에는 관련 국가기구들이 포함되어 당의 지도를 받는다.

〈그림 1〉에서처럼 수령의 당제1비서와 국가주석 지위는 당정치국상무위와 최고인민회의의 선거로 선출되며, 북한 같은 수령체제에서 형식적인 절차로서만 의미가 있는 국민에 의한 직접선거는 폐지를 검토할 수 있다.

내각총리에 대해서는 수령이 국가주석으로서 인사권을 행사하고 각급 행정기관장에 관한 인사권은 당에 있지만 해당 기관 내부의 인사권과 지휘권은 총리와 행정기관장에게 주어진다(단, 국가주석에게는 성장(장관)에 대한 임명 승인권이 있다). 그리고 임명된 행정기관장은 일의 결과에 대한 모든 책임을 자신에 대한 인사권자인 상급당 앞에 진다. 그 결과 당이 기존의 기관 내부 인사권을 가지고 구체적인 실행 업무에 간섭하여 발생했던 지휘권 이원화에 따른 혼란과 비전문가의 참견에 따른 착오를 방지할 수 있다. 또한 당과 행정 기구 사이에 업무 분장을 명확히 하여 당은 전략 및 정책 관련 지도만 맡고 구체적인 실행 업무는 간섭하지 않는 원칙 준수를 보장할 수 있게 된다. 국영기업에 대해서도 마찬가지이다. 임명된 공장장은 직원들에 대한 인사권과 지휘권을 가지며 경영의 전 결과에 대해서는 자신에 대한 인사권자인 상급당 앞에 책임진다.

당정치국상무위원은 당정치국위원 중에서, 당정치국위원은 당중앙위원 중에서 선거로 선출된다. 또한 당중앙위원은 도당위원 중에서, 도당위원은 군당위원 중에서 선거로 뽑는다. 선거로 선출된 각급 당위원회는 하급 당비서 및 기관장에 대한 인사권을 행사하고 임명된 기관장은 선거로 선출된 해당 당위원회와 협의하여 해당 기관 조직을 구성하고 이끌어가는 인사권과 지휘권을 가지며 인의 결과에 대해 상급당 앞에 책임진다. 당조직 기구는 군(시) 단위까지만 구성하고 그 아래 행정구역의 당조직 편제는 폐지한다.

〈그림 1〉 북한 국가기구의 분권화 개편 개념도

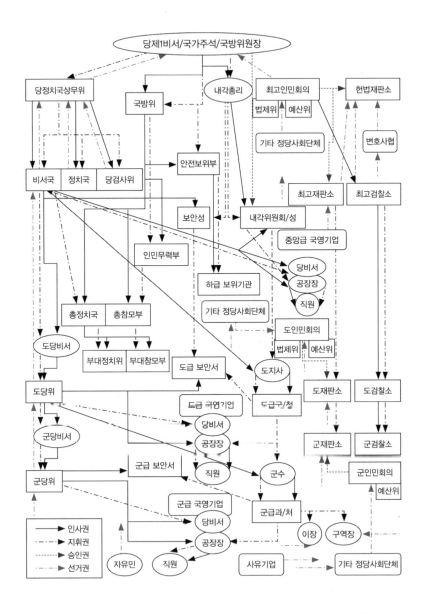

<그림 2> 북한 정치체계의 분권화 개편 개념도

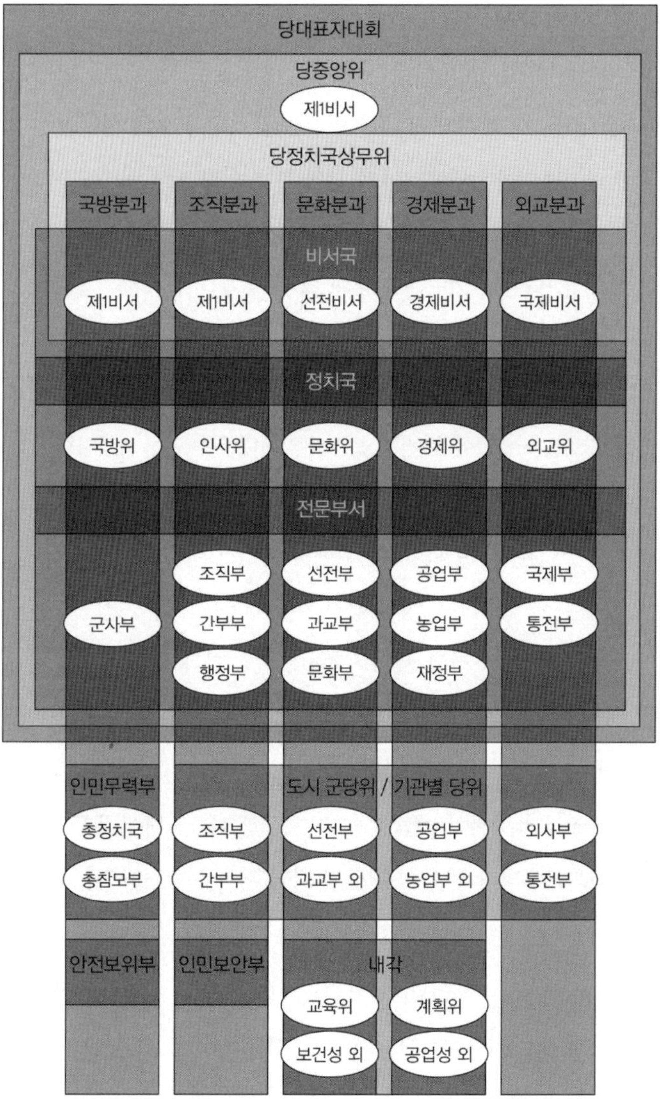

당대표자대회				
당중앙위				
제1비서				
당정치국상무위				
국방분과	조직분과	문화분과	경제분과	외교분과
비서국				
제1비서	제1비서	선전비서	경제비서	국제비서
정치국				
국방위	인사위	문화위	경제위	외교위
전문부서				
군사부	조직부 간부부 행정부	선전부 과교부 문화부	공업부 농업부 재정부	국제부 통전부

인민무력부		도시 군당위 / 기관별 당위		
총정치국	조직부	선전부	공업부	외사부
총참모부	간부부	과교부 외	농업부 외	통전부

안전보위부	인민보안부	내각		
		교육위	계획위	
		보건성 외	공업성 외	

* 주: 개념도이므로 현재 북한의 조직도와 일치하지 않음

국방분과는 현재의 체제에서 크게 변하지 않는다. 수령은 국방위원장 및 군 최고 통수권자(최고사령관)로서 국방위를 통하여 인민무력부와 그 산하 총정치국 및 총참모부에 대해 인사권과 지휘권을 행사한다. 단, 총정치국의 지휘권은 당 비서국과 군사부에 둔다. 각급 정치국은 하급 단위 정치위원에 대해 인사권과 지휘권을, 하급 단위 부대에 대한 인사권을 가진다. 정치위원(또는 정치지도원)은 대대 단위까지만 두고 그 아래 단위 부대의 당조직 편제는 폐지한다. 기층 당조직 관리는 대대 규모이면 충분히 가능하고 조직 축소 차원에서 필요하다. 각급 부대장 및 참모부는 해당 부대 및 하급 부대에 대한 지휘권을 가진다. 이 체제는 군부를 안정적으로 통제할 수 있다는 장점이 있고, 그것은 이미 입증되었다(군 조직을 인사권을 가진 당의 정치지도 체계와 참모부의 작전행정 체계로 나누어 권한 집중을 피하고 상호 견제 및 감시를 기대할 수 있어 명령지휘 체계를 벗어난 일탈 행위를 차단하는 데 효과적이었다).

보안성(인민보안부)은 현재의 국방위에서 분리하여 내각 소속으로 변경하고 인사권은 상급당에, 지휘권은 상급 행정 기구에 두도록 변경한다.

안전보위부는 현행 조직체계를 유지한다. 단, 법적 절차를 거치지 않은 체포, 연행, 구금은 철저히 금한다. 한국의 「국가보안법」과 같은 국가 안전 관련 법을 만들어 그 테두리 안에서 합법적인 기소와 변호 및 재판 절차를 거쳐 법의 판결에 의해서만 형사처벌을 할 수 있다. 고문 등 인체에 대한 잔혹한 가혹 행위는 절대로 허용되지 않으며 위반 시 법적 처벌을 받는다. 정치범이란 말은 당연히 없어지게 되며 정치범 수용소는 즉각 해체한다.

입법 기구인 최고인민회의 등 각급 인민회의(의장 및 대의원)는 각급 행정구역 주민들과 정당 사회단체들의 선거로 선출되며 각급 인민회의는 각급 재판소 소장에 대한 임명 승인권을 갖는다. 최고인민회의는 헌법재판소에 대한 임명 승인권 및 최고검찰소 소장에 대한 임명권을 행사한다. 최고인민회의는 주민들의 뜻과 각 정당 사회단체들의 의견을 수렴하여 법규를 제정하거나 개정

한다. 물론 입법 과정에서 집권당과 행정기관의 의견이 가장 많이 반영될 수도 있다.

사법 기구인 헌법재판소와 각급 재판소는 선거를 통해 구성되며, 각급 검찰소는 하급 검찰소의 인사권과 지휘권을 갖는다. 사법 기구는 기존의 당의 영향력에서 벗어나 독립적으로 움직인다. 재판은 헌법 정신에 입각하여 특정 이념에 치우치지 않고 보편적이면서 공정한 판결을 내리는 것이 생명이므로 다수결의 민주주의 원칙을 따르며, 따라서 판사의 인적 구성도 민주적으로 선거에 의해 이루어지도록 한다. 또한 반드시 합법적인 기소와 변호 및 재판 절차를 거쳐 민형사상의 판결이 내려지도록 한다. 특히 북한에 거의 존재하지 않는다고 볼 수 있는 유명무실한 변호제도를 국제 표준에 맞게 개편하고 독립적인 변호 활동을 보장해 피고인이 변호받을 권리를 제대로 누리게 해주어야 한다. 물론 법조 인력을 양성하고 선발체계를 독립적으로 갖추어야 한다.

이렇게 하면 입법 기구와 사법 기구의 정치권력에 대한 상대적 독립이 보장될 수 있고 현재와 같은 극단적인 인치에서 벗어나 법치로 나아갈 수 있을 것이다.

상기의 언급된 국가조직 이외에 기존의 모든 국가 관제 조직(청년동맹, 여성동맹, 직업동맹 등)은 해체하고 결사의 자유를 보장한다. 국영기업 외에 사유기업에 대한 국가적 차원의 조직적 침투나 간섭을 금지한다. 개인에게 조직에서 이탈하여 자유인이 될 자유를 보장하고 당연히 조직 가입에 대한 선택권도 부여한다.

또한 사회의 말단에서부터 민주주의적 선거에 의한 선출체제를 도입하여 실험할 수 있도록 한다. 이장, 구역장, 동장 등은 주민들의 직접선거를 통해 선출하되 상급 행정 기구의 지휘를 받도록 한다. 즉, 이런 지역장들은 일의 결과에 대해 주민들에게 책임지고 선거로 심판을 받는다. 현대화의 진척 정도에 따라서 점차 선거에 의한 선출 범위를 군수, 도지사 등으로 상향시켜갈 수 있을 것이다.

이와 같은 북한의 사회조직 체계 개편 구상은 북한의 현존 체제를 크게 흔들지 않으면서도 현대화의 요구에 맞게 분권과 자율 및 민주주의와 견제의 원리가 적용될 수 있도록 한다는 데 큰 의미가 있다고 하겠다. 이것은 어디까지나 아이디어 수준이므로 유능한 정치가들이나 정치사회학자들이 이를 참신하게 보아준다면 좀 더 실질적이고 구체적인 조직체계 개편 구상이 나올 수도 있을 것이며 그런 날을 기대해본다.

다음으로 기업의 경영 시스템과 조직체계 관련 부분도 짚고 넘어가자. 경제는 결국 기업들이 만들어가는 것이고 한 나라의 경쟁력은 그 절대적 결정 요소인, 경제력의 원천이 되는 기업들의 경쟁력이라고 해도 과언이 아닐 것이다. 즉, 국력 향상은 많은 부분이 기업의 경쟁력 제고에서 비롯된다. 따라서 새로 도입한 시장경제에 맞는 기업 경영 및 조직체제를 갖추는 것이야말로 취약한 기업 경쟁력에서 비롯된 경제력 약화로 수십 년간 지속적인 국력 쇠락의 국면에 있는 북한에게 절실하면서도 필수적인 선결 과제이다.

그러기 위해서는 먼저 시장경제의 원리를 체계적으로 이해하고 경영이론과 기법의 발전 과정 및 흐름을 자본주의 진화의 역사 속에서 전반적으로 파악하는 것이 북한 사람들에게 특히 중요해 보인다. 단편적이고 편협한 인식에 경도되어 자본주의와 시장경제를 오해하고 그릇된 선입견으로 대한다면 초기 시장체제와 자본주의적 기업제도의 도입 과정에 부정적인 영향을 줄 수도 있다. 그리고 북한에서 시장경제를 도입하는 과정은 북한의 본질적인 문제 해결, 즉 인간의 욕구 충족, 유연성 제고, 신뢰성 구축, 인권 존중 등을 구현하는 길이기도 하다. 시장경제가 이런 인간의 본질적인 가치들에 가장 부합하는 경제체제임은 시장경제가 전 세계적 범위에서 보편적인 체제로 자리매김한 현실이 확증하고 있다. 또한 인간의 실생활과 상시적으로 가장 밀접하게 연계되어 있는 경제활동에서부터 새롭게 요구되는 가치들에 적응해나가는 것이 제일 현실적이고 편한 길임은 두말할 필요가 없을 것이다.

따라서 시장경제와 기업 경영의 시스템 및 조직 관련 이론과 기법을 기본적인 것만이라도 자본주의의 발전 역사를 배경으로 살펴보는 것이 북한 사람들에게 큰 도움이 될 것 같다.

시장경제하에서 기업은 소비자의 욕구에 맞는 제품이나 서비스를 만들어 판매하고 거기서 생긴 이윤으로 직원과 주주들에게 경제적으로 보상한다. 즉, 고객이 필요로 하는 재화나 용역을 얼만큼 더 좋은 품질로 더 싸게 더 빨리 만들어 더 비싸게 더 많이 팔아 이윤을 얼마나 남길 것이냐가 기업 경영의 목적이고 내용이며, 아울러 경쟁 속에서 기업의 생존과 발전을 좌우한다. 이를 위해 기업은 시장에서 통할 수 있는 아이템 중 자사가 잘할 수 있는 것을 찾아내야 하고 남들보다 더 효율적으로 부가가치를 만들 수 있는 능력을 길러야 한다. 이는 기업이 자신의 경제활동 영역을 잘 선정하고 스스로 정한 영역의 환경, 즉 외부 환경에 맞게 내부 역량을 육성하고 조직화해내는 것을 말한다. 즉, 기업이 조직과 시스템을 기업의 경영 이념과 전략, 사업 구조 및 운영 기제에 맞게 구축하고 관리할 수 있느냐 없느냐에 따라 비즈니스의 성패가, 더 나아가 기업의 생사가 갈린다.

경영이론은 그 중요성만큼이나 복잡하고 전문적인 분야이므로 감히 이 글에서 다 논하기 어렵고, 세계적인 석학들의 연구 성과와 그 발전 역사를 잘 정리한 저작이 있어 부록에서 소개하기로 한다.

북한에서 추구해야 할 시장경제상에 부합하는 사회조직 체계의 개편을 주제로 상당히 많은 지면을 할애했다. 그만큼 북한에서 사회조직 체계의 개편은 절실하고 결정적인 과제이다. 다시 말하지만 모든 일은 사람이 결정하고 사람이 모인 집단인 조직의 구성과 운영 수준에 좌우되며 조직의 구성과 운영은 시스템과 제도 같은 체제에 기반을 둔다. 결국 체제가 모든 것을 결정하는 것이나. 이것이 바로 지금까지 정치학, 철학, 심리학, 경영학, 미래학 등 다양한 분야들을 오가는 가운데 궁극적으로 역설하고 싶었던 메시지이다.

(8) 정보통신 및 에너지 체제의 수평적 분산화로의 직행

인터넷과 스마트폰의 광범위한 보급 같은 정보통신기술 혁명에 따른 커뮤니케이션 방식은 전 세계를 하나의 거대한 네트워크로 묶어 시간과 공간의 경계를 허물고 불연속적이고 동시다발적인 세상으로 인류를 데려왔다. 그 세상에서는 과거의 중앙집권적 계층구조를 대신하여 분산적인 수평 관계가 대세를 이룰 수밖에 없다. 방대한 네트워크에 자율적으로 접속한 무수한 개인들 간의 수평적인 소통을 통해 모든 일이 이루어지기 때문에 과거의 수직적인 조직 구조나 상의하달식 의사결정 체계가 불필요해진다. 그리고 시공간을 초월하는 인터넷 가상공간은 분산된 개인이 혼자서도 무한의 부가가치를 만들 수 있는 환경이므로 자원의 조직적이고 체계적인 집중이나 중앙집권적 관리는 그 입지가 좁아진다. 이제 인간은 기존의 영역을 나누어 소유하고 매매를 통해 거래하던 방식에서 벗어나 네트워크에 접속하고 필요한 기간만 제공받는 서비스를 사용하는 무소유와 접속의 시대로 들어섰다. 서비스 제공자는 고객에게 재화와 용역을 판매하여 소유권을 넘기고 대금을 받는 대신, 고객이 서비스 네트워크에 접속하여 재화와 용역을 일정 기간 사용토록 하고 그 사용료로 이익을 남긴다. 이렇게 인간의 거래 방식과 부의 창출 메거니즘이 근본적으로 변화하면서 경제를 비롯한 사회 전 분야에 걸쳐 그 구조와 시스템을 포괄하는 대대적인 체제 혁신이 도입되었다. 아이디어 하나만으로 큰 투자 없이 혼자서도 막대한 부를 만들 수 있는 있는 시대가 도래한 것이다. 분산된 개인 주체들의 수평적인 네트워크 위력이 막강해지면서 경제는 물론이고 사회 전체의 민주화 과정이 촉진되고 있다. 몇몇 엘리트에 의해서 좌우지되던 사회는 수많은 민초들이 각자의 영역에서 자율적으로 만들어내는 것들의 자유로운 경쟁과 조합, 통합을 거쳐 융성과 도태를 주고받는다. 에너지 네트워크도 마찬가지이다. 친환경

재생 에너지 기술의 발전과 더불어 이제 세계는 점차 작은 점들로 분산되어 각자가 필요한 에너지를 자체 생산하여 쓰고 나머지는 네트워크에 판매하는 형태의 스마트 그리드(네트워크로 연결된 분산 개체들이 스스로 에너지를 생산하거나 소비하고 여분을 이웃과 공유하는 에너지 인터넷) 에너지 체제 시대를 준비하고 있다. 풍력, 태양 에너지, 지열 등 많은 친환경 에너지원 활용 기술과 소형 원전의 상용화·대중화 시대를 목전에 두고 있어 저렴하게 에너지를 확보하고 소비할 수 있어졌다. 따라서 기존의 에너지 확보와 소비에 들어가던 방대한 시스템은 점차 작은 벌집 형태의 에너지 네트워크로 대체될 것이다.

이런 시대의 추세는 북한 현대화에 특별한 아이디어 하나와 그 가능성을 시사해준다. 경제 재건에 필요한 자본 집중화 능력이 없는 북한이 거구의 기업체들을 유지하는 것은 합리적이지 않다. 차라리 국유기업의 사유화 과정에서 정리 대상 기업들로부터 나오는 인원을 이러한 수평적 네트워크 체제에 포섭시켜 스스로 부가가치를 만들어내게 하면 좋을 것이다. 인터넷 및 무선통신 네트워크를 전 지역에 신속히 깔아 활동 공간을 지구 전체로 확장시켜야 한다. 지금도 그렇지만 앞으로 가상공간과 현실 공간의 구별은 의미가 없어질 것이며 오히려 가상공간에서의 부가가치 창출 기회가 현실 공간에서보다 훨씬 더 많아질 것이다. 그리고 북한이 심각한 에너지난에서 신속히 탈출하기 위해서도 에너지 분산 네트워크는 현실적인 대안이 될 수 있다. 북한으로서는 구태여 많은 돈을 들여 이제 역사의 뒷전으로 물러나고 있는 중앙집권적 에너지 체계를 구축할 필요 없이(물론 전부 필요 없는 것은 아니다), 각 지역별로 유리한 에너지원을 선택하여 만들어 쓰면 될 것이다. 이렇게 개별적·지역적 자급자족이 가능해지면 중앙정부는 부담을 덜고 여유를 찾아 좀 더 전략적인 곳에 역량을 집중할 수 있을 것이다. 그리고 주민들은 각자가 스스로 벌고 소비하는 기본적인 활동을 통해 경제적 측면에서부터 자유와 민주주의적 요소의 증대를 체험하게 될 것이며 이는 장차 사회 전체로 민주주의가 확대되고 성장하는 기반이 될 것이다. 그리고 북한으로 하여금 지식산업 사회로 곧바로 도약할 수 있는 가능성을 줄 것이다. 북한에서 열린 정보통신 네트워크는 주민들이 스스로 배우고 문제를 풀어가게 만드는 온갖 지혜의 보고가 될 것이다. 북한의 기존 사상 선전 시스템은 북한 엘리트들이 북한 현대화에 필요한 정치력을 발휘하고 집권의 정당성을 설파하는 데 충분할 것이며 열린 정보 네트워크와 경쟁하면서 상호 견제하는 역할을 할 것이다.

앞에서도 이야기한 바 있지만 북한 정권이 현대화를 이룩하기 위해서는 개방이 불가피하기 때문에 스스로 시스템을 개혁하여 정보 및 에너지 체계는 물론이고 사회 전반에 걸쳐 경계를 허물고, 평평해지고 있는 세계를 당당히 바라보고 맞이하는 리더십을 보여주어야 한다.

그럼 이제 앞에서 모색했던 북한에 적합한 북한만의 현대화 모델 구상을 정리해보자.

4. 북한식 현대화 모델의 전제 조건

여기까지 오면서 북한식 현대화 모델의 실루엣은 어느 정도 드러난 것 같다.

이 모델의 기본 콘셉트는 인격화되고(신격화 포기) 분권화된 수령체게아 일당통치 체제를 유지하는 전제하에서 시장경제를 도입하고 기존보다 현저하게 축소된 계획경제를 시장에 조화시키는 방식으로 경제에서부터 시작하여 현대화를 점진적으로 추진하는 것이다.

이런 모델을 시도하기 위한 전략적 선택 또는 과제들을 중국 모델과 비교해본다면 다음처럼 정리할 수 있을 것이다.

우선 북한과 중국이 유사한 면들을 참작하여 중국이 한 것처럼 하향식 중앙집권을 위주로 하면서 상향식 자유 선택을 결합한 변화가 경제 분야에서부터 점진적으로 이루어지도록 하는 한편, 일당체제와 시장경제의 결합을 사상적으로 정당화하기 위해 과거-현재-미래를 아우르는 새로운 사상적 기반을 축성할 수 있으며, 현대화에 필요한 자금 조달은 외국인 직접투자에 주로 의거하면서 경제적 수익을 창출하는 기제로는 제조업 위주의 수출 주도형 경제가 최적일 것으로 보인다.

다음으로 북한은 중국과 다른 환경이나 조건을 고려하여 중국과는 달리하거나 추가로 해야 할 것들을 잘 판단하고 과감히 시도해야만 한다.

먼저 가장 시급한 것은 과거와의 대화해를 통해 과거 유산을 정리하고 과감한 미래지향적 관계를 새로 설정하는 것이다. 이 문제를 풀지 않고서는 앞으로 나아가기가 사실상 어렵다. 그리고 이것이야말로 가장 어렵고 두려운 과제이기도 하다. 북한이 과거 역사와 미래 비전을 어떻게 매끄럽게 연결하느냐에 따라 북한의 장래 운명이 발전과 생존 또는 도태와 파멸로 갈린다고 할 수 있다.

그리고 화해와 미래지향적인 분위기에 편승하여 시장경제에 맞게 사회조직 체계를 개편하는 것도 아주 중요한데, 선택과 집중의 원칙에서 일부는 일시에 전면적으로 다른 일부는 부분별로 점진적인 방식을 택할 수 있을 것이다.

또한 지역적인 개방은 점진적이 아니라 전면적인 동시 개방을 추진하여 북한의 지정학적 이점을 최대한 살리고 후발 주자로서의 격차를 신속히 극복할 수 있도록 해야 한다.

북한 경제가 처해 있는 파국상은 역설적으로 북한이 대규모 국유기업의 구조 조정 및 개혁을 초기부터 사유화와 병행하여 추진하기에 유리한 환경이기도 하다.

또한 북한에게 절대적으로 부족한 북한 체제의 신뢰성을 확보하기 위해 정치권력으로부터 독립적인 사법제도를 수립하고 법치주의를 조기에 구현하는 것이 특히 중요하다.

아울러 수령체제와 일당통치 체제를 유지하는 조건에서 현대화를 추진하는 것은 북한 체제의 정치적 현실에 대한 이해와 함께 현대화의 추진에서도 정치적 안정과 중앙집권적 힘이 필요하다는 판단에 기초한 것이긴 하지만 현대화의 목적이 곧 자유와 인권의 증진이기 때문에 민주적 요소의 도입을 배제할 수 없다. 그리하여 북한은 수령체제와 민주적 요소의 결합 및 일당 중앙집권과 기층 민주주의의 조화를 현대화 초기부터 시도해야만 할 것이다.

이와 함께 자유 언론을 초기부터 허용하여 관제 언론과 경쟁 관계를 이루게 하고 기존의 불완전한 권력에 의한 권력 감시와 통제를 대신해 언론에 의한 소프트파워적인 사회적 감시와 견제체제로 전환하는 것이 현대화를 진척해나가는 데 도움이 되고 미래를 대비할 수 있게 할 것이다.

마지막으로 세계가 머지않아 맞이하게 될 3차 산업혁명이 북한에게 유리한 기회가 될 수 있음을 믿고 대담하게 개방적인 정보통신 네트워크를 구축하고 분산적·수평적인 에너지 네트워크로 경제의 신속한 회복과 성장을 도모하며 나아가 현대화를 넘어 미래의 선진 그룹으로 향할 기반을 쌓아나간다는 아이디어도 있다.

종합해보면 북한식 현대화 모델은 계획과 시장의 결합, 일당통치 체제와 시장경제의 결합 및 권위주의와 민주주의 조합을 복합적으로 구현하여 변화의 대상인 기득권 세력이 변화를 이끌어가는 주체가 되어 개혁의 주도 세력으로 거듭나게 함으로써 개방화, 시장화, 사유화, 자유화로의 전환 추동력을 마련하는, 북한 체제의 특이한 현실을 고려한 북한만의 유일성과 독특성을 지닌 체제 전환 방식이라고 할 수 있을 것이다.

다시 말해 북한이 개방과 변화를 주저하는 요인에는 외부적인 것보다 내부적인 것이 절대적인 부분을 차지하고 있기 때문에 북한이 현대화에 성공하기 위해서는 반드시 대내적인 장애 요소들부터 극복해야만 한다. 그리고 현존 기득권 세력도 변화의 수혜 대상에서 제외시킬 수 없는 동등한 인권을 가진 개체라는 명분도 물론 있지만, 기득권층의 지지 없이 민초들만의 힘으로는 북한에서 의미 있는 변화를 시도하기 어려운 내부 현실을 직시해야 한다. 기득권층이 변화로써 타도해야 할 세력이 아니라 변화를 적극적으로 추진해나갈 세력으로 변신하게 만드는 것이 북한 현대화에 가장 현실성이 있는 방법이라고 보는 것이다.

원리 원칙이나 이분법적인 접근에만 매달리기보다는 목적 지향성만 있다면, 원하는 올바른 목표로 나아갈 수만 있다면, 어느 정도 모순되고 갈등하는 요소들과도 명분을 만들어서라도 적절히 타협하여 대의에 포섭시키는 융통성을 발휘하는 지혜가 필요한 시점이다. 이는 결코 무원칙적인 타협이나 기회주의적인 비굴이 아니다. 북한을 막론하고 한반도를 둘러싼 주변 상황을 볼 때 이제 더 이상 누가 누구를 타도하거나 억누르려는 방식으로는 어떠한 진보도 이루기 어려운 것이 현실이며, 지금부터라도 서로가 서로를 포용하고 스스로 상대와 적대하지 않도록 변신하여 열린 마음으로 상호 간에 돕고자 노력할 때 행운의 여신이 찾아와 저 약속의 땅, 기회의 바다로 나아가는 문을 활짝 열어줄 것이다. 그리고 '목마른 자가 우물 판다'고 했듯이 보편보다 많이 뒤처지고 걸린 것이 많은 북한이 먼저 문제의 상자에 깊게 박힌 대못을 뽑는 것이 맞다.

이상과 같이 (북한에는 어렵겠지만) 문제의 해결 방법이 전혀 없는 것은 아니며 결단하기가 어렵지 올바른 방향으로 현실성 있는 실천 방법을 택하기만 한다면 '시작이 반'이라고 의외로 순조롭게 일을 풀어갈 수 있는 가능성을 확인할 수도 있을 것이다.

다음 장에서는 미래 세계의 예상 모습들을 살펴보면서 북한이 변해야만 하는 이유와 함께 북한의 30년 미래 비전을 그려본다.

제3장

북한 선진화의 종착지,
현대화 30년 미래 비전

북한에서 현대화 다음의 목표는 당연히 선진화이다. 현대화는 말 그대로 현실에 기반을 둔 현대의 기본적인 수준을 따라잡는 것이다. 그리고 선진화는 문자 그대로 세계의 선진 그룹에 합류하는 것이다. 따라서 현대화의 비전은 궁극적으로 선진화의 문턱에 닿아 있을 것이다. 그래서 북한이 각고의 노력 끝에 도달하게 될 현대화된 미래와 계속해서 경주하게 될 선진화라는 최종 목표 지점을 그려보는 것은 북한이 가야 할 방향을 분명히 하고 노정을 예상하는 데 큰 의미가 있을 것이다. 그래서 북한 현대화 달성에 소요되는 기간을 30년으로 잡고(충분히 가능하며, 물론 더 빠를 수도 있다) 그 이후 북한의 모습을 상상해보려 한다.

1. 북한 선진화의 종착지

북한이 선진 그룹에 합류하게 될 때쯤에 인류 사회가 도달할 진보의 수준이나 이상향이 어떤 모습일지는 현시점에서 모두 다 예측할 수 없다. 5년 앞도 예측하기 힘들 정도로 변화무쌍한 것이 지금 우리가 살고 있는 세상이다. 다만 인간의 욕망과 본성 및 존엄이 목적인 동시에 원인이 되어 과학기술의 발전과 인간 의식의 성숙 추이에 따른 생활환경과 방식의 변화, 그리고 그를 반영한 정치·경제·사회제도·문화 변화의 대체적인 추세나 목표를 추정할 수는 있을 것이다.

1) 미래의 세계

바야흐로 세계는 3차 산업혁명을 준비하는 단계로 진입하고 있다. 제러미 리프킨(Jeremy Rifkin)은 『3차 산업혁명』에서 글로벌 정보통신 네트워크라는 커뮤니케이션 기술과 분산적 재생 에너지 체계가 만나 산업에서 새로운 혁명을 잉태하고 있다고 말했다. 그에 따르면 산업에서 혁명은 새로운 에너지 체제와 커뮤니케이션 수단이 만날 때 일어난다. 1차 산업혁명은 인쇄술과 석탄을 에너지원으로 하는 증기기관이 만나 비롯되었고, 2차 산업혁명은 전기전자 통신기술과 석유 에너지 및 자동차의 만남의 산물이었다. 이 같은 커뮤니케이션 수단과 에너지 체제의 결합은 비단 산업에서의 혁명뿐만 아니라 인간의 의식에서도 변혁을 수반했다. 구두로만 소통하던 수렵 채집 시대에 인류 공동체 의식은 신화를 통해 형성되었고 문자를 쓰기 시작한 관개 문명 시대에는 종교의식이 정체성 형성을 주도했으며 인간은 르네상스 시대와 1차 산업혁명을 거치면서 하늘의 뜻이 아닌 인간 자신의 의식에 주목한 사상 의식의 시대를 열었다. 그리고 2차 산업혁명의 심리 의식 단계를 거쳐 바야흐로 3차 산업혁명의 생물권 의식이라는 고차원 세계로 나아가고 있다. 그리고 의식 혁명 단계와 더불어 인간의 공동체 의식도 점차 확대되어 수렵 채집 시대에는 부족이나 종족이, 관개 농업 시대에는 종교가, 1, 2차 산업혁명 시대에는 민속국가가 성체성의 기순이었다. 그리고 이제 3차 산업혁명을 맞이하여 전 인류와 지구 생명권 전체를 하나의 생명 공동체로 인식하는 단계까지 왔다.

리프킨이 특별히 강조한 바에 따르면 3차 산업혁명 단계에 들어서면서 인류 문명 체제의 구조적 변혁이 일어나고 있다. 기존의 중앙집권적 계층구조에서 분산적 수평구조로 바뀌어가고 있는 것이다. 2차 산업혁명까지의 에너지 체제는 화석연료에 의존했기 때문에 화석연료의 특성상 채굴과 배급에 방대한 자본이 집중되었고 이에 적합한 중앙집권적 수직 계층구조가 주가 되는 문명체계를 이루게 되었다. 소통 방식 측면에서도 인쇄 수단과 전기전자 통신매체를 장악한 엘리트층에 의해 정보가 생산되고 아래로 전파되는 상의하달식 수직구조를 띠게 되었다. 하지만 정보통신기술의 급속한 발전과 더불어 전 세계가 상호 연결된 정보통신 네트워크에 묶이면서 인간의 커뮤니케이션 방식은 급변하고 있다. 사람들은 인터넷, 스마트폰 등을 통해 각자 거대한 네트워크에 접속하여 정보를 얻고 만들고 옮긴다. 이 네트워크는 커다란 공유의 공간으로서 이 속에서 사람들은 함께 정보를 생성하고 나눈다. 이제 공유와 접속이 소유와 매매를 대체하며 새로운 부가가치의 원천으로 떠오르고 있다. 소통의 중앙집권적 계층구조가 분산적 수평구조로 바뀌면서 사람들은 수평적 사고방식에 익숙해지고 아울러 사회체제 전반에 걸쳐 분산적 수평구조로의 전환이 일어나고 있다. 정보통신 네트워크를 통해 개인이 혼자 힘으로 무제한의 부가가치를 창출할 수 있는 조건이 마련되면서 개인의 경제적·문화적 잠재력이 급속하게 증대되고 따라서 정치나 사회문화에 미치는 개인의 영향력도 크게 확대되었다. 이런 힘 있는 개인들이 무수한 별들의 바다를 이루어 서로 밝기를 겨루며 황홀한 반짝임의 쇼를 만들어가는 세상이 온 것이다. 이제 얼마 지나지 않아 분산적인 친환경, 재생 가능 에너지 스마트 그리드가 완성되면 인류는 본격적인 3차 산업혁명 시대로 진입할 것이다. 이 민주화된 에너지 체제는 정보통신 네트워크와 결합하면서 분산적 다양성, 수평적 평등에 기반을 두고 정치, 경제, 사회문화 전반에 걸쳐 본격적인 민주화의 시대를 열게 될 것이다. 커뮤니케이션과 에너지 체제에서 몇몇 거인들에 의존하던 수직 계층구조가 작은 다수의 수평적 네트워크로 대체되면서 평평한 세상이 도래하고 있는 것이다.

이에 따라 사회구조나 정치체제에서도 피라미드식 계층구조가 사라지고 뚜렷한 구심점이 없이 수평으로 넓게 퍼져나가는 형태로 변해갈 것이다. 시공간은 구분이 사라지면서 무한대로 팽창된다. 한곳에서의 사건이 거의 동시에 지구 어디에서나 공유된다. 권력에 의해 생겨난 권위처럼 일체의 인위적인 독점이나 제한은 사라지게 된다. 아울러 권력의 집중도 종말을 고한다. 민의의 수렴과 의사결정은 수많은 민초들 사이에서 수평적인 복합 작용의 형태를 띨 것이다. 따라서 민족도 국가도 기존의 의미와 지위를 상실할 것이다. 온갖 분야별, 부문별 횡적 네트워크만이 소속과 정체성에 의미를 부여할 것이다. 물론 국가의 소멸은 너무 앞서 나간 상상이라고 할 수 있겠지만 국가는 지리적 터전을 공유하는 공동체의 개념 정도로 그 의미가 축소될 것이다. 날이 갈수록 국가 간 제도와 생활수준이 평준화되는 것은 당연하다고 할 수 있다.

그런데 중요한 것은 이런 세상이 도래하는 시기가 현재 인류 사회가 진보하는 속도를 감안할 때 반세기를 넘기지 않을 수 있다는 것이다. 사회의 발전은 날로 가속도를 더해가고 있다.

그래서 북한이 현재의 낙오를 현대화라는 추격전으로 극복하고 선진 그룹에서 선진화 경주를 지속하고 싶다면 선진 그룹을 따라잡을 시점의 경주환경과 규칙을 미리 습득해야 한다. 단도직입적으로 말해 북한의 수령제는 선진 그룹의 환경이나 규칙에 대척되는 것이므로 현대화를 거치면서 새로운 환경과 규칙에 적응하는 연습을 하고 서서히 체질을 바꾸어가야만 한다. 아울러 더 적극적인 관점에서 보면 현대화의 목표와 선진화의 입구로 가는 지름길로서 세계의 분산적 수평화 추세를 활용할 수도 있을 것이다. 북한은 자본 집중화 능력이 미천하고 경제의 중앙집권적 수직 계층구조도 유명무실하다. 그래서 과거의 구태를 복구하는 데 공을 들이는 대신, 변화된 환경의 흐름에 재빨리 올라

타 새로운 규칙이 순풍이 되도록 돛을 올리는 지혜를 고민해야 한다. 좀 더 구체적으로 말하면 어차피 새로 건설해야 하는 정보통신 및 에너지 인프라를 분산 네트워크 형태로 구축하여 고도의 자본집중 및 그에 맞춘 현대 자본주의 시스템 측면에서 약점을 우회하고, 소규모 자본으로 시장체제 조직화가 덜 된 개개인을 최대한 활용해서 고부가가치 창출을 도모한다는 개념이다. 그리고 이 아이디어를 구현하는 과정은 곧 기층 민주주의의 실습장이 될 것이다.

그럼 이제 북한이 목표로 하는 선진화 종착지를 좀 더 명확히 표현해보자.

2) 효율과 배려가 조화된 민주주의 복지국가

선진화의 끝을 구체적으로 명확히 표현하는 것은 누구에게나 쉬운 일이 아닐 것이다. 아니, 그보다는 감히 그 끝을 논할 수 없다는 말이 합당할 것이다. 먼 미래 세상의 변천을 현재의 부분적이고 상대적인 인식을 토대로 그려보겠다는 발상 자체가 상당히 무모한 것이라 할 수 있겠다. 그러나 그것이 어떤 모습이든 인간의 본성적 요구와 존엄을 위하는 것이라는 데는 큰 이의가 없을 것이다. 그리고 인간 개인은 물론 인류와 지구의 생명체 전체를 하나의 생명 공동체로 하여 공존하면서 조화를 이루는 수평적 네트워크 사회일 것이다. 자유, 평등, 인권, 정의 같은 가치들은 그 속에 녹아들이 있을 것이다. 좀 더 좁혀서 보면 인간의 능력을 최대한 끌어내는 최적화된 체제가 될 것이고 생명 공동체 모두를 아우르는 배려 넘치는 사회가 될 것이다. 그것은 아마도 시장경제와 민주주의에 기반을 둔 복지국가일 것이다.

다음으로 이러한 선진화의 이상향으로 가는 바로 그 도상에서 북한 현대화의 30년 미래 비전을 그려보자.

2. 북한 현대화 30년 미래 비전

북한 현대화 기간을 30년으로 잡은 것은 중국의 사례를 참고해도 그렇고, 30년이면 한 세대를 넘기는 것이므로 우리 세대에서 달성해야 한다는 목표를 설정한다는 데 의의가 있기도 하다. 그리고 세대교체 없이 현대화를 넘어 선진화라는 더 높은 목표까지 가기에는 무리가 있어 보인다는 점도 참작했다.

1) 1인당 국민소득 2만 달러 달성 및 선진국 진입의 발판 축성

우선 경제 분야에서 북한 현대화 비전은 30년 내에 1인당 국민소득 2만 달러를 달성하여 선진국 진입의 발판을 축성하는 것이다.

남북이 통일의 실질적인 실행 단계에 진입하려면 경제력 차이를 감수할 수 있을 정도가 되어야 하는데, 한국은 향후 30년이면 1인당 국민소득 4만 달러 이상 시대에 진입해 있을 것이므로 여전히 남북 간에는 2배 이상의 경제력 격차가 존재하게 된다. 1인당 국민소득이 2만 달러에서 4만 달러로 상승하는 것은 선진국이 된다는 의미이다. 즉, 1인당 국민소득 4만 달러는 선진국 수준의 제도적 효율과 경제적 생산성 및 부가가치 창출 능력을 갖추었을 때 비로소 달성 가능한 고지인 것이다.

따라서 우리 세대에서 통일의 기반만이라도 확실하게 다져놓아야 통일의 문턱에 도달했을 때 이미 선진국이 되어 있는 한국을 상대하여 통일의 실질적인 과정이 될 하드웨어적·소프트웨어적 통일 모두에 진입할 수 있다. 이런 기준에서 북한은 30년 내에 1인당 국민소득 2만 달러 달성을 목표로 정해야 한다.

한국이 1인당 국민소득 2만 달러를 달성하는 데 40년이 걸린 것을 감안하면 후발 주자로서 한국을 비롯한 선진사회의 강력한 지원을 받을 수 있고 한국이 개척한 시장을 활용할 수 있으며 인구밀도도 한국보다 적은 북한이 30년 내에

2만 달러 고지를 점령하는 것은 충분히 가능할 것이다. 그리고 중국도 개방개혁 30년을 넘기면서 시장경제가 성숙 단계에 들어섰고, 지역적 발전격차가 크고 워낙 인구가 많아 1인당 국민소득은 미천한 수준이지만 개방개혁을 선도하는 핵심 지역의 1인당 국민소득이 이미 중진국 수준 이상인 것을 보면 북한이 30년 내에 1인당 국민소득 2만 달러를 달성한다는 비전은 허풍이 아니라 실현 가능성이 높다고 할 수 있다.

2) 평화적 민주화 이행, 인권 및 정치 선진화 궤도 진입

북한이 1인당 국민소득 2만 달러 국가가 되면 자연히 경제적으로 풍요한 생활에 맞게 정치적 삶에 대한 요구도 높아질 것이다. 정치적 권리의 증진은 곧 민주주의의 구현을 의미한다. 다른 길은 있을 수 없다. 그리고 민주주의 사회로 가는 길이 인권의 보장 수준을 높이고 정치 선진국으로 가는 길이기도 하다.

북한은 현대화 과정에서 축적된 소프트파워에 기초하여 수령체제에서 집단지도 체제로, 더 나아가서는 민주주의 체제로 이행하는 데 충분한 정치력을 발휘할 수 있을 것이다.

미래의 세계를 논하면서 알 수 있듯이 수령체제라는 사실상의 절대군주제에는 거의 미래가 없다. 북한에서 현대화에 필요한 현실 정치력이라는 명분으로 수령체제가 용인될 수는 있겠지만 정치제도의 미래를 보더라도 선진 정치세계에서 절대군주제는 설 자리가 없다. 현대화의 과정에서도 북한의 수령체제는 완성으로 다가갈수록 경쟁력을 상실하게 된다. 그래서 북한의 정치는 현대화 30년 기간에 최소한 수령 절대주의 체제에서 집단지도 체제로의 전환을 마쳐야 하며, 현대화 이후 선진화로 가기 위한 민주주의적 요소들의 성장을 도와야 한다. 그리고 북한의 수령은 북한을 깊은 질곡에서 건져내 선진사회를 바라볼 수 있는 경지까지 끌어올린, 세상에서 가장 극적인 정치 사극의 주인공으로 역사에 남을 것이다.

북한이 민주화와 정치 선진화를 향해 가는 열차는 결국 남북통일이 본격적인 단계로 진입하는 궤도가 시작되는 역에서 출발하게 될 것이다.

3) 공통의 가치에 기초한 남북통일 제도화 과정 착수

한국과 북한이 공동으로 추구하는 가치는 남북한 주민 모두가 세계 보편의 인권을 최대한 누리게 하는 것이리라. 앞에서도 보았듯이 인권의 완전한 보장은 오직 민주주의 복지국가에서만 가능하다. 결국 통일의 과정은 한국이 먼저 이룩한 민주주의와 복지의 수준을 북한이 따라잡는 것이되, 남북한 모두가 서로에게 부담이나 폐가 되지 않고 상부상조하는 메커니즘을 만들어가는 노정이 될 것이다. 다만 그 종착역이 온전한 통일일 수 있도록 제도화를 통해 그 진행 방향을 제어해야 한다. 공통의 규칙을 적용할 수 있는 분야에서부터 제도의 통일을 이룩하고 차이가 있는 부분은 격차를 줄이는 방향으로 나아갈 수 있도록 제도적 배려가 이루어져야 할 것이다.

남북한이 진정한 공존공영을 누리고 있다면 통일의 시기에 대해서는 너무 집착할 필요가 없다. 통일은 반드시 이루어야 할 숙명적 과업이고 지상의 가치라는 신념이 남북한 양측에 굳건하다면 통일의 과정에서 생길 수 있는 일련의 어려움은 얼마든지 극복할 수 있을 것이다. 통일에 관해서는 뒤에서 다시 더 논하겠지만 궁극적으로 우리가 이루려는 통일은 통일의 주체이고 수혜자인 남과 북의 모든 사람들이 자타를 구분해 의식하지 않고 편한 마음으로 서로를 대하고 받아들이는 사회 통합의 경지를 의미할 것이다. 앞서 짚어본 것처럼 인간의 마음은 제도적 환경에 크게 좌우되기 때문에 통일을 편하게 대하는 우리의 마음가짐도 결국 통일의 제도화 과정에 크게 영향을 미칠 것이다. 그리고 분명한 것은 북한이 현대화의 종착점에 도달했을 때는 남과 북의 차이가 현격하게 줄어 있을 것이므로 남북 모두가 실질적인 통일 관련 제도화에 착수해야 할 필요성과 실효성을 공감하게 될 것이라는 점이다.

4) 세계 보편의 가치를 지향하는 글로벌 표준화 단계 진입

북한이 중진국을 넘어 선진국으로 도약하는 단계에 진입한다는 것은, 이미 선진국인 한국과 통일의 제도화 과정에 착수한다는 것은, 바로 세계 보편의 가치를 지향하는 글로벌 표준화 단계로 들어선다는 것을 의미한다. 북한이 세계무역기구에 가입한다면 시장경제에 맞는 법규나 제도를 이미 대부분 갖추고 있을 것이라는 전제가 깔리지만 정치 선진화 및 복지 분야에서는 사정이 다를 것이다. 결국 북한은 선진국 수준의 민주주의와 복지를 구현하기 위한 제도적 장치를 정치 현실과 경제 수준에 맞게 마련하고 정치경제적 선진화 진척 정도에 따라서 꾸준히 개선해나가게 될 것이다.

나가며

통일, 시작도 끝도 우리의 마음에서

한국이나 북한이나 미래를 이야기할 때 통일 문제를 거론하지 않을 수 없다. 그리고 통일에 관한 담론이나 연구의 역사는 반세기가 넘는다. 수많은 전문가들과 연구기관들이 많은 시간과 비용, 노력을 들였고 지금도 마찬가지이다. 앞으로 얼마나 더 많은 정력이 필요할지는 알 수 없다. 통일 방안도 초기에는 남북 간의 극렬한 체제 대결에 기초하여 상대방을 힘으로 제압하고 어느 일방이 승리하는 통일을 추구했다.

분단 반세기가 흐르고 남북 간의 국력격차가 현격하게 벌어지는 데 위협을 느낀 북한이 핵무장을 해 남북의 세력균형은 크게 흐트러지지 않았다. 한국은 북한의 갑작스러운 붕괴로부터 비롯될 여러 가지 골칫거리를 피하고자 북한에 대한 '흡수통일' 의도를 접은 듯하며, 북한도 '적화통일'에 대해 어느 정도 자신감을 상실한 기미가 느껴진다. 하지만 여전히 남과 북은 서로 상대방의 공격과 점령에 의한 통일을 두려워하고 있다. 남과 북 모두 적극적인 통일 의지는 많이 꺾였지만 여전히 상대방의 공격 의도를 경계하고 있는 것이다.

세상 사람 대부분은 한반도의 통일이 북한의 붕괴나 선양으로 한국의 자유민주주의 가치관에 따른 것이 되리라 전망하고 있다. 그런 일이 일어난다면 반기지 않을 이유가 없겠지만 언제까지나 희망 사항에 그치고 말 것 같아 인내심에 한계가 오곤 한다. 그러나 더 문제는 세상의 그런 전망이 현실화될 것을 두려워한 나머지 북한이 더욱 몸을 움츠리고 외부를 향해 가시를 세운다는 것이다. 외부 세계는 북한이 필연코 망할 것이라고 여러 가지 근거를 대며 그 시기를 점치고 있지만 그렇게 보낸 세월만 수십 년이 넘는다. 앞에서도 보았듯이 북한 외부로부터 강력한 충격이 없는 한 북한이 스스로 붕괴될 가능성은 아주 희미하다. 다 스러져갈지언정 무너져 내리지는 않을 것이다. 게다가 북한의 급격한 붕괴를 부르는 공세적인 통일은 이미 한국의 선택 사항에서 저 뒷전으로 밀려나 있다. 그래서 가능성이 미천한 북한 붕괴를 가정하여 통일이 마치 머지 않은 장래에 일어날 일인 양 요란을 떠는 것은 의미가 없어 보인다. 오히려 북한을 더욱 수비적으로 만들어 통일로 가는 첫걸음이기도 한 북한의 현대화 결단을 지체시킬 뿐이라는 생각마저 든다. 결국 아이러니하게도 지금은 통일을 가급적 언급하지 않는 것이 오히려 통일에 더 도움이 되는 상황이 아닐까 하는 불경한 생각까지 하게 된다.

궁극에 말하고 싶은 것은 지금 우리가 초점을 맞추어야 할 목표는 통일이 아니라 북한의 현대화라는 것이다. 하루라도 빨리 북한이 현대화의 길로 들어서는 것이 길게 보았을 때 통일을 앞당기는 길이기 때문이다. 앞서 언급했지만 북한이 현대화를 완성하고 선진화의 초엽에 당도해을 때 비로소 의미 있는 실질적인 통일의 제도화 과정이 시작될 것이다. 한국에 편한 체제를 가정한 통일을 눈앞의 일처럼 떠드는 것은 다른 의미로 북한 정권이 존재하지 않는 상황을 염두에 둔 것이기 때문에 더욱 현실성이 떨어진다. 하지만 통일은 한민족이 이루어야 할 숙명의 과업이고 언젠가는 반드시 도래하고야 말 미래이기 때문에 차분한 마음으로 통일한국으로의 여정과 이상향을 그려보는 것은 몹시 의미 있는 일이다.

(국가) 통일은 서로가 마음을 열고 경제적 통일부터 시작해서 외교와 국방 등

국가기구의 통일을 거처 체제까지 아우르는 정치적 통일로 완성된다. 하지만 그것만이 통일의 전부는 아니다. 오히려 이런 구조적 통일보다 더 어려운 것이 문화적·심리적 통일일 것이다. 70년 가까이 장구한 분단의 세월 동안 서로 다른 정도를 넘어 적대적이기까지 한 생활양식으로 살아온 사람들이 단기간에 문화적·심리적으로 융합되기는 쉽지 않을 것이다. 그래서 진정한 통일은 우리의 마음까지도 모두 하나가 되는, 그래서 서로 편해지는 때라야 완성된다고 할 수 있다. 그리고 그런 통일이 완성될 시기는 최소한 30년이 넘는 긴 세월이 지나고 나서일 것이다. 통일은 단순히 남과 북이라는 존재를 합치는 것이 아니라 미래에 변해 있을 세상에 부합하도록 서로 보완하고 윈윈(win-win)하여 차원을 높여가는 창조적이고 건설적인 과정이 되어야 한다.

결국 통일은 시작도 끝도 우리의 마음에서 비롯되는 것이다.

부록

시장경제 성공의 역사를 만든 주요 경영이론 고전들[*]

    18세기 말엽에 발화된 산업혁명 이후 경제가 급속히 성장하고 자본주의가 발전해가는 무렵에 시장은 공급자 우위였다. 당시 기업의 관심은 기업 내부의 경쟁력을 키워 제품을 얼마나 효율적으로 더 빨리, 더 많이 만들어내느냐에 있었다.

    경영학의 아버지로 불리는 미국의 프레더릭 W. 테일러(Frederick W. Taylor)는 그의 고전 『과학적 관리법(The Principles of Scientific Management)』(1911)에서 기계 및 도구의 효용성 극대화, 철저한 전문화 및 불필요한 작업 활동의

---

[*] 북한 현대화가 성공을 거두기 위해서는 경제와 경제의 핵심 주체인 기업이 결정적 요소로 작용해야만 한다. 그래서 시장경제를 세계 보편의 지위로 끌어올린 성공의 역사를 가능케 한 경영이론이 북한의 경제체제 및 기업조직 체계 혁신에 참고가 되었으면 하는 바람이다. 한국 독자들에게 굳이 이 책의 지면을 통해 그러한 경영이론을 소개해야 할지 고민이 되기도 했지만 북한 독자들은 경영이론과 관련한 정보에 접근하거나 이를 분별하는 것이 환경상 용이치 않기 때문에 일부라도 소개하고자 욕심을 부렸다. 이동현 외 2인이 쓴 『경영의 교양을 읽는다』에서 중요한 경영이론이 선별적으로 소개되고 있는바, 북한의 경제체제 및 기업 시스템 개혁에 도움이 될 만하다고 생각하는 주요 경영이론을 몇 가지 추려 언급한다.

제거, 차별성과급 제도를 통한 생산성 증대 추구와 같은 기업의 과학적 관리 기법을 처음으로 제시했다.

테일러는 능률을 향상시키기 위해서는 노사가 공존공영하고 태업을 방지하며 관리자와 근로자 간의 역할이 명확해야 한다는 조직 관리의 철학을 가지고 있었다. 이는 일반적인 고정관념처럼 노사가 대립되는 이해관계에서 출발하는 것이 아니라 능률 향상을 통한 고임금 및 저노무비 시스템을 구축함으로써 공존공영을 실현할 수 있다는 확신에서 출발한 것이었다. 또한 태업을 방지하기 위해 공정한 작업량을 부여하는 과학적 과업 관리와 성과에 따라 보상하는 차별성과급 제도를 도입했다. 그는 과학적 관리 기법으로 생산 기획부의 설치, 정확한 시간 연구, 작업 방법 및 도구의 표준화, 공정 계획 시스템, 직능별 관리 감독자와 교사에 대한 훈련, 작업 지시서, 작업 순서 및 작업 공정도, 계산자 등 시간절약 방법 도입, 제품 및 도구의 체계적 코드 분류 방식, 과업 지도서, 과업 관리 및 지속적 임금 인상 보장, 차별성과급 제도, 예외의 원칙 인정, 근대적 원가 시스템 등의 구비를 강조했다.

테일러는 주먹구구식 관리법을 탈피하고 계량적으로 증명 가능한 과업 관리의 과학을 발전시키기 위한 4대 원리를 제시했다. 개별 과업에 대한 과학의 발전, 과학적 인재의 선발 및 육성, 과학적 원리에 대한 상호 공감, 관리자와 노동자 간의 역할 분담이 그것이었다.

작업 방식의 단순화와 경제성의 원칙에 치중한 테일러의 과학적 관리법은 전문적 지식과 역량이 요구되는 업무에는 적합하지 않으며, 또한 종업원들의 자율성과 창의성을 무시한 표준화된 기계적 효율성, 즉 능률의 논리만을 강조했다는 비판도 있다. 그러나 태업과 주먹구구식 관리 방식에서 벗어나 과학적 관리와 공정한 보상으로 생산성 향상을 추구하는 것이 기업과 구성원 모두가 공존공생할 수 있는 길이라는 점을 밝혀주었다는 점에서 그의 사상은 결코 간과되어서는 안 될 것이다.

테일러와 동시대인인 프랑스의 앙리 파욜(Henri Fayol)의 『산업 및 일반 경영관리론(General and Industrial Management)』(1925)은 경영 과학으로서 조직이론의 발전에 커다란 영향을 미쳤다.

현장의 공정관리에 치중된 테일러의 과학적 관리가 미국에서 활발히 전개되고 있는 동안 유럽에서는 경영관리 전반에 대한 이론이 전개되었다(파욜은 인사, 조직, 관리, 명령, 통제 등 경영의 인적 요소와 관련된 개념을 정립했다).

파욜은 기업 조직의 관리 활동을 6대 본질적 기능, 즉 기술적 활동(생산, 제조, 가공), 영업적 활동(구매, 판매, 교환), 재무적 활동(자본의 조달과 관리), 보전적 활동(재산과 종업원 보호), 회계적 활동(재고관리, 대차대조표, 원가계산, 통계자료), 경영관리적 활동(계획, 조직화, 명령, 조정, 통제)으로 체계화시켜 합리적인 관리 교육을 통해 조직의 효율성을 제고해야 한다고 역설했다. 그리고 관리와 경영을 명확히 구별해 '경영이란 기업이 운영하는 모든 자산을 활용해 최고의 이익을 실현하고 기업의 목적을 달성하기 위해 사업을 운영하며 지도하는 것'이라고 정의했다. 즉, 경영은 기업의 전략적 의사결정을 뜻하고, 관리는 경영의 일상적 실현 활동인 것이다. 하지만 관리의 기능 안에 계획과 조직화가 포함되므로 여기에 전략적 의사결정이 추가된다면 경영과 관리의 차이는 거의 사라지게 된다.

파욜은 경영관리의 14대 기본 원칙을 제시했다.

① 분업의 원칙: 기능의 전문화 및 권력의 분산화
② 권한-책임의 원칙: 권한에 따른 책임을 수반한다.
③ 규율의 원칙: 명령에 대한 복종과 인내, 실천과 지속성, 상호 존중의 기준에 대한 기업과 종업원 간의 협약을 준수한다.
④ 명령 일원화의 원칙: 부하는 한 사람의 상사로부터만 명령을 받는다.
⑤ 지휘 통일의 원칙: 동일한 목적을 지향하는 여러 활동의 통합체는 단 한 사람의

상사에 의해 단 하나의 계획만을 추구해야 한다.

⑥ 전체 이익으로의 개별 이익 종속 원칙: 종업원 개인이나 집단의 이익이 기업의 이익을 초월할 수 없다.

⑦ 적정 보상의 원칙: 공정하게 보상하고 노력에 대한 대가를 지불하되 한계를 넘어서는 초과 보상은 경계한다.

⑧ 집권화의 원칙: 조직 내의 정연한 질서와 높은 성과를 목적으로 적절한 집권화 체계를 구축한다.

⑨ 계층화의 원칙: 직무의 수직적 계열, 확실한 정보 전달과 명령 일원화를 동시 달성하기 위한 필수 조건

⑩ 질서 유지의 원칙: 조직도대로 모든 활동을 질서 있게 전개한다.

⑪ 공정성의 원칙: 정의는 협약 사항을 실천함으로써 실현될 수 있지만 공정성은 이러한 정의의 실천에 온정과 배려가 더해져야 확립될 수 있다.

⑫ 고용 안정의 원칙: 종업원이 능력을 키우고 발휘하는 데는 시간이 걸리며, 심리적 안정도 필요하므로 안정적인 고용 환경이 중요하다.

⑬ 자발성의 원칙: 경영자는 부하가 자발적인 창의력을 발휘해 만족감을 얻도록 하기 위해 어느 정도 자기 정서를 희생할 필요가 있다.

⑭ 종업원 단결의 원칙: 종업원들의 화합에 의한 조직의 역량 향상

하지만 모든 것은 정도의 문제이고 수많은 요소의 변화를 고려해야 하며 상황 변화에 따라 기준도 변해야 하므로 관리 원칙의 숫자적인 제한은 없다고 하는 점도 인정했다.

경영학을 태동시킨 양대 산맥인 테일러와 파욜의 업적은 서로 간의 차이로 말미암아 상호 보완하는 관계라고 할 수 있다. 테일러는 조직 하위의 노동자를 중심으로 한 현장 조직의 공헌을 중시한 반면, 파욜은 조직 상위의 경영자를 중심으로 한 관리 조직의 공헌을 중시했던 것이다.

피터 드러커(Peter Drucker)는 『경영의 실제(The Practice of Management)』 (1945)에서 기업의 경영 활동을 사업 관리, 경영자 관리, 근로자 관리라는 세 가지 틀로 다룬 최초의 학자이다.

그는 먼저 사업 관리라는 주제를 통해 경영자에게 '우리의 사업은 무엇인가?', '우리의 사업은 무엇이어야만 하는가?'라는 가장 기초적인 질문을 던졌다. 기업이 좌절하고 실패하는 가장 큰 이유 중 하나는 사업의 목적과 내용에 대한 생각이 분명치 않기 때문이다. 드러커는 '기업은 이윤을 추구하는 조직'이라는 일반 명제를 부정하면서, 이윤은 단지 경영의 결과일 뿐이지 기업의 목적은 아니며 기업의 목적은 기업 외부에 있고 기업이 사회의 한 기관이므로 기업의 목적 역시 사회에 있어야 하며, 따라서 고객을 창출하고 그들에게 가치를 제공하는 것이야말로 기업이 존재하는 목적이라고 했다. 결국 기업이 무엇인지를 결정하는 것은 고객이다. 왜냐하면 제품과 서비스에 대가를 치를 의향이 있는 고객만이 기업이 갖고 있는 단순 자원을 재화로 전환시켜주기 때문이다. 기업이 시장을 창출하기 위해 해야 하는 가장 기본적이면서도 중요한 두 가지 활동 중 하나는 고객이 무엇을 좋아하는지 발견하는 마케팅이며, 다른 하나는 고객이 깨닫지 못하는 욕구를 찾아내는 혁신이다. 결과적으로 사업에 대한 정의를 내리는 것은 '우리의 고객은 누구인가?', '우리의 고객은 무엇을 구입하는가?'라는 질문에 답하는 과정인 것이다.

다음으로 경영자 관리라는 주제에서 목표에 의한 경영이라는 개념을 소개하고 이를 통해 경영자가 담당해야 할 임무와 역할에 대해 설명했다. 목표는 경영 활동과 과업 할당을 위한 기초이며 기업의 구조를 결정하고 수행되어야 할 주요 활동들을 결정한다. 그리고 각 과업들에 어떻게 인적자원을 할당할 것인가를 정한다. 목표는 기업 구조의 설계와 각 단위 조직 및 경영자들의 과업 설계에 반드시 필요한 토대이며 각 사업의 경영자들에게 부과되는 목표는 기업 전체의 목표에서 도출되어야 한다. 목표는 절대적으로 주어지는 운명이 아니라 기업 스스로 결정하는 것이다. 목표는 기업과 구성원을 구속하는 존재가 되어서는 안 되고 그들에게 공헌해야 한다. 물론 목표만으로 미래를 결정하지는 못한다. 목표는 기업의 미래를 창조하기 위해 자원을 동원하는 수단일 뿐이다.

마지막으로 근로자 관리라는 주제에서는 인적자원 관리의 중심이 육체노동자의 생산성에서 지식 근로자의 생산성으로 이동함에 따라 조직의 구성원들과 그들이 수행하는 직무에 대해 전혀 새로운 가정으로 접근했다. 인적자원 관리란 사람을 통제하는 것이 아니라 사람을 이끄는 것이며 인적자원 관리의 목표는 각 개인만의 특유한 강점을 생산적으로 만드는 것이다. 인적자원 관리가 추구하는 방향성은 결국 조직 구조의 구성으로 구현된다. 조직 구조는 사람들이 함께 작업함으로써 생산성을 올리도록 하는 하나의 도구이기 때문에 특정 조직 구조는 특정 상황과 시기에 수행할 특정 과업에 적합한 것이어야 한다.

조직 구조와 관련해 준수해야 할 원칙은 다음과 같다.

첫째, 조직화의 목적은 사업의 성과와 직접 연계되어야 한다. 조직 구조는 구성원들의 모든 활동을 사업의 성과로 전환시키는 자동차의 변속기 같은 역할을 한다.

둘째, 관리계층의 수를 최소화해야 한다. 조직을 가능하면 수평적으로 만드는 것이 합리적인 조직 구조의 원칙이다.

셋째, 조직 구조는 미래의 최고 경영자들을 훈련시키고 시험할 수 있어야 한다. 조직 구조는 실제 경영자들이 자율적으로 책임을 지고 직접 경영할 수 있는 여건을 제공해야 한다. 경영에서 수행해야 할 중요한 과업은 조직이 행하는 작업의 생산성과 그 작업을 수행하는 사람들의 성취 능력을 높이는 것이다. 기업이 보유하고 있는 단 하나의 진정한 자원은 바로 사람이다. 모든 조직은 인적자원을 더욱 생산적으로 만듦으로써 성과를 달성할 수 있다. 따라서 경영자는 다른 어떤 업무보다도 사람을 선별하고 관리하는 일에 많은 시간을 투입해야 한다. 그리고 조직의 역할에서 구성원이 성취감을 느낄 수 있도록 하는 일이 점점 더 중요해지고 있다. 효과적인 인사관리를 위해서는 우선 직무의 내용을 철저하게 고려해야 하고 다음으로는 새로운 직무를 수행하는 사람에게 그가 해야 할 일을 잘 알려주어야 한다. 경영자에게 인사관리에 대한 올바른 의사결정은 조직을 효과적으로 통제하는 궁극적인 수단이며, 경영자가 얼마나 유능한지 그의 가치관은 무엇인지 그가 직무를 얼마나 진지하게 수행하는지를 분명하게 알려준다. 다른 의사결정은 비밀로 할 수 있을지 몰라도 인사관리에 대한 의사결정만큼은 절대로 숨길 수 없으며 그 결과는 즉각 드러나고 만다.

미국의 이고르 앤소프(Igor Ansoff)는 『기업 전략(Corporate Strategy)』(1965)에서 최초로 기업의 전략적 의사결정에 대한 분석 모델을 제시했다. 기업의 다양한 의사결정 중 전략적 의사결정을 다른 수준의 의사결정과 구분하고 전략적 의사결정 과정을 모델화했다. 이 모델은 단계별 접근법이라고도 하는데 단계별 접근을 통해 의사결정 사항을 계속적으로 좁히고 가장 좋은 방향으로 몰아간다는 것이다. 즉, 제1단계에서는 기업의 다각화 여부를, 제2단계에서는 진출하려는 산업 내의 특정 제품과 시장 영역을, 제3단계에서는 특정 영역 내에서의 전략을 마련하는 식이다.

앤소프는 의사결정을 전략적 의사결정, 관리적 의사결정, 운영적 의사결정 세 가지로 구분하고 전략적 의사결정의 특징을 규명하는 데 힘썼다.

전략적 의사결정에서는 기업이 무슨 사업을 하고 있는지를 정의하고 어떤 종류의 사업에 진출할 것인지를 고민한다. 또한 기업의 목적 혹은 목표를 설정하고 그것을 달성하기 위해 기업이 소유한 자금과 인력 등을 최적으로 배분한다. 따라서 전략적 의사결정은 비일상적이고 일회적인 의사결정이라고 할 수 있다.

이에 반해 운영적 의사결정은 기업 현장에서 일어나는 생산, 판매 등 구체적인 행위와 관련된 것으로 일단 관리상의 지침이 설정된 후에 각각의 행동에 대한 의사결정이 하부로 위임되거나 이양될 수 있는 단순하고 일상적이며 반복적인 기업 활동에 대한 것이다.

전략적 의사결정과 운영적 의사결정의 중간 지점에 관리적 의사결정이 있다. 관리적 의사결정은 결정된 목표와 전략을 가장 효과적으로 달성하기 위한 활동들과 관련이 있는데 대표적인 예가 조직화이다. 조직화는 권한과 책임을 구조화하여 전략과 운영 사이의 갈등을 조정하고 최적의 성과를 거둘 수 있도록 조정하는 역할을 한다. 또한 효율적인 자원 배분과 함께 자원의 획득과 개발 같은 문제도 다루며 결국 개인과 조직 목표 간의 갈등 문제를 다루게 된다.

앤소프가 모델화한 전략적 의사결정에서 전략수립 모델은 기업 목적과 목표를 달성하기 위해 기업의 제품과 시장 영역을 찾는 과정이라고 할 수 있다.

기업의 목적이 무엇인가에 대해서는 여전히 논란이 많지만 가장 대표적인 예가 이익 극대화, 주주 가치 극대화, 기업의 다양한 이해관계 만족 등이다.

앤소프는 기업의 핵심 목적이 장기적인 수익성 확보라는 가정하에 기업 목적의 체계를 제시했다. 그에 따르면 기업의 목적은 크게 경제적 목적, 비경제적 목적, 책임과 제약 조건 세 가지로 구분된다. 이 중에서 경제적 목적은 다시 장기적 목적, 유연성 목적, 근접한 목적 세 가지로 나뉜다. 장기적 목적은 10년 이상, 근접한 목적은 3~10년으로 잡았다. 근접한 목적의 대표적인 지표는 투자수익률(ROI)이고, 장기적 목적은 외부적인 차원에서의 경쟁력 지표와 내부적인 차원에서의 효율성 지표로 구성된다. 경쟁력 지표는 매출 성장률이나 시장점유율 증가와 같은 성장 지표와, 매출 안정성이나 설비 가동률 같은 안정성 지표도 포함한다. 효율성 지표는 재고 회전율과 같은 각종 회전율이나 R&D 수준, 자산의 진부화 정도 등을 포함한다. 유연성 목적은 예측하지 못했던 갑작스러운 내·외부 환경 변화에 대응하는 것인데 축적된 R&D 역량이나 독자적으로 확보한 고객, 그리고 각종 유동성 지표들이 포함된다. 기업은 경제적 목적 이외에도 비경제적 목적과 사회적 책임, 세한 같은 것들을 전략 수립에 고려해야 한다. 비경제적 목적은 조직보다는 조직 구성원들의 요구, 즉 소득, 직업 안정성, 직업윤리 등을 포함하고 있다.

앤소프는 전략을 잘 정의된 사업 영역과 성장의 방향이라고 여겼는데 전략의 개념을 좀 더 구체화하기 위해 전략의 네 가지 구성 요소를 제시했다. 제품시장 영역, 성장 벡터, 경쟁 우위, 시너지가 그것이다. 제품시장 영역은 제품과 시장을 두 축으로 고성장/저성장 영역 등을 정의한다. 성장 벡터는 성장의 방향으로서 시장 침투, 제품 개발, 시장 개척, 다각화 네 가지가 있다. 시장 침투는 기존 제품으로 기존 시장의 점유율을 높이는 것이고 시장 개척은 기존 제품으로 새로운 시장을 개척하는 것이며 제품 개발은 기존 제품을 대체할 신제품을 개발해 기존 시장에 투입하는 것이고 다각화는 신제품으로 새 시장을 공략하는 전혀 새로운 차원의 성장 방향을 의미한다. 경쟁 우위는 제품시장 영역과 성장 벡터에 의해 결정된 특정 사업 영역에서 기업이 강력한 경쟁적 위치를 확보하는 것을 말한다. 시너지는 새로운 제품시장 영역에서 기업이 기존에 갖고 있는 역량이 새로운 사업에 얼마나 도움이 되는지를 나타낸다.

마케팅의 아버지라고 불리는 필립 코틀러(Philip Kotler)는 『마케팅 관리: 분석, 계획 및 통제(Marketing Management: Analysis, Planning, and Control)』(1967)에서 분석, 조직화, 계획·통제라는 경영관리 과정을 마케팅 활동에 적용시켜 기업의 마케팅 관리 활동을 마케팅 기회 분석, 마케팅 활동 조직화, 마케팅 프로그램 계획, 마케팅 활동 통제로 구분해서 체계적으로 설명했다.

마케팅 기회 분석은 시장의 구조적 특성과 기술 수준, 경제적·사회적·문화적 특성에 따른 시장의 이해, 사회적·경제적 특성 혹은 개인적 성향과 구매 행동 특성에 의한 시장 세분화, 구매자의 실질적인 구매 과정에 대한 이해, 그리고 시장 규모와 고객 유형의 측정과 예측을 통해 내부적으로 보유하고 있는 자원을 활용할 기회를 찾아내는 과정이다.

마케팅 활동 조직화는 포착된 마케팅 기회를 잡기 위해 기업의 목표를 명확히 정의하고 이를 효과적으로 달성할 수 있는 마케팅 조직을 구성하며 장·단기의 구체적인 활동 내용을 정하는 마케팅 계획을 수립하고 계획을 구체적으로 실행에 옮기기 위한 시장조사 활동 외에 이러한 일련의 조직화된 마케팅 활동을 기업 내부에 시스템화하기 위한 노력들을 포함한다.

마케팅 프로그램 계획은 신제품 정책을 포함한 제품 정책, 가격 정책, 경로 정책, 물리적 유통 정책, 광고 정책, 판매원 정책 등 구체적인 마케팅 활동 계획을 말한다.

마케팅 활동 통제는 효과적인 마케팅 프로그램이 지속적으로 실행되도록 하기 위해 필요한데, 매출·원가 분석 또는 마케팅 감사 등의 통제 수단을 활용해 내부적으로 변화하는 마케팅 환경에 적절히 대응할 수 있는 역량을 구축하는 것이 중요하다.

결과적으로 코틀러의 업적은 이미 시장이 과잉 경쟁의 길로 들어서고 있던 당시의 환경에 맞게 생산자, 판매 중심에서 고객 중심으로 마케팅의 개념을 새롭게 정의하고 과학적 접근법을 마케팅 분야에 접목시킴과 동시에 고객 지향적으로 기업의 사고를 전환할 것을 역설했다는 데 있다.

1970년대부터 본격적으로 세계시장에서 두각을 나타내기 시작한 일본 기업들은 1980년대까지 미국 기업들을 추월하여 전 세계 시장의 강자로 군림하게 되었다. 이런 환경의 영향으로 경쟁과 전략, 일본 기업들의 비약적인 성장 비결에 대한 연구가 1970~1980년대 미국 경영학계의 주된 주제가 되었다. 기존의 미국 기업들은 시장에서 우월적 지위를 선점하고 있어 물건을 만들기만 하면 팔 수 있었다. 그러나 1973년과 1979년 두 차례 석유파동의 여파로 경기 불황을 맞아 내수가 침체되고, 여기에 저가일 뿐만 아니라 획기적인 품질로 무장한 일본 제품들의 급속한 시장 점령까지 더해지면서 미국 시장은 물론 전 세계적 판도에서 기업 간 경쟁이 더욱 치열해졌다.

미국 하버드 경영 대학원(경영전략 분야)의 대표적 학자인 케네스 앤드루스 (Kenneth Andrews)는 『기업 전략의 본질(The Concept of Corporate Strategy)』

(1971)에서 전략 경영의 중요성과 전반 경영의 기능과 역할, 그리고 전략 수립에서 외부 환경의 기회와 위협, 기업 내부의 강/약점을 함께 고려하는 이른바 SWOT(strength, weakness, opportunity, threat) 분석, 개인적 가치와 기업의 사회적 책임, 전략의 수립과 실행 구분, 전략 실행을 위한 조직 구조, 측정·평가·보상·통제 시스템 구비 등과 같은 전략의 수립과 실행에서의 제반 문제들에 체계적인 분석과 해답을 제시했다.

앤드루스는 네 가지의 전략수립 요소를 제시했다. 외부 환경이 주는 기회와 위협, 기업의 다양한 자원과 역량, 상위 경영층의 개인적 가치와 열망, 기업의 사회적 책임 등이 그것이다.

그는 이러한 전략 수립 담당자가 전반 경영자이며 전반 경영자는 부분이 아닌 전체적인 시각에서 기업이나 조직 전체의 목표를 효과적으로 달성하기 위한 전략을 수립한다고 했다. 그리고 전략을 제대로 실행하기 위해서는 조직 구조, 프로세스, 리더십 등의 요소를 중요하게 고려해야 한다. 시장의 구조와 상황 변화에 따라 기업의 성장 전략이 변하고 조직 구조 역시 수정된 전략에 따라 변해야 한다. 즉, 조직 구조는 기업의 전략에 따라 결정되며 전략을 수행하기 위한 전반적인 기틀을 제공한다. 또한 전략에 의해 과업을 배분하고 조정해야 하며 이렇게 나뉘어 수행되는 과업들은 일관적인 조정 활동을 통해 효과적으로 실행될 수 있어야 한다. 즉, 전반 경영자에 의해 각 부문의 과업들이 효과적으로 조정되는 정보 시스템을 구축해야 하며 과업의 표준화, 조정 기능의 강화, 정보 시스템 구축 등이 조직 구조에 관한 중요 이슈라고 한다면 전략을 효과적으로 실행하는 데 도움이 되는 조직 시스템에는 표준, 측정, 인센티브, 보상, 벌칙, 통제 여섯 가지 요소가 있다.

그리고 전략의 설계자이자 실행자로서 전반 경영자의 역할이 이렇듯 중요한 데서 알 수 있듯이 경영자를 선발하고 개발하는 시스템을 갖추는 것도 아주 중요하다. 전반 경영자에게 전략 설계자로서 분석 능력과 창의성, 사회적 기대에 대한 감수성 등의 역량이 요구된다면 전략 실행자로서는 이해관계를 조정하고 결과에 책임지는 자세가 요구된다. 또한 전반 경영자는 개인적인 리더의 역할도 한다고 볼 수 있는데 그들의 다양한 개성과 리더십 스타일은 구성원들에게 동기를 부여하고 구성원들의 행동 양식에 영향을 미치는 역할 모델로서 기능한다.

미국의 올리버 윌리엄슨(Oliver Williamson)은 『시장과 위계(Markets and Hierarchies: Analysis and Antitrust Implications)』(1975)에서 시장의 불완전성으로 시장이 실패할 때 발생하는 거래 비용을 회피하기 위해 시장을 대체하는 거래 구조로서 기업이 생겨난 것임을 밝혔다.

그러면 시장이 실패하는 원인은 무엇인가? 이는 크게 거래 주체인 인간적 요인과 거래가 이루어지는 환경적 요인으로 구분된다.

먼저 인간적 요인에는 인간의 제한된 합리성과 기회주의가 있다. 인간은 의도적으로 합리적으로 행동하려고 노력하지만 어쩔 수 없이 제한적인 합리성(신경 생리적·언어적 한계)을 지닐 수밖에 없다. 기회주의적인 행동은 손해를 보지 않고 자기에게 유리한 거래를 하고자 하는 인간의 이기적 본성이다.

다음으로 환경적 요인에는 불확실성, 소수의 교환 관계, 정보의 밀집성 및 분위기 등이 있다. 불확실성은 시장에서 거래 당사자들이 특정 시간과 장소에서 발생한 환경 변화에 요구되는 모든 대안을 이끌어내지 못했을 뿐만 아니라 제대로 적응하지 못함으로써 발생한 의사결정의 불확실성을 의미한다. 시장에서 거래 관계가 소수에 국한되면 기회주의적인 거래의 상대와 그렇지 않은 상대를 구별하기가 어렵다. 정보의 밀집성은 거래와 관련된 정보가 어느 한쪽으로 치우쳐 있는 정보의 비대칭성에서 비롯된다. 분위기는 거래를 둘러싸고 있는 환경 요인이 거래 형태와 내용에 영향을 미치는 것으로써 시장 거래에 참여하는 개인이 감정이나 태도 또는 가치관의 영향하에 실질적인 혜택 대신 미와 폐적인 만족감을 추구하게 함으로써 합리적인 선택을 가로막을 수 있다.

이러한 요인들에 인한 시장 실패는 거래 비용을 증가시킨다. 이런 거래 비용을 최소화할 수 있는 최적의 거래 구조를 모색한 결과가 바로 위계 조직의 특성을 지닌 수직적 통합거래 구조의 기업인 것이다.

시장과 비교하여 기업의 내부 조직이 유리한 상황은 다음과 같다.

첫째, 상황이 매우 복잡하고 미래에 나타날 수 있는 모든 돌발적 상황을 계약 내용에 포함시키는 것이 불가능하면 시장 거래가 위험해진다. 이런 경우 내부 조직을 통해 환경 적응력을 높이는 동시에 연속적인 의사결정을 용이하게 하여 제한된 합리성에 기초한 거래 비용을 최소화시키는 것이 유리할 수 있다.

둘째, 현재 또는 미래에 소수의 교환 관계 상황에 직면한다면 시장보다는 내부 조직이 기회주의적 행동을 억제하기가 용이하다.

셋째, 내부 조직은 조직 구성원들로 하여금 일정한 기대감을 조성하게 만들어 환경 불확실성을 줄일 수 있다.

넷째, 내부 조직은 정보 밀집성을 비교적 쉽게 극복할 수 있고, 설령 정보 밀집성이 존재한다 해도 이를 이용하려는 전략적 행위를 억제하기가 용이하다.

다섯째, 시장 거래보다 내부 조직의 경우에 참여자들이 좀 더 만족스러운 분위기를 조성할 수 있다.

수직적 통합이란 생산의 전후 난계에 있는 기업들이 하나의 소유권에 의해 기배되는 것으로써 그 유형에는 생산업자가 원재료 공급업자를 통합하는 후방 통합과 생산업자가 유동 기관을 통하는 전방 통합이 있다.

수직적 통합에는 여러 기업 조직이 관련되어 있어 단순한 적응 행위 이상의 조정 활동이 요구되는데, 관련 주요 이슈는 다음과 같다.

첫째, 수직적 통합을 통해 내부자원의 풀(pool)을 적재적소에 배분하는 것이 중요하다.

둘째, 수직적 통합은 장기적인 거래 관계를 형성하는 과정이므로 효율성을 높이기 위한 내부 혁신이 수반되어야 하며 이런 혁신은 장기적인 전략 계획의 수립을 요구한다.

셋째, 수직적 통합으로 전체 기업 집단의 규모가 커지더라도 개별 기업 간의 환경은 그대로 보존되어야 한다.

통합은 시너지 효과를 높이고 거래 안정성을 확보하기 위한 것이므로 외부의 경쟁 관계에 따른 경쟁 우위를 우선적으로 확보해야 하며 내부조정 비용이 증가와 관료화를 막고 거래 비용을 초과하지 않도록 해야 한다. 그리고 수직적 통합으로 덩치를 키운 기업이 시장 지배력을 남용하여 독점과 불공정 경쟁으로 치닫지 않도록 경계해야 한다.

수직적 통합이 유리하다고 해서 무한정 기업의 규모를 늘릴 수는 없다. 그 이유는 우선 조직이 조직 구성원의 제한된 합리성을 따르기 때문에 인간의 물리적·인지적 한계로서 통제할 수 있는 범위가 제한될 수밖에 없기 때문이다. 그다음 이유는 관료적 편협함인데, 인간의 통제 범위에는 한계가 있기 때문에 조직이 여러 계층으로 분화되고 이렇게 조직 내에 계층 수가 많아지면 정보나 의사결정 및 협력이 효율적으로 이루어질 수 없어 시장의 거래 비용을 초과하는 비효율성이 발생하고 결국 조직의 성장을 제한한다.

이처럼 조직은 항상 효율적이지 않다. 수직적 통합에서도 규모 확장에 따라 비효율이 발생할 여지가 있다. 윌리엄슨은 큰 규모의 기업에 적합한 조직 형태로 M형(multidivisional form)을 제시했다. 제품별, 지역별 등 사업 영역별로 독립적인 사업 단위를 구성해 독자적으로 운영하면서도 수직적 통합에 기초한 기업 전체의 전략적 목표에 충실하고 최고 경영층의 통일적인 지휘를 받는다. 단순히 본사와 기능적으로 분화된 사업부들로 이루어진 단일 구조의 U형(unitary form)은 조직의 규모가 커질수록 최고 경영자가 모든 것을 관장하기 때문에 힘이 부치고 따라서 각 부문 간 조정 비용도 기하급수적으로 증가하며 구성원들이 기회주의적인 하위 목표를 추구하는 데 급급하게 된다. 그 결과, 선략적 결정과 업무적 결정을 구분하기가 어려워지고 조직의 목표가 혼란에 빠진다. 반면 M형 조직에서는 최고 경영자가 일상적인 업무 부담을 덜고 전략적 의사결정에 몰두할 수 있다. 각 사업부는 준기업의 지위를 갖게 되며 본사는 자원의 배분 기능만 수행한다.

효과적인 조직 설계와 관련하여 헨리 민츠버그(Henry Mintzberg)는 『효과적인 조직 설계: 조직 구조의 5대 유형(Structure in Fives: Designing Organization)』(1983)에서 조직의 5대 구성 요소를 최고 경영층, 중간 관리층, 현장 관리층, 전문 스태프, 지원 스태프로 구분하고 조직의 5대 유형을 단순 구조, 기계적 관료제, 전문적 관료제, 사업부제, 임시적 조직으로 분류했다.

모든 조직화된 인간의 행동은 분업에 의한 과업 실천과 조정에 의한 목표 달성이라는 서로 상반되는 조건을 필요로 한다. 전통적으로는 규범과 확고한 권한 체계하에서 6명 이하의 통제 범위가 형성되기만 하면 최선의 분업체계가 구축될 수 있다고 했다. 또한 장기 계획, 직무 충실화, 매트릭스 구조를 통해 원활한 조정 활동이 가능하다고 보았다.

그러나 민츠버그는 효과적인 조직 구조 또는 조직의 구조적 효과성은 상황변수와 (조직 설계의) 매개 변수 간 적합성, 그리고 그 매개 변수들 간의 내적 일관성이 확립되어야만 이루어질 수 있다고 보았다.

조직 내 조정 활동은 상호 소정, 상하 감독, 종입원 투입 기술의 표준화, 작업 프로세스의 표준화, 작업 성과의 표준화 다섯 가지로 나눌 수 있다. 20세기 초에 파욜의 관리 원칙이나 테일러의 과학적 관리법에서 공식 조직에 초점을 둔 권한체계와 작업 방법을 제시해 직접적인 감독 활동 또는 작업 표준화에 의한 조정 활동을 중시했다면, 20세기 중반부터는 감독과 표준화의 문제점이 부각되고 비공식 조직에 초점을 둔 상호조정 활동의 필요성이 더 강조되었다. 그러나 최근 들어서는 공식/비공식 조직의 구분이 모호해지고 이들이 함께 존재한다는 점이 강조되면서 비공식 조직에도 감독과 표준화에 의한 조정 활동이 활용되고 공식 조직에는 반대로 상호조정 활동이 도입되는 것을 볼 수 있다.

조직의 5대 구성 요소 중 최고 경영층은 최고 경영자와 이사회 등 조직의 전반적 책임을 맡고 있는 집단으로서 직접적인 감독 활동, 외부 환경과의 상호작용 활동 및 전략수립 활동이라는 3대 핵심 과제를 추진하는 사명을 맡고 있다.

중간 관리층은 공식적 권한체계를 통해 최고 경영층과 현장 관리층을 연계하는 역할을 맡고 있으며 상하 간 명령 전달이나 피드백뿐만 아니라 전문 스태프와 지원 스태프의 연계 및 부분적 전략수립 활동을 수행한다.

현장 관리층은 재화와 용역의 산출 업무와 직결된 기본 업무를 담당하며 표준화를 통해 외부 환경의 영향을 최소화하는 조직의 핵심 임무를 맡고 있다.

전문 스태프는 작업 연구, 기획 평가 및 인사 정책 등과 관련된 전문적 분석을 통해 조직 활동의 표준화에 기여하는 임무를 수행한다. 성숙한 조직에서는 모든 부문에 전문 스태프가 개입하며 현장 관리층에는 품질 관리 시스템, 중간 관리층에는 정보 및 지식 관리 시스템, 최고 경영층에는 전략적 계획 수립 시스템 및 재무 시스템을 확립한다. 지원 스태프는 조직에서 일상적으로 활동하지만 전문 스태프와는 구분되며 독립적인 소규모 집단으로 현장 관리층과 비슷한 역할을 맡고 있다. 법률고문, 대외 관계, 노사 관계, 연구 개발, 총무 업무 등이 해당된다.

조직을 설계하는 데는 전문화, 표준화, 기술 및 지식 수준, 조직 규모, 관리의 범위, 상호 조정 메커니즘, 의사결정력 등이 주요 이슈가 된다. 민츠버그는 조직 설계의 매개 변수 아홉 가지를 네 개의 디자인 집단으로 구분해 설명했다.

I. 개별 지위의 설계

i. **직무 표준화**: 직무는 폭이나 범위 혹은 깊이에 의해 구분된다. 전자는 수평적 직무 전문화 또는 수평적 직무 확대, 그리고 후자는 수직적 직무 전문화 또는 수직적 직무 확대와 관련이 있다.

ii. **행동 방식의 공식화**: 직위, 업무 프로세스 및 작업 규정 등에 대한 매뉴얼을 통해 구성원들의 행동을 표준화하고 규제함으로써 예측 가능한 행동을 유발시키는 방식이다.

iii. **훈련과 주입화**: 훈련은 직무 관련 기술과 지식을 습득하도록 하는 것이며, 주입화는 조직의 규범을 숙지시키는 것이다.

II. 상위 구조의 설계

iv. **집단화**: 직위와 단위 조직 간에 공통적인 감독체계를 형성시켜주며 직위 및 단위 부서의 공통 자원을 공유하도록 하고 공통적인 성과평가 기준을 마련하며 상호조정 활동을 활성화시킨다.

v. **조직 단위의 규모**: 조직의 하급 단위에서 상급 단위로 올라가면서 단계별 조직 단위의 직무, 작업반 및 하급조직 단위를 몇 개 정도 포함하는가에 관한 것으로써 통제의 범위는 6~10명 정도로 제시되고 있다. 그러나 직접적 감독체계가 확립되어 있고 조정을 위한 표준화가 잘 되어 있다면 작업 단위의 규모를 더 크게 잡을 수 있다. 마찬가지로 산출물의 표준화, 자동화 수준이 높을수록 단위 조직의 규모는 커질 수 있다.

III. 수평 관계의 설계

vi. **계획 및 통제 시스템**: 계획 활동은 전문 스테프에 의해 수립되고 단계별 실행 계획에 따라 이루어진다. 통제 시스템은 성과에 대한 평가가 상하 간 전략적·업무적 차원에서 상호작용을 통해 이루어진다.

vii. **연계 방식**: 조직의 공식화 작업으로 개별 업무의 부여와 하위단위 조직의 구성 및 표준화 과정을 거친 후 이들 간의 연계에 따른 고객 만족과 성과 향상을 위한 상호조정 활동이 중요하다. 태스크 포스 팀, 특별위원회, 매트릭스 조직 또는 통합 관리자 등의 연계 방식이 수평적 전문화 조직, 복합 조직, 독립채산제 조직 등에서 적용되고 있다.

IV. 의사결정의 설계

viii. **수직적 분권화**: 의사결정 권한을 공식적 권한체계를 통해 최고 경영층에서 중간 관리층으로 이양하는 수직적 분권화는 권한 이양의 내용과 범위, 위양 이후의 통제가 조정 활동에 대한 사전연구와 함께 이루어져야 한다.

ix. **수평적 분권화**: 관리자로부터 비관리자, 즉 라인의 관리자로부터 스태프에게로 권한을 이전하는 방식을 말한다.

민츠버그는 상황 적합형 조직 설계에 관한 16가지의 가설을 제시해 이것이 대부분 수용되고 있음을 밝혔다.

① 조직의 역사가 오래될수록 행동 방식은 공식화된다.

② 조직 구조는 해당 산업의 역사에 따라 전문화된다.

③ 조직 규모가 클수록 조직 구조의 전문화와 차별화가 강화된다.

④ 조직 규모가 클수록 단위 조직의 평균 규모도 커진다.

⑤ 조직 규모가 클수록 행동 방식은 공식화된다.

⑥ 기술 시스템이 단순화될수록 현장의 작업과 구조는 공식적으로 관료화된다.

⑦ 기술 시스템이 복잡할수록 스태프 조직과의 분권화 및 연계조정 방식이 강화된다.

⑧ 현장 관리층이 자동화될수록 관료적 관리 구조가 유기적으로 변화한다.

⑨ 환경이 동태적일수록 조직 구조는 좀 더 유기적이어야 한다.

⑩ 환경이 복잡할수록 조직 구조는 좀 더 분권화되어야 한다.

⑪ 시장이 다양화될수록 단위 조직은 시장 위주로 더욱 세분화되어야 한다.

⑫ 환경이 극도로 악화되면 조직 구조는 일시적으로 집권화된다.

⑬ 환경적 불균형이 발생하면 분권화에 의한 작업 군락이 재형성되어야 한다.

⑭ 조직 외적 통제가 강할수록 조직 구조는 집권화, 공식화된다.

⑮ 구성원들의 권력 욕구가 강할수록 조직 구조는 극도로 집권화된다.

⑯ 비록 자사에 적합하지 않더라도 유행에 따라 새로운 조직 구조를 택하기도 한다.

즉, 민츠버그는 조직의 나이와 규모, 기술 시스템, 조직 환경 및 권력 변수에 의해 조직 구조가 달라진다고 보고 그중에서도 특히 환경적 특성과 그에 적합한 조직 구조를 다음과 같이 네 가지로 요약했다.

① 안정적 환경-복잡한 환경: 분권적·관료적 조직 구조(현장 기술의 표준화)
② 동태적 환경-복잡한 환경: 분권적·유기적 조직 구조(부서 간의 상호 조정)
③ 안정적 환경-단순한 환경: 집권적·관료적 조직 구조(작업 과정의 표준화)
④ 동태적 환경-단순한 환경: 집권적·유기적 조직 구조(직접적인 상하 감독)

이렇게 조직의 조정 메커니즘, 조직 설계의 매개 변수·상황 변수 등에 따라 조직의 형태가 결정되는데, 민츠버그가 규정한 다섯 가지 조직구성 형태는 다음과 같다.

① 단순형 구조: 스태프 조직이 거의 없으며 최소한의 관리계층만 갖춘 창업형 조직으로 모든 조정 활동은 상하감독 체계로 이루어진다. 창업 시나 기업환경 악하 시 활용된다.
② 기계적 관료제: 대규모 조직에서 고도로 표준화가 이루어진 형태로서 공식적인 권한체계에 따라 의사소통과 의사결정이 이루어지며 전통적 분업의 논리와 통제 중심의 관리 원칙이 중시된다. 대량생산, 시스템에 의한 운영을 중시하는 조직에서 주로 채용한다.
③ 전문적 관료제: 기술의 표준화와 고객 중심의 서비스 활동이 중시된다. 기계적 관료제에서는 권력이 공식적인 지위에서 나오지만 전문적 관료제에서는 전문성에서 나온다는 차이가 있다. 병원이나 대학 조직이 전형적인 예이다.

④ 사업부 형태: 사업부별로 독자적인 조직 구조를 갖추고 있고 사업부별 내부 조직의 형태는 기계적 관료제를 택할 때 가장 효과적이다. 경제적 성과에 치중한 목표 관리를 중시한다. 사업 사회의 민간 대기업에서 널리 사용된다.

⑤ 임시적 조직: 다양한 분야의 전문가들이 혁신 과제를 수행하는 형태로 고도의 유기적 구조, 행동 규범의 공식화 배제, 고도의 수평적 직무 전문화, 전문가 상호 간의 조정을 위한 연계와 분권화가 이루어진다. 전통적 관리 원칙은 아예 적용되지 않는다. 환경이 복잡하고 동태적일수록 매트릭스 조직, 프로젝트 팀 또는 태스크 포스 팀 등의 형태를 띠는 임시적 조직은 고도의 불확실성을 다루어야 하는 만큼 갈등과 대결 양상이 강하게 표출된다는 문제를 안고 있기도 하다.

물론 이상의 다섯 가지 조직 형태 외에도 혼합형 방식으로 다양한 조직 구조의 형태가 얼마든지 존재하고 또 새로운 환경 요인에 의해 다른 모습을 띨 수도 있다.

1970년대에 발생한 두 차례의 석유 위기로 기간산업의 대부분을 석유에 의존하고 있던 서구 경제는 불황과 인플레이션으로 경제성장이 급속히 둔화되었다. 이 위기를 극복하기 위한 기업의 생산성 향상 방안으로 미국 기업들은 기술 개발을 중시한 반면, 일본 기업들은 인사관리나 조직 관리의 개선을 토대로 종업원의 효율적 협동 작업을 이끌어내고자 했다. 일본 기업들이 미국 기업들에 비해 생산성 우세가 뚜렷해지자 미국에서는 일본 기업 배우기 열풍이 불었다. 그러나 양국의 사회적·문화적 구조가 달랐기 때문에 일본의 경영 방식을 미국 기업에 직접 이식하는 것은 불가능하다는 인식이 팽배했다.

그러나 윌리엄 G. 오우치(William G. Ouchi)는 Z이론을 통해 이런 편견을 타파하고 일본식 경영 방식의 장점이 미국 기업에 접목될 수 있으며 또 접목되어야 함을 역설했다. 오우치는 『Z이론(Theory Z: How American Management Can Meet the Japanese Challenge)』(1981)에서 미국식 기업 조직(A조직)의 장점과 일본식 기업 조직(J조직)의 장점을 통합하여 새로운 경쟁력을 가진 Z조직을 구성할 것을 제시했다.

일본 기업은 종신 고용, 완만한 능력 평가 및 승진, 포괄적인 업무 숙달 및 비전문성의 경력 계획, 집단적인 의사결정, 공동체적인 가치 기준, 노사 관계의 통합적 결합 등의 경영 방식을 채택하고 있다. 반면 미국 기업은 단기 고용, 급속한 능력 평가 및 승진, 업무 능력의 전문성 및 특수성의 경력 계획, 개인적인 의사결정, 개인적인 가치 기준, 노사 관계의 부분적 결합 등의 경영 방식을 취하고 있다.

일본 기업과 미국 기업의 가장 큰 차이점은 고용 기간에 있다. 일본 기업은 장기적인 성장을 추구하기 위해 종신 고용을 채택하고 내부에서는 연공서열을 통해 조직의 안전성을 도모한다. 이 제도는 미국 같은 사회와 경제적 구조에서는 모방하기 힘든데, 일본에서 가능한 비결은 다음 세 가지라고 볼 수 있다. 첫째, 주기적인 상여금 형태의 보상금을 통해 회사에 대한 일체감을 강화한다. 상여금은 능력에 따른 성과급이 아니라 기업의 수익을 배분하는 것으로써 1년에 두 번 정도, 한 번에 반년치 급료에 해당하는 거액이다. 둘째, 많은 수의 비정규직 임시 종업원을 고용한다. 이들은 대부분 여성으로 생산직이나 단순 사무직에 종사하며 불황기에는 즉시 해고되기도 한다. 셋째, 하청기업을 활용해 경기변동을 완충시킨다. 대기업은 수지 계열하 이익에도 주요 사업을 장악하고 있어 중소기업이 활동할 수 있는 영역은 극히 제한되어 있다. 이와 같이 종신 고용은 회사를 신뢰하고 충성심 높은 핵심 인력의 근로 의지를 높일 수 있는 사회 전반의 합의를 바탕으로 이루어지는 것이다. 그러나 미국에서는 이러한 사회적 합의가 결코 가능하지 않을 것이다. 미국 기업은 단기 이익을 중시하기 때문에 좀 더 기계적이고 관료적인 시스템을 추구하며 주주들에게 고용된 경영자도 대부분 장기적인 발전보다는 단기적인 이익으로 평가받는다. 그래서 미국 기업은 탄력적으로 인력을 운영하기 위해 단기 고용을 선호한다. 그만큼 회사 전체적으로 관리 수준이 불연속적이고 체계도 불안하다.

일본 기업과 미국 기업은 능력 평가와 승진제도에서도 큰 차이를 보인다. 경영 목표의 우선순위를 장기적인 성장에 두고 있는 일본 기업은 완만한 능력 평가와 승진제도를 선호한다. 최고 경영자는 일반 주주의 감시를 크게 의식하지 않아도 되므로 단기 성과에 그다지 비중을 두지 않을 수 있고 개개인에 대한 평가보다는 집단에 대한 소속감이나 동료애를 키우도록 한다. 따라서 이런 조직 내에서는 상사와 부하 간에 전통적이고 가부장적인 권위 의식과 온정적인 인간관계가 유지된다. 유능한 사원이 중요한 업무를 남보다 빨리 맡을 수는 있지만 승진은 능력이 확실하게 인정된 후에나 가능하다. 반면 미국 기업은 높은 이직률 때문에 능력 평가나 승진이 급속하게 이루어진다. 빠른 승진과 이동이 보편화되어 있기 때문에 3년 동안 승진하지 못한 사람은 무능력자로 낙인찍히기도 한다. 당연히 기업에 대한 충성도도 떨어진다.

경력 관리에서도 일본 기업과 미국 기업은 차이가 있다. 일본은 전문성을 강조하지 않고 사원들이 가급적 여러 직무를 경험하도록 하며 회사 전반에 대한 폭넓은 지식을 얻게 한다. 전문 지식을 빨리 축적하는 데 따르는 단기적 효율을 포기하는 대신, 회사 전체의 장기적 이익을 고려하고 회사 전반 업무를 두루 섭렵한 종업원들이 부서 간 장벽을 허물고 원활한 업무 조정과 협력을 이루도록 한다. 반면 미국 기업은 최대한 업무의 전문성을 기해 개인의 과도한 전문화를 초래함으로써 직무 변화에 대한 적응력과 관련성을 약화시키는 한계가 있다. 특정 전문 분야가 환경 변화로 기업에 필요 없게 되면 이직할 수밖에 없는 것이다. 경영자 입장에서도 잦은 이직은 장기적 안목에서 종업원 교육에 투자할 수 없게 만든다.

일본 기업과 미국 기업은 의사결정에서도 극명한 차이를 보인다. 일본 기업의 경우 참여적인 집단 의사결정을 선호하여 의사결정 그 자체보다는 의사결정의 영향을 받은 모든 사람을 참여시켜 결정 내용을 전달하고 그 결정을 실행하겠다는 합의를 유도하는 데 중점을 둔다. 이 경우 책임 소재가 모호해져 책임을 미루게 된다는 단점도 있지만 책임을 분담시킴으로써 의사결정이나 문제 해결 과정에 많은 사람을 참여시킬 수 있는 장점도 있어 다분히 의도적인 측면이 있다. 반면 미국 기업은 의사결정이나 직무의 책임 소재가 개개인에 명확히 한정되어 있어 당사자가 이직하면 후임자에게 전임자의 의사결정 내용이 제대로 전해지지 않거나 후임자에 의해 새로운 의사결정이 시도됨으로써 업무에 불연속성이 생기고 혼란이 빚어지기도 한다.

가치 기준에서도 일본 기업은 공동체적인 가치 기준을 중시하는 데 반해, 미국 기업은 개인적인 가치 기준을 중시한다. 일본 기업에서는 연공서열이 조직의 화합에 기여하는 요인이기도 하다. 그러나 미국 기업에서는 개인 중심의 효율성 향상을 바탕으로 상호 경쟁적인 요소가 부각된다. 이때 경쟁이 부분적인 업적에는 기여한다 하더라도 전체적인 효율성은 떨어뜨릴 수 있다.

노사 관계에서도 일본 기업은 사원에게 통합적인 관심을 지니고 사원의 가족 관계까지 포함해 접근하는 데 반해, 미국 기업에서는 사원과 기업의 관계가 업무로만 이루어지기 때문에 기업과 구성원 간 결합이 부분적으로 이루어진다.

Z조직은 앞서 언급한 미국과 일본 양쪽의 장점만을 결합하여 장기 고용, 비교적 완만하지만 공식적 능력 평가에 의한 승진, 포괄적 업무 숙달 및 비전문성의 경력 계획, 집단적 과정을 거치지만 궁극적 책임은 개인이 지는 의사결정, 통합적 관계를 지향하는 평등주의, 정신적 조화를 중시하는 동류 조직 가치관 등의 혼합적 경영 방식으로 새롭게 탄생했다. Z조직에도 단점은 있다. 강력한 팀워크에 대한 반대급부로 외부인에게 배타적이며 혁신적인 조치를 도입하는 데 거부 반응을 나타내는 것이다. 이런 Z조직에서 구성원들의 행동과 가치관을 수정하는 것은 다른 조직에 비해 어려울 수 있다.

맥킨지 출신의 저명한 경영전략 컨설턴트인 오마에 겐이치(大前研一)는 『기업 경영과 전략적 사고(The Mind of The Strategist: The Art of Japanese Business)』

(1982)에서 전략적 사고에서 고려해야 할 3C − 고객(customer), 기업(corpora-tion), 경쟁사(competitor) − 를 제시함으로써 기존의 직감이나 기계적인 시스템적 사고와 결별할 수 있는 길을 열어주었다. 전략적 사고가 주어진 상황에서 주어진 자원을 최대한 효율적으로 배치하는 데 고려해야 할 핵심 이슈 및 그 해결 방안을 찾는 것이라면 그런 전략의 핵심은 경쟁우위를 창출하는 것이다. 기업은 전략적으로 3C를 고려하여 시장의 요구에 따라 회사의 강점과 적절히 조화시켜야 하며 아울러 경쟁사보다 더 훌륭하게 3C의 조화를 이루어 상대적 우위를 확보해야 한다.

먼저 고객 중심의 전략은 자유경제 체제에서 시장의 이질적인 특성하에 시장을 어떻게 세분화하는가에 따라 전략이 달라지는데, 고객의 목적에 의한 세분화와 시장 공급 범위에 의한 세분화로 나눌 수 있다.

다음으로 기업 중심의 전략은 정면 대결에서 살아남기 위해 자기의 가치 사슬 중에서 핵심 기능에만 집중하고 그것을 강화시키는 것이 중요하다. 모든 것을 다 잘할 수는 없기 때문에 총체적인 시야 아래 자기의 강점을 부각시켜야 한다.

그리고 경쟁사 중심의 전략에서는 자사와 경쟁사에 대해 가치 사슬의 모든 활동을 비교해서 차이점을 알아내고 이를 바탕으로 전략을 수립해야 한다.

오마에는 일본과 서구의 경영 시스템 차이를 들어 일본 기업의 성공 비결을 설명했다. 우선 기업 개념에서 차이가 있다. 일본인의 눈에 비친 기업이란 피고용자의 모임이 아니라 사원이라고 일컬어지는 구성원의 모임이고, 주식 소유자란 채권자 집단이며 은행처럼 기업의 생존 능력과 지혜에 투자하고자 하는 자금원일 뿐이다. 또한 일본에서 조직이란 사람을 의미하여 일본 기업의 구성원들은 '전문인'이 아니라 '전반인'이다. 이런 조직원들의 차이는 에너지 위기, 통화 변동, 생산기술의 급격한 진보 등에 일본 기업이 서구 기업보다 더 쉽게 적응할 수 있도록 했다. 일본 경영자들은 조직이 곧 사람이라는 생각으로 개인의 능력 개발에 투자하여 서구의 단기 지향적인 흐름과는 반대로 장기 지향성의 토대를 제공했다.

일본 정부도 일본의 경영 시스템을 서구의 것과 차별화하는 데 크게 일조했다. 일본 정부는 통치자가 아니라 코치의 역할을 하면서 자원이 부족한 인구과밀 국가가 생존할 수 있는 유일한 길은 수출뿐이라는 집념으로 수출 장려에 주력했다.

일본이 취한 국가적 성장 전략도 주효했다. 기술이나 마케팅, 자본 등에서 자신들에게 부족한 점을 한꺼번에 바꾸려 하기보다는 장기적인 야망을 가지고 일정한 시간을 두고 모방이나 절약 등을 통해 역량을 쌓은 다음, 때가 오면 서구 대기업들과의 정면 대결을 피할 수 있는 곳을 선택해(전쟁터를 바꾸는 전략) 세계시장의 선두 주자로 성장할 수 있었다.

1980년대 이전에 미국 기업들은 경쟁 기업보다 제품을 더 싸게, 더 많이 만들어내는 것만으로도 충분히 성공할 수 있었고 경쟁 기업도 얼마 되지 않았다. 그러나 1980년대에 들어서면서부터 미국 내 기업 간의 경쟁은 말할 것도 없고 일본 기업들이 값싸고 미국 제품과 수준이 비슷해진 제품을 앞세워 시장을 본격적으로 점령해갔다. 여기에 한국을 비롯한 개발도상국 기업들까지 가세하여 경쟁이 전에 없이 치열해졌다.

이러한 시대적 배경 아래 미국 하버드 대학교의 마이클 E. 포터(Michael E. Porter) 교수는 『경쟁 전략(Competitive Strategy: Techniques for Analyzing Industries and Competitions)』(1980)에서 산업구조 분석, 본원적 전략, 가치 사슬 등의 개념을 정립하여 산업에서 경쟁의 성격과 경쟁 전략의 원리를 체계화했다.

여기서 포터가 경영자들에게 던진 화두는 바로 경쟁이었다. 경쟁을 제대로 이해해야만 기업은 올바른 전략을 수립할 수 있다. 전략은 혼자만의 게임이 아니라 상대가 있는 게임이다. 산업마다 수익성이 다른 이유 또한 경쟁자가 많고 적음에 있다. 포터는 같은 제품이나 서비스를 제공하는 경쟁자만 경쟁 요소로 보는 협소한 관점에서 탈피해 경쟁을 넓게 보았다.

그는 기업의 수익은 산업구조와 해당 산업 내에서 경쟁 지위의 상호작용으로 결정된다고 보고 산업의 매력도 분석은 경쟁 전략을 수립하는 데 기본이 된다고 했다. 그리고 경쟁에 따른 산업의 매력도를 평가하는 기준으로 신규 진출 기업의 위협, 대체품의 위협, 기존 경쟁자 간의 경쟁, 공급자의 교섭력, 구매자의 교섭력 다섯 가지 요인을 제시했다. 또한 특정 업계에서 유리한 입장을 구축하기 위한 전략으로는 원가 우위, 차별화, 집중화 전략을 제시했다. 그리고 사업환경의 상황에 따라 이 세 가지 전략 중 하나를 선택하고 자기 사업의 실정에 맞춰 다섯 가지 경쟁 요인을 변화시키는 것이 높은 이익률을 확보하기 위한 조건이라고 주장했다.

먼저 산업구조 분석의 틀로서 다섯 가지 경쟁 요인을 살펴보자.

신규 진입기업 혹은 잠재적 경쟁자는 어느 산업이 수익률이 높거나 유망한 산업이라고 판단될 때 생겨날 가능성이 많다. 그러나 진입하는 기업이 많으면 높았던 수익률은 낮아지고, 설사 다른 기업들이 진입하지는 않았지만 진입할 가능성이 높다면 기존 기업들은 자발적으로 가격을 낮추어 진입을 막으려 한다. 이처럼 눈에 보이지 않는 잠재적 경쟁자의 위협을 분석하기 위해 진입 장벽이라는 개념을 쓰는데, 진입 장벽은 기존 기업들이 신규 진입기업에 대해 갖는 우위를 말한다. 이런 진입 장벽을 회피하기 위해 신규 진입기업들은 신기술, 신 경영 능력, 새 브랜드 등 새로운 방식을 시도하여 성공하기도 한다.

대체품이란 이전의 제품이나 서비스 대신 제공되는 신제품 또는 새로운 서비스를 의미한다. 대체품은 산업의 수익률에 큰 영향을 미치며 강력할 경우에는 기존 산업 자체를 파괴시킬 수도 있다. 대체품의 위협 정도는 소비자들이 쉽게 대체품으로 옮겨 갈 수 있는가와 대체품의 유용성에 의해 좌우된다.

구매자와 공급사의 교섭력도 성생 요인이 되는데, 구매자는 가격 인하나 품질 향상 및 서비스 증대 요구 또는 경쟁 기업들을 대립시켜 이득을 보는 행위 등으로 산업의 수익성을 감소시킨다. 반면 공급자는 가격 인상 또는 판매하는 제품이나 서비스의 질을 떨어뜨리겠다는 위협 등으로 교섭력을 발휘한다. 구매자의 교섭력 결정에 중요한 두 가지 요소 중 하나는 제품 차별화이고 다른 하나는 공급자와 구매자 간의 교섭력 차이이다. 제품 차별화가 심할수록 구매자는 가격에 민감하지 않다. 구매자가 공급자에 비해 규모가 클수록, 구매자가 공급자의 제품에 대한 정보(성능, 원가 등)가 많을수록 교섭력이 커진다. 또한 구매자가 공급선을 바꾸는 데 많은 전환 비용이 든다면 구매자의 교섭력이 떨어질 것이고 수직적 통합을 할 수 있다면 구매자의 교섭력은 훨씬 강화된다.

대부분의 산업에서 산업 전체의 수익률을 결정하는, 산업 내 경쟁 기업들 간의 경쟁 양상과 강도를 결정하는 요소는 산업의 집중도(동일 사업에 속해 있는 기업의 수와 그 개별 기업의 규모), 경쟁 기업의 동질성과 이질성, 제품 차별화, 초과 설비, 비용 구조(고정비용과 가변비용의 비중) 등이다.

포터는 현행 전략, 강/약점, 미래 목표, 제반 가정 네 가지 요인으로 구성된 경쟁자 분석 틀을 제시했다. 즉, 경쟁자 분석은 비교적 쉽게 정보를 수집하고 관찰할 수 있는 경쟁자의 현행 전략과 강/약점을 분석해서 이를 바탕으로 궁극적으로는 경쟁자의 미래 목표와 제반 가정을 추론하는 과정이라고 할 수 있다.

경쟁 전략에서 산업구조 분석 다음으로 핵심적인 문제는 산업 내에서의 기업의 상대적 지위이다. 기업의 경쟁 지위는 기업의 수익성이 해당 산업의 평균적인 수익성보다 높을지 혹은 낮을지를 결정한다. 산업구조 분석이 기업의 경쟁 영역을 파악하는 기본적인 분석 틀이라면 포지셔닝은 경쟁이 일어나는 영역 내에서 기업이 유리한 경쟁적 위치를 확보하는 개념이다. 기업의 경쟁자에 대한 경쟁 우위는 기본적으로 원가 우위와 차별화 우위로 나눌 수 있다. 한편 이 두 가지 기본 유형의 경쟁 우위는 기업이 산업 내에서 평균 이상의 성과를 얻기 위해 세 가지 본원적 전략, 즉 원가 우위, 차별화, 집중화 전략을 수행하는 경쟁 영역과 관련이 있다.

본원적인 전략 중 원가 우위를 확보하기 위해서는 첫째, 규모의 경제성을 누릴 수 있는 설비에 투자해야 하고, 둘째, 경험을 축적해 원가절감을 추구해야 하며, 셋째, 원가와 총 경비를 철저히 통제하고 이익을 내기 어려운 거래는 피하며 연구 개발이나 서비스, 판매, 광고 분야에서 원가를 최소화해야 한다. 물론 원가 우위를 가졌다 하더라도 차별화는 업계 평균수준을 유지해야 한다.

본원적인 전략 중 차별화를 위해서는 서비스, 디자인, 상표, 이미지, 기술 등 여러 방법이 있을 수 있고 산업마다 방법이 다르다. 기업은 구매자가 중요하다고 여기는 속성을 선택해서 그 요구에 맞춰 스스로를 독특하게 차별화시킴으로써 높은 값을 받을 수 있다. 차별화라고 해서 원가를 무시할 수 있는 것은 아니며 차별화에 추가로 소요되는 비용보다 더 높은 가격을 받을 수 있어야 하지만 그 가격도 고객이 수용할 수 있는 수준이어야 한다.

본원적인 전략 중 집중화는 특정 시장에만 집중하는 것이므로 목표를 세분해서 시장을 설정하는 것이 중요하다. 집중화 전략은 원가 집중화 전략과 차별적 집중화 전략으로 나눌 수 있다.

1980년대 일본 기업들의 눈부신 성장에 불안을 느낀 미국은 대규모 조사단을 일본에 파견해 일본 기업들의 성장 비결을 연구하게 했다. 연구 결과 일본 기업들이 미국 기업들보다 뛰어난 점은 일본 특유의 기업 문화, 장기 비전의 추구 등과 같이 손에 잡히지 않고 눈에 보이지도 않는 데 있다는 흥미로운 사실이 밝혀졌다. 미국 경영자들의 상식으로는 이해할 수 없는 것이었지만 그들은 기존의 계량 분석이나 엄격한 관리 및 통제 중심의 (눈에 보이는) 경영을 반성하기 시작했다. 기업의 생존이라는 명제를 놓고 볼 때 단기 업적도 중요하지만 기업의 장기적인 방향을 결정짓는 데는 기업 전략이나 중장기 비전도 중요한 역할을 한다. 우수한 생산 설비나 풍부한 자금력도 경쟁력의 한 요소이지만 기업의 명성이나 제품의 이미지, 기술, 기업 문화, 숙련된 소비자 정보 등의 보이지 않는 자산은 경쟁사가 모방하기 힘든 중요한 경쟁력의 원천이 된다. 경영자는 오히려 보이지 않는 것을 가시화하고 이를 경쟁력 우위를 달성하는 데 적극 활용할 필요가 있다.

이타미 히로유키(伊丹敬之)는 『무형자산, 경쟁력의 새로운 원천(Mobilizing Invisible Assets)』(1987)에서 전략의 성공 여부는 본질적으로 역동적 전략 적합성에 달려 있는데, 이는 기업의 외부 요인, 내부 요인, 그리고 전략이라는 세 가지 요소가 서로 조화를 이루는 것이라고 주장했다.

그에 의하면 전략을 둘러싸고 있는 요소로는 고객, 경쟁, 기술이라는 외부 환경과 기업 자원, 조직 구성원의 집단 심리라는 내부 환경이 있다. 기업 전략은 내부 환경과 적합성을 이룸으로써 외부 환경 요소들과도 적합성을 가질 수 있다.

또한 전략 적합성은 전략을 둘러싸고 있는 요소들을 이미 주어진 것으로 인정하고 이를 충족시키고자 하는 수동적 적합성, 전략과 관련된 요인들을 바람직한 방향으로 변화시켜나가는 적극적 적합성, 수동적 적합성이나 적극적 적합성에서는 제한된 것으로 여겨졌던 환경 특성을 이용하는 레버리지 적합성 세 가지 레벨로 구분된다. 기업은 고객의 수요, 경쟁, 기술, 그리고 기업의 자원과 조직 구성원에 대한 철저한 인식을 통해 레버리지 적합성 레벨에 도달하기 위해 노력해야 한다.

무형자산은 고객의 신뢰, 상표 이미지, 유통 관리, 기업 문화, 관리 기술 등 눈으로 볼 수 없는 자산이다. 무형자산은 경쟁력의 진정한 원천이며 기업의 적응력을 높이는 핵심 요소로서 이를 축적하는 데는 장기간의 지속적이고 의식적인 노력이 요구된다.

고객 적합성을 위한 전략은 소비자의 욕구 특성에 따라 세 가지로 구분된다.

첫째, 고객의 총체적 욕구에 부합해야 한다. 이를 위해서는 총체적 욕구 내의 어떤 요소에 중점을 둘 것인가를 결정해 그 분야에서 경쟁 우위를 창출할 수 있는 핵심 요소를 기업 내에 자체적으로 보유해야 한다. 그리고 한 가지 요소만을 지나치게 강조하기보다는 총체적인 욕구에 관심을 두고 고객의 욕구 표출을 제한하는 장애 요인을 제거해야 한다.

둘째, 고객의 욕구 변화에 적응해야 한다. 이를 위해서는 고객의 총체적 욕구 변화를 예측하고 이를 만족시키기 위한 계획을 마련해야 하며 변화에 신속하게 대처할 수 있는 변화 감지 시스템과 정보 전달 시스템을 구축해야 한다. 또한 예측할 수 없는 변화에 대응하기 위한 핵심적 무형자산을 축적해야 한다.

셋째, 고객과의 상호작용을 이용해야 한다. 여기에는 전시효과를 통해 고객들 간의 상호작용을 이용하는 방법과 한 고객의 서로 다른 총체적 욕구들 간의 상호작용을 이용하는 방법이 있다. 탄탄한 고객 관계는 기업에 현재의 판매 및 이익에 대한 공헌, 판매 및 이익의 성장에 대한 공헌, 무형자산의 축적에 대한 공헌 등으로 이어진다. 기업은 서로 다른 공헌을 하는 고객을 잘 조화시켜 기업 성과를 전체적으로 극대화해 나가야 한다.

경쟁 적합성은 경쟁자를 능가하는 경쟁 우위의 구축, 예상되는 경쟁자의 반격 분쇄, 경쟁자의 철수 유도라는 세 단계 과정으로 이루어진다. 물론 사전에 경쟁자를 명확히 하는 일이 중요하다. 시장환경과 경쟁자는 매우 역동적으로 변화를 거듭하기 때문에 기업은 현재의 경쟁자는 물론이고 미래에 예상되는 잠재적인 경쟁자도 광범위하게 파악하고 있어야 한다. 기업은 경쟁자를 확인하는 과정에서 다양한 세분화된 시장을 발견할 수 있으며, 또한 그중에서 자신에게 유리한 시장을 선택할 수도 있다.

경쟁 적합성의 제1단계인 경쟁 우위의 구축에서 가장 중요한 것은 경쟁자와의 차별성 부각이다. 일반적으로 제품 주기의 진행에 따라 제품 차별화-서비스 차별화-가격 차별화의 순서를 밟는다. 신규 진입자의 경우 가격 차별화-제품 차별화-서비스 차별화의 순서를 택하는 경우도 있다.

경쟁 적합성의 제2단계인 경쟁자의 반격 분쇄에는 반격의 유인을 제거하거나 반격에 장애가 되는 장벽을 구축하는 두 가지 방법이 있다. 기업은 경쟁자에게 반격을 하면 쌍방이 피해를 볼 뿐이라는 인식을 심어주거나 경쟁자보다 먼저 설비투자 등의 행동을 취함으로써 경쟁자의 반격 의욕을 감퇴시킬 수 있다. 또한 기업은 경쟁자가 반격에 필요로 하는 자원을 미리 장악함으로써 장벽을 구축할 수도 있다.

경쟁 적합성의 제3단계는 싸움이 없는 승리를 목표로 한다. 기업들은 시장 세분화 활동을 통해 상호 경쟁을 피할 수 있고 신규 경쟁자의 시장 진입을 어렵게 만들 수도 있다. 또한 동일 시장에서는 서로 협조할 수 있는 방안을 마련해 경쟁을 피할 수도 있다.

기술 적합성은 자연 속에 숨겨진 잠재력을 발견하는 기술적 발견 단계와 새로운 기술을 신제품에 통합시키고 그것을 시장에서 거래하는 상업화 단계로 구성된다.

기술에 존재하는 세 가지 불확실성은 발견이 항상 기술 개발 노력에 의해서 이루어지는 것은 아니며 신기술로 만들었다고 해서 언제나 시장이 제품을 수용하는 것도 아니고 새롭게 개발된 기술도 진부화될 수 있다는 것이다. 기술은 내부 상호 의존성이라는 특성도 가지는데, 기술의 구성 요소들 간의 관계, 기술을 다루는 개인들 간의 관계, 기술과 사회의 관계라는 세 가지 형태로 구분된다.

기술의 불확실성에 대처하는 방법으로는 다음 네 가지가 있다. 첫째, 기업이 모든 힘을 기울일 수 있는 핵심적인 기술을 정해 집중한다. 둘째, 지원적 기술과 파괴적 기술처럼 서로 다른 성질의 기술을 결합시킨다. 셋째, 기술 향상을 촉진시키고 시장의 반응을 사전에 감지하기 위해 조기에 많은 실험을 수행한다. 넷째, 아무리 불확실한 기술이라도 일반적인 추세는 존재하므로 이러한 추세를 정확히 알고 그 정보에 신속히 반응한다.

기술은 상호 의존성을 갖고 있기 때문에 경영자는 경영의 전 분야(제품 개발, 생산, 유통 등)에서 기술을 일정 수준 이상으로 향상시키고(기술 균등화) 부품 공급자의 기술도 함께 향상시키는 노력을 기울여야 한다.

자원 적합성을 실현하기 위한 방법에는 두 가지가 있다. 첫째, 자원과 전략 간의 바람직한 관계를 구축하고, 둘째, 자원을 효과적으로 사용하고 효율적으로 축적할 수 있는 전략 요소들 간의 접점을 찾아내는 것이다. 경영자는 자원과 전략 간에 바람직한 관계를 구축하기 위해 전략 수행에 사용할 자원이 충분한지, 전략은 자원을 효과적으로 활용하고 있는지, 자원의 축적이 효율적으로 이루어지고 있는지 검토해야 한다.

조직 적합성을 달성하기 위해서는 전략이 기업 문화와 일치해야 하며 조직 전체에 효과적으로 전달되고 홍보되어야 한다. 또한 전략은 조직 구성원의 심리적 특성에 적합해야 하고 그들의 참여를 불러일으킬 수 있어야 한다.

기업은 성장 과정의 중요한 시기에 기업의 현재 능력 범위를 벗어나는 활동을 추진하는 과대확장 전략을 시도할 필요가 있다. 이러한 전략은 조직 내에 창조적 긴장을 형성하고 조직 전체에 활기를 불어넣어 비약적인 성장을 가능하게 할 수 있다.

참고문헌

공병호. 2013. 『진화심리학을 통해 본 5년 후 대한민국』. 21세기북스.

도모노 노리오(友野典男). 2007. 『행동경제학』. 이명희 옮김. 지형.

리프킨, 제러미(Jeremy Rifkin). 2012. 『3차 산업혁명』. 안진환 옮김. 민음사.

_____. 2001. 『소유의 종말』. 이희재 옮김. 민음사.

박기찬·이윤철·이동현. 2005. 『경영의 교양을 읽는다』. 더난출판.

번스타인, 윌리엄(William Burnstein). 2005. 『부의 탄생』. 김현구 옮김. 시아출판사.

북한연구학회. 1999. 『분단 반세기 북한 연구사』. 도서출판 한울.

사이토 다카시(齊藤孝). 2009. 『세계사를 움직이는 다섯 가지 힘』. 홍성민 옮김. 뜨인돌
　　　출판사.

샌델, 마이클(Michael Sandel). 2010. 『정의란 무엇인가』. 이창신 옮김. 김영사.

셰춘타오(謝春濤). 2012. 『중국 공산당은 어떻게 성공했는가?』. 이정림 옮김. 한얼미디어.

양운철. 2006. 『북한 경제체계 이행의 비교연구: 계획에서 시장으로』. 도서출판 한울.

이종석. 2012. 『통일을 보는 눈』. 도서출판 개마고원.

장웨이잉(張維迎)·청쓰웨이(成思危) 외. 2009. 『중국개혁 30년』. 이영란 옮김. 산해.

전성홍. 2008. 『중국모델론: 개혁과 발전의 비교 역사적 탐구』. 도서출판 부키.

트리그, 로저(Roger Trigg). 2007. 『인간 본성과 사회생물학』. 김성한 옮김. 궁리출판.

판웨이(潘維). 2010. 『중국이라는 새로운 국가모델론』. 김갑수 옮김. 에버리치홀딩스.

패트릭 호튼, 데이비드(David Patrick Houghton). 2013. 『정치심리학』. 김경미 옮김. 사
　　　람의무늬.

하상식. 2012. 『남북한의 통일 딜레마』. 도서출판 해남.

하영선·조동호. 2010. 『북한 2032: 선진화로 가는 공진전략』. 동아시아연구원.

한희원. 2012. 『국제인권법원론: 이론과 케이스』. 삼영사.

후쿠야마, 프랜시스(Francis Fukuyama). 1992. 『역사의 종말』. 이상훈 옮김. 한마음사.

_____. 2012. 『정치질서의 기원』. 함규진 옮김. 웅진씽크빅.

지은이 _ 장대성

이 책의 출간으로 생애 첫 저작을 기록하는 행운을 맞이한, 40대 후반의 평범한 중년이다. 겉보기에는 특별히 눈에 띄는 점 없는 회사원이지만 순탄치 않은 인생 여정만큼이나 내면의 충실함을 기한달까, 그 나름의 내공에 집착하는 편이고 말수가 적으며 사색과 독서를 즐긴다. 평양에서 태어났지만 유년 시절부터 20대 초반까지는 함경북도에서 살았다. 출신 성분이 나빠 '붉은 수도' 평양의 시민 명부에서 정리되어 저 후방으로 강제 이주를 당했다. 간난신고 끝에 약간의 행운이 따라 남보다 많이 늦은 나이에 김책공업종합대학에 입학하고 평양 재진입이라는 부모의 소원 성취에 한발 다가서는 듯했으나 운은 거기까지였다. 운명의 여신은 1990년대 중반 탈북과 해외 체류 4년을 거쳐 그를 대한민국으로 이끌었다. 궁금한 것은 모조리 찾아 읽었고 여건이 되는 한 해외를 포함해 열심히 돌아다녔다. 회사 일로도 세계 여러 곳을 다니며 많이 배울 수 있었다. 이제 그것을 사회와 공유할 시점이 된 것이다. 그 결과물이 바로 이 책이다. 그는 자신의 글이 정말 출간으로까지 이어질 줄은 몰랐다. 그저 훗날 기회가 되면 반드시 북한의 형제들과 자신이 터득한 것을 나누어야 한다는 생각에 그들과 대화하는 마음으로 썼다. 내친 김에 북한 현대화 모델 시리즈를 구상 중이다. 리더십, 경제개발, 지리와 부동산 등이 평소의 관심 분야이다. 더 좋은 글로 남북한의 독자들과 다시 만나는 그날을 위해 몰입의 고된 여정을 계속하려 한다.

한울아카데미 1669

이념과 체제를 넘는 북한 변화의 미래
북한 현대화 모델

ⓒ 장대성, 2014

지은이 ┃ 장대성
펴낸이 ┃ 김종수
펴낸곳 ┃ 도서출판 한울
편집 ┃ 배유진

초판 1쇄 인쇄 ┃ 2014년 3월 7일
초판 1쇄 발행 ┃ 2014년 3월 21일

주소 ┃ 413-756 경기도 파주시 광인사길 153 한울시소빌딩 3층
전화 ┃ 031-955-0655
팩스 ┃ 031-955-0656
홈페이지 ┃ www.hanulbooks.co.kr
등록번호 ┃ 제406-2003-000051호

Printed in Korea
ISBN 978-89-460-5669-5 03340

* 책값은 겉표지에 표시되어 있습니다.